OSHO

Das Feuer
der Meditation

Vom Trubel des Alltags,

zu Stille, Tiefe, Sein

W0173336

Mit einem Vorwort von Barbara Rütting

Inhalt

Vorwort

Eine Freundin, die als Kind von streng gläubigen Christen erzogen worden war, meinte angesichts der Osho-Fotos in meiner Wohnung: Das ist ja Götzenanbetung!

Vor ein paar Jahren wurde ich Sannyasin. Das heißt, ich erkannte den indischen Mystiker Osho als meinen Meister, wurde in Sannyas initiiert und trage seitdem den Namen Taruna. Viele meiner alten Freunde reagieren mit heftigem Befremden, mit Ablehnung und Angst. Aber auch große Neugier ist zu spüren: irgendetwas muss dran sein an der Sache, wenn Barbara, oder jetzt Taruna, zunehmend so gut drauf ist.

Aber diese Fotos von Osho an der Wand – ist sie von einem Guru abhängig geworden?

Ich behaupte, das Gegenteil ist der Fall. Osho hat mich in die totale Unabhängigkeit und Freiheit gestoßen. Ich bin Sannyasin geworden, weil Osho für mich nicht nur der größte Mystiker der Gegenwart ist, sondern auch der größte Therapeut, weil er mein Leben unglaublich bereichert und weil ich mit Sannyasins die glücklichsten Stunden verbringe. Den Rest meines Lebens möchte ich gern dazu verwenden, an Oshos Vision des neuen Menschen mitzuarbeiten, eines Menschen, der sowohl die Stille der Meditation als auch den Trubel des Marktplatzes leben und genießen kann. Ich möchte dazu beitragen, dass es auf dieser Erde ein bisschen menschlicher und liebevoller zugeht als vor meinem Eintritt in diese Welt. Jawohl! So unbescheiden bin ich, dass ich das für möglich halte. Für mich ist Osho ein Katalysator, eine unerschöpfliche Quelle, die mich immer wieder von neuem mit Energie speist, wenn mich Alltagstrott runterzuziehen droht, wenn all die Kriege, all die Not in der Welt, wenn der ganz normale Wahnsinn ringsum mich zur Verzweiflung bringt.

Sannyasin-Sein heißt für mich nicht nur, immer wieder alles infrage zu stellen, sondern möglicherweise sogar das zu zertrümmern, was mir das Dasein heimelig und gemütlich macht, mich immer wieder von allen alten und auch wieder nachrückenden Konditionierungen zu befreien, um total ich selbst zu werden und die volle Verantwortung für mein Leben zu übernehmen, mit allen Konsequenzen.

Eine Menge Unterstützung und Lernhilfen für diesen Weg finde ich in dem vorliegenden Buch „Feuer der Meditation" mit spontanen Reden, die Osho in einem Meditationscamp in Mahabaleshwar in Indien gehalten hat. So viel Verständnis ist darin zu spüren, so viel Liebe, so viel Humor! Osho erzählt von Nonnen, Mönchen, Fakiren, Weisen und Heiligen und natürlich von Buddha, dem großen Erleuchteten.

Vermutlich wäre jeder von uns gern erleuchtet. Aber wie steht es mit unserem Durst nach Erleuchtung wirklich? Mit unserem Durst nach Wahrheit?

Dazu eine der Geschichten: Buddha besuchte einmal ein Dorf. Ein Mann fragte ihn: „Du sagst, dass jeder Mensch erleuchtet werden kann. Warum wird dann nicht jeder erleuchtet?" Buddha forderte den Mann auf, eine Liste von allen Leuten des Dorfes zu machen und ihre Wünsche neben den Namen zu schreiben. Sie gaben viele Wünsche zu Protokoll – aber nicht ein einziger den Wunsch nach Erleuchtung.

Und Buddha antwortete: „Ich sage nur, dass jeder Mensch zur Erleuchtung fähig ist. Ich sage nicht, dass jeder Mensch auch die Erleuchtung will!"

In „Feuer der Meditation" ermuntert uns Osho immer wieder, unsere Wünsche zu hinterfragen, unseren Durst nach Wahrheit zu hinterfragen. Ist dieser Durst groß genug? Häufig verspüren wir Sehnsucht nach Wahrheit, doch ist diese Sehnsucht ebenso oft verbunden mit einer gewissen Hoffnungslosigkeit. Osho meint dazu:

„Wenn der erste Schritt optimistisch unternommen wird, dann endet auch der letzte Schritt optimistisch. Wenn du willst, dass der letzte Schritt erfolgreich ist und dich zufrieden stellt, dann muss der erste Schritt voller Optimismus getan werden."

Dieses Buch ist ein wahrer Mutmacher für alle, die ihr Leben und dessen Entfaltung in die eigenen Hände nehmen und nicht länger wie Treibholz träge im Fluss des Lebens dahintreiben wollen.

Im Grunde genommen wissen wir es ja: Nichts ist grundsätzlich gut oder schlecht; es gilt, die eigene Energie anzuheben und zu transformieren.

„Wann immer du Zeit hast, sinne über Wahrheit, Gutes und Schönheit nach. Und immer, wenn du im Begriff bist, etwas zu tun, werde dir bewusst, ob du in Einklang mit der

Wahrheit, mit dem Guten und der Schönheit handelst oder dagegen. Überlege, ob der Ablauf deiner Gedanken der Wahrheit, dem Guten und der Schönheit dienlich ist. Wenn das Gegenteil der Fall ist, dann halte sofort an und gib den Gedanken keine Nahrung mehr. Sie schaden dir nur, sie ziehen dich herunter und zerstören dein Leben. Sei dir also bewusst, welche Art von Gedanken du hast, und lenke sie mutig, entschlossen und beharrlich in Richtung Reinheit und Wahrheit."

Vermutlich könnten wir tatsächlich alle im Himmel leben, statt, wie die meisten von uns, in der Hölle.

Ein weiterer Tipp von Osho: „Tue jeden Tag ein oder zwei Dinge, für die du nichts zurückbekommen willst … das sind die Handlungen, die aus Liebe geschehen. Sie werden deine Liebe stärken und deine Freundlichkeit wird immer mehr wachsen … du musst deinem Leben eine Disziplin geben, um dich auf den höchsten Augenblick vorzubereiten, wo du deine Liebe über die ganze Welt ausdehnen kannst. Doch dazu bedarf es einiger Anstrengung. Mache also jeden Tag etwas Liebevolles." Freundlichkeit, Mitgefühl, Fröhlichkeit und Dankbarkeit, das sind die Qualitäten, an denen wir hauptsächlich arbeiten sollen. „Traurigkeit ist nur eine Angewohnheit, die du dir zugelegt hast. Genauso gut kannst du dir Fröhlichkeit angewöhnen … Das Leben muss in Lachen verwandelt werden. Das Leben und selbst der Tod müssen zu einer Freude werden."

Osho erzählt die Geschichte eines alten Heiligen, der von seinen Zeitgenossen wegen seines heiteren, immer glücklichen Wesens besonders geliebt wurde. Dieser schickte sich an, seinen Körper zu verlassen, sang ein Lied und meinte:

„Legt meinen Körper mitsamt den Kleidern auf den Scheiterhaufen und wascht ihn vorher nicht!"

So wurde er mitsamt seinen Kleidern verbrannt. Er hatte Feuerwerkskörper in den Kleidern versteckt, die alle anfingen, zu explodieren. Sein Scheiterhaufen wurde zu einem Festplatz! Die Leute lachten und sagten: „Er hat uns zu Lebzeiten immer zum Lachen gebracht und er bringt uns auch im Tod noch zum Lachen!"

Als ehemalige Schauspielerin kann ich da nur bewundernd feststellen: Was für ein Abgang!

Das wünsche ich mir auch: „ … und dann gehen, ohne sich noch einmal umzusehen."

Ma Anand Taruna
Barbara Rütting

Die Grundlage der Meditation

Zunächst möchte ich euch willkommen heißen, weil ihr eine Sehnsucht nach dem Göttlichen habt, weil ihr über das gewöhnliche Leben hinausgehen und zu Suchern werden wollt und weil ihr trotz eurer Wünsche, die euch an die Welt binden, nach der Wahrheit dürstet.

Wer den Durst nach Wahrheit verspürt, kann sich glücklich schätzen. Von Millionen Menschen, die geboren wurden, haben nur einige wenige die Sehnsucht nach Wahrheit. Die Wahrheit zu kennen ist ein großer Segen – aber allein die Sehnsucht danach ist ein ebenso großer Segen. Wenn du die Wahrheit nicht erlangst, ist das in Ordnung, doch niemals auch nur das Bedürfnis nach Wahrheit verspürt zu haben, wäre ein großes Unglück.

Ich sage, es ist nicht so wichtig, ob du die Wahrheit kennst. Wichtig ist, dass du Sehnsucht danach hast und du alles daran setzt, sie zu erfahren, dass du hart dafür arbeitest, danach strebst und fest entschlossen bist, alles dafür zu tun, was du kannst. Wenn du die Wahrheit dann trotzdem nicht erlangst, ist das eine andere Sache. Doch diesen Durst niemals erfahren zu haben, das wäre die allergrößte Tragödie. Die Wahrheit zu kennen ist weniger wichtig, als vielmehr ein authentisches Verlangen danach zu haben. Dieses Verlangen ist eine Freude an sich. Wenn sich dein Verlangen auf etwas Unbedeutendes richtet, wird dir das keine Freude bringen, selbst wenn du es bekommst. Doch wenn du nach dem Bedeutungsvollen, nach dem Höchsten verlangst, wirst du auch dann voll Freude sein, wenn du es nicht bekommst.

Ich sage es noch einmal: Wenn du nach etwas Geringem verlangst und du es bekommst, wirst du nicht so glücklich sein, wie wenn du nach dem Höchsten strebst und es nicht bekommst – du bist dennoch voll Freude und Glück.

Wie sehr sich das Göttliche in dir entfaltet, hängt von der Intensität ab, mit der du es suchst. Es ist nicht so, dass irgendeine höhere Seele oder eine Energie von außen in dein Wesen eindringt. Die Saat ist bereits in dir vorhanden und beginnt zu wachsen. Doch sie kann nur dann gedeihen, wenn du deinem Durst Wärme geben kannst, wenn du ihm Hitze und Feuer verleihen kannst.

Je mehr du dich nach dem Göttlichen sehnst, desto größer ist die Möglichkeit, dass die Saat, die in deinem Herzen verborgen ist, wächst, dass sie sprießt und zum Göttlichen wird, dass sie aufbricht und erblüht.

Wenn dich je der Gedanke bewegt hat, das Wesen der Existenz zu erfahren; wenn du je Sehnsucht nach Stille, nach Wahrheit hattest, dann wisse, dass die Saat in dir sich danach sehnt, zu sprießen. Es bedeutet, dass ein verborgener Durst in dir gestillt werden möchte. Versuche zu verstehen, dass ein ganz wichtiger Kampf in dir stattfindet, den du fördern und unterstützen musst. Denn es ist nicht damit getan, dass die

Saat aufkeimt, sie braucht auch eine Umgebung, die sie nährt. Wenn die Saat gekeimt ist, heißt das noch nicht, dass sie auch blühen wird. Dazu gehört noch viel mehr. Von den vielen Samen, die auf dem Boden verstreut liegen, wachsen nur wenige zu Bäumen heran. Die Möglichkeit dazu steckt in allen: Sie alle könnten keimen und zu Bäumen werden und könnten selbst wieder viele neue Samen hervorbringen. Ein kleines Saatkorn hat die Kraft, das Potenzial, einen ganzen Wald entstehen zu lassen; es kann die ganze Erde mit Bäumen bedecken. Aber es ist auch möglich, dass dieser kraftvolle Same zerstört wird und nichts aus ihm hervorkommt.

Und das ist nur das Potenzial eines Samens – der Mensch ist zu noch viel mehr fähig. Wenn aus einem einzigen Saatkorn etwas so ungeheuer Großes entstehen kann, wenn schon ein winziger Stein dazu benutzt werden kann, um eine Atomexplosion auszulösen ... man kann eine riesengroße Energie daraus gewinnen. Wenn jemand dieses Verschmelzen in seinem Wesen, in seinem Bewusstsein erfährt, das Aufblühen, die Explosion, dann sind diese Energie und dieses Licht die Erfahrung des Göttlichen. Wir erfahren das Göttliche nicht von außen. Die Energie, die durch die Explosion unseres Bewusstseins entsteht, das Wachstum, das Aufblühen unseres eigenen Wesens – diese Kraft selbst ist das Göttliche. Und nach dieser Energie dürstet ihr – deshalb heiße ich euch willkommen.

Aber nur, dass ihr hierher gekommen seid, heißt nicht unbedingt, dass ihr diesen Durst verspürt. Es kann sein, dass ihr nur als Zuschauer gekommen seid, aus einer gewissen Neugier. Doch oberflächliche Neugier kann keine Türen öffnen, und bloßen Zuschauern erschließen sich keine Geheimnisse. Man muss im Leben für alles zahlen, was man bekommt, und man muss vieles dafür opfern. Neugier ist nichts wert. Deshalb kommst du mit Neugier nicht weiter. Neugier hilft dir nicht, in Meditation zu gehen. Was du brauchst, ist nicht Neugier, sondern den grundlegenden Durst nach Freiheit.

Gestern abend sagte ich zu jemandem: Wenn du dich in der Nähe einer Oase befindest und vor Durst umkommst, wenn du das Gefühl hast, du verdurstest, wenn du nicht bald Wasser bekommst, und dir in diesem Moment jemand Wasser anbietet, aber nur um den Preis, dass du stirbst, wenn du es trinkst – der Preis für das Wasser ist dein Leben – dann wirst du sogar diese Bedingung annehmen. Wenn der Tod gewiss ist, warum dann nicht vorher den Durst stillen?

Wenn du solch ein starkes Verlangen und Hoffen in dir trägst, dann kann die Saat unter dem ungeheuren Druck in dir aufbrechen und gedeihen. Die Saat wird nicht von allein keimen, sie braucht bestimmte Bedingungen dazu. Sie braucht viel Druck und viel Wärme, damit ihre harte Schale aufbricht und der zarte Keim darin wachsen kann. Jeder von uns hat diese harte Schale, und wenn wir aus ihr herauskommen wollen, reicht Neugier allein nicht aus. Merkt euch also: Wenn ihr nur aus Neugier gekommen seid, werdet ihr mit dieser Neugier auch wieder von hier weggehen und euch kann nicht geholfen werden. Wenn ihr als Zuschauer gekommen seid, werdet ihr wieder als Zuschauer gehen und nichts kann für euch getan werden.

Zuerst muss also jeder in sich hineinschauen und prüfen, ob er ein authentischer Sucher ist. Jeder sollte sich diese Frage stellen: „Will ich die Wahrheit erkennen?" Wenn nicht, dann musst du wissen, dass alles, was du hier tust, sinnlos ist. Und wenn deine sinnlosen Bemühungen keinen Erfolg haben, ist nicht die Meditation dafür verantwortlich, sondern du. Aber wenn ihr wirklich etwas sucht, dann gibt es auch eine Möglichkeit, es zu finden …

Buddha besuchte einmal ein Dorf. Ein Mann fragte ihn: „Du sagst, dass jeder Mensch erleuchtet werden kann. Warum wird dann nicht jeder erleuchtet?"

„Mein Freund", antwortete Buddha, „tu eines: Mach heute Abend eine Liste von allen Leuten im Dorf und schreibe ihre Wünsche neben den Namen."

Der Mann ging also ins Dorf und befragte jeden. Es war ein kleines Dorf mit nur wenigen Einwohnern und sie gaben ihm alle eine Antwort. Am Abend kehrte er zurück und brachte Buddha die Liste. Buddha fragte: „Wie viele von diesen Leuten suchen nach Erleuchtung?"

Der Mann war überrascht, weil keine einzige Person geschrieben hatte, dass sie sich Erleuchtung wünscht. Und Buddha meinte: „Ich sage nur, dass jeder Mensch zur Erleuchtung fähig ist. Ich sage nicht, dass jeder Mensch auch die Erleuchtung will."

Dass jeder Mensch zur Erleuchtung fähig ist, ist etwas ganz anderes, als dass jeder Mensch erleuchtet werden will. Wenn du es willst, dann betrachte es auch als möglich. Wenn du nach Wahrheit suchst, dann kann dich keine Macht der Welt davon zurückhalten. Doch wenn du dich nicht nach der Wahrheit sehnst, dann kann sie dir keine Macht der Welt geben. Du muss dich also zuerst fragen, ob dein Durst echt ist. Wenn ja, dann kannst du beruhigt sein, dass es auch einen Weg dorthin gibt. Wenn nicht, dann gibt es auch keinen Weg. Dein Durst ist dein Weg zur Wahrheit.

Das Zweite, was ich euch zur Einführung sagen möchte, ist, dass ihr euch oft nach etwas sehnt, ohne jedoch damit zu rechnen, dass ihr es je bekommt. Ihr sehnt euch nach etwas, aber ihr seid nicht sehr optimistisch. Die Sehnsucht ist zwar da, jedoch verbunden mit einer gewissen Hoffnungslosigkeit.

Wenn aber der erste Schritt optimistisch unternommen wird, dann endet auch der letzte Schritt optimistisch. Auch das müsst ihr verstehen: Wenn ihr den ersten Schritt ohne jeden Optimismus tut, dann endet der letzte Schritt in Verzweiflung. Wenn du willst, dass der letzte Schritt erfolgreich ist und dich zufrieden stellt, dann muss der erste Schritt voller Optimismus getan werden.

Ich sage – und das werde ich mein Leben lang sagen – dass ihr in diesen drei Tagen eine sehr optimistische Einstellung haben solltet. Ist euch klar, wie sehr euer Bewusstseinszustand davon abhängt, ob eure Handlungen aus einer positiven oder einer negativen Einstellung hervorgehen? Wenn du schon von vornherein ein Pessimist bist, so ist das, als würdest du auf einem Ast sitzen und ihn gleichzeitig absägen.

Offen sein ist also eine Grundvoraussetzung. Optimistisch sein bedeutet, dass du das Gefühl hast: Wenn jemals ein Mensch die Wahrheit verstanden hat, wenn jemals irgendjemand in der Geschichte der Menschheit Glück und Frieden erfahren hat, dann ist es auch dir möglich.

Schaue nicht die Millionen von Menschen an, deren Leben voller Dunkelheit ist, deren Hoffnungen nie das Tageslicht gesehen haben; schaue die Menschen an, die tatsächlich die Wahrheit erfahren haben. Schaue nicht auf die Samen, die nie zu einem Baum heranwachsen, schaue auf die wenigen, die erfolgreich waren und das Göttliche erfahren haben. Dein Saatkorn hat die gleiche Kapazität wie das von Buddha, Mahavira, Krishna oder Christus.

Was Erleuchtung angeht, so hat die Natur niemanden bevorzugt; jeder Mensch hat die gleiche Chance. Aber es sieht gar nicht so aus, weil so viele von uns nie versucht haben, diese Möglichkeit wahr zu machen.

Optimistisch zu sein ist also eine grundsätzliche Voraussetzung. Demütige dich nicht, indem du pessimistisch bist. Mit diesem Pessimismus erniedrigst du dich selbst. Es bedeutet, dass du dich nicht für würdig hältst, die Wahrheit zu erkennen. Und ich sage dir, du bist ihrer würdig und du wirst sie ganz sicher erlangen.

Versuche es und sieh! Dein Leben lang hast du in einem Gefühl von Hoffnungslosigkeit gelebt. In diesen drei Tagen des Meditations-Camps nähre einmal deinen Optimismus. Sei so optimistisch wie möglich, dass das Höchste dir widerfahren wird, dass es tatsächlich geschehen wird. Warum?

In der äußeren Welt kann man eine Sache mit Optimismus angehen und dennoch keinen Erfolg haben. Doch in der inneren Welt ist Optimismus sehr hilfreich. Wenn du voller Optimismus bist, strotzt jede Zelle deines Körpers vor Optimismus, jede Pore deiner Haut, jeder Atemzug steckt voller Optimismus, jeder Gedanke ist von Optimismus beherrscht, deine ganze Lebenskraft pulsiert vor Optimismus und dein Herzschlag ist von Optimismus durchdrungen. Wenn dein ganzes Wesen von diesem Optimismus erfüllt ist, wird eine Atmosphäre in dir geschaffen, in der sich das Höchste ereignen kann.

Pessimismus bringt auch eine bestimmte Persönlichkeit hervor, einen Charakter, wo jede Zelle weint, traurig und matt ist, verzweifelt und leblos, so als ob man nur dem Namen nach lebt, aber im Geiste schon tot ist. Wenn ein solcher Mensch sich auf die Reise macht, um etwas zu suchen … Und der spirituelle Weg ist die größte Reise – kein Mensch hat je höhere Gipfel erklommen, kein Mensch ist je in tiefere

Ozeane getaucht. Die Tiefe des Selbst ist die größte Tiefe und seine Höhe ist die höchste. Jemand, der diesen Weg gehen will, muss sehr optimistisch sein. Deshalb geht mit einer optimistischen Einstellung durch diese drei Tage. Wenn ihr heute Abend zu Bett geht, schlaft voller Optimismus ein. Und schlaft mit dem sicheren Gefühl, dass morgen, wenn ihr aufwacht, etwas geschehen wird, dass etwas geschehen kann, etwas erreicht werden kann. Habt eine optimistische Einstellung. Und noch etwas möchte ich sagen: Nach jahrelanger Erfahrung bin ich zu dem Schluss gekommen, dass die Negativität des Menschen so stark sein kann, dass er selbst, wenn er Fortschritte macht, diese aufgrund seiner Negativität womöglich gar nicht sieht.

Vor einiger Zeit kam ein Mann zu mir und brachte seine Frau mit. Als wir uns das erste Mal trafen, erzählte er mir, seine Frau könne nicht schlafen. Er beschrieb mir ihren Zustand: „Sie kann ohne Tabletten überhaupt nicht schlafen und selbst mit Tabletten schläft sie nur drei bis vier Stunden. Meine Frau hat immer Angst; seltsame Ängste scheinen sie zu verfolgen. Sie hat Angst, aus dem Haus zu gehen. Und wenn sie im Haus ist, fürchtet sie, es könnte zusammenbrechen. Wenn sie alleine ist, hat sie Angst, sie könnte sterben. Es muss also immer jemand bei ihr sein. Nachts legt sie alle ihre Medikamente neben sich, für den Fall, dass etwas passiert."

Ich schlug ihr vor, dass sie eine kleine Meditation macht, die ihr helfen kann, und sie fing an, damit zu experimentieren. Nach sieben Tagen traf ich ihren Mann wieder und fragte ihn: „Was gibt's. Wie geht es ihrer Frau?"

Er sagte: „Sie macht kaum Fortschritte, sie schläft nur besser."

Eine Woche später traf ich ihn wieder und fragte: „Hat sich etwas geändert?"

Und er sagte: „Ihr Zustand hat sich kaum verändert, aber sie ist weniger ängstlich."

Als ich ihn nach einer Woche wieder traf, fragte ich: „Ist etwas geschehen?" Er sagte: „Nichts von Bedeutung. Sie kann jetzt schlafen, hat weniger Angst und legt die Arznei nicht mehr neben sich – also nicht viel."

Das nenne ich eine negative Einstellung. Selbst wenn dieser Mann eine Erfahrung machen würde, würde er es nicht merken. Und diese Sichtweise ist so fest in die Person eingebaut, dass vieles, was sonst möglich wäre, dadurch verhindert wird.

Darüber hinaus schlage ich euch vor, dass ihr während dieser drei Tage nur an das denkt, was mit euch passiert und nicht an das, was nicht passiert. Beobachtet alles, was geschieht. Und vergesst einfach alles, was nicht geschieht, was nicht geschehen konnte. Erinnert euch an das, was ihr erfahren habt. Wenn ihr nur einen kleinen Geschmack von Friede und Stille habt, dann nährt ihn. Er wird euch Hoffnung machen und euch Schwung geben. Denn wenn ihr dem Nahrung gebt, was nicht geschehen ist, verliert ihr an Momentum und was tatsächlich geschehen ist, wird auch noch zerstört. Der Mensch ist seit jeher unglücklich, weil er vergisst, was er hat, und etwas haben will, was er nicht bekommen kann. Das ist eine absolut falsche Voraussetzung. Sei jemand, der versteht was er hat und mache das zu deiner Lebensgrundlage.

Irgendwo habe ich einmal gelesen, dass sich ein Mann bei einem anderen beklagt hat: „Ich bin so arm, ich besitze gar nichts."

Da sagte der andere: „Wenn du so arm bist, dann mach doch eins: Ich will dein rechtes Auge und gebe dir fünftausend Rupien dafür. Nimm diese fünftausend Rupien und gib mir dein rechtes Auge."

Der erste Mann sagte: „Das ist sehr schwierig. Ich kann dir nicht mein rechtes Auge geben."

Also schlug der andere vor: „Dann gebe ich dir zehntausend Rupien für beide Augen."

Wieder sagte der erste Mann: „Zehntausend Rupien! Nein, trotzdem kann ich meine Augen nicht hergeben."

Da schlug ihm der andere vor: „Ich gebe dir fünfzigtausend Rupien, wenn du mir dein Leben dafür gibst."

Der erste Mann antwortete: „Das ist unmöglich! Ich kann dir nicht mein Leben geben!"

Daraufhin sagte der andere Mann: „Das zeigt, dass du viele wertvolle Dinge besitzt. Du hast zwei Augen, die du nicht für zehntausend Rupien hergeben willst, und du hast dein Leben – und du behauptest, du hättest gar nichts!"

Von solchen Leuten und von einer solchen Denkweise spreche ich hier. Wisse zu schätzen, was du hast und was du durch Meditation erfährst, selbst wenn es nur kleine Dinge sind. Denke über sie nach, sprich über sie! Denn ob du mehr erfahren wirst, hängt von dieser Denkweise ab – dein Optimismus macht dich offen für mehr.

Einmal kam eine Frau zu mir, eine sehr gebildete Frau. Sie war Professorin an einer Universität und Sanskritgelehrte. Sie nahm an einem siebentägigen Meditations-Camp teil. Am ersten Tag kam sie nach der Meditation zu mir und sagte: „Verzeih mir, aber ich habe keinerlei Verbindung mit dem Göttlichen gespürt."

Dabei war es erst der erste Tag. Ich sagte: „Das wäre gefährlich gewesen, wenn du dem Göttlichen schon begegnet wärst, denn wenn du ihm so leicht begegnest, kannst du es nicht wertschätzen." Und ich fügte hinzu: „Man muss schon wirklich dumm sein, wenn man meint, dass zehn Minuten Sitzen mit geschlossenen Augen ausreicht, um dem Göttlichen zu begegnen."

Wenn du nur den geringsten Funken von Stille erfährst, nimm an, du hättest die ganze Sonne gesehen, denn selbst der kleinste Sonnenstrahl hilft dir die Sonne zu finden. Wenn ich in einem dunklen Zimmer sitze und einen kleinen Lichtstrahl sehe, kann ich auf zweierlei Art reagieren. Ich kann sagen: „Was ist schon ein kleiner Lichtstrahl im Vergleich zu der tiefen Dunkelheit, die mich umgibt?" Oder ich kann sagen: „Trotz all dieser Dunkelheit gibt es wenigstens einen Lichtstrahl, und wenn ich ihm folge, gelange ich vielleicht dorthin, wo die Sonne scheint."

Deshalb rate ich dir, überhaupt nicht an die Dunkelheit zu denken. Wenn es auch nur einen winzig kleinen Lichtstrahl gibt, dann konzentriere dich darauf. Er wird eine positive Sichtweise in dir bewirken.

Normalerweise verhältst du dich genau umgekehrt. Wenn ich dir einen Rosenstrauch zeige, sagst du: „Was gibt es da viel zu sehen? Die Existenz ist so ungerecht, er hat nur drei, vier Rosen, aber Tausende von Dornen." Das ist die eine Einstellung. Die andere wäre, zu sagen: „Die Existenz ist so geheimnisvoll! Zwischen Tausenden von Dornen lässt sie eine Rose erblühen."

Ich möchte euch bitten, die zweite Einstellung einzunehmen. Das Dritte ist, dass ihr in diesen Meditationstagen nicht so leben werdet, wie ihr es bis heute Abend gewohnt wart.

Der Mensch ist ein Roboter, voller Gewohnheiten. Und wenn man von den Grenzen seiner Gewohnheiten eingeschränkt ist, ist der neue Weg der Meditation sehr schwierig.

Deshalb schlage ich euch vor, ein paar Dinge zu ändern. Eine Änderung wird sein, dass ihr in diesen drei Tagen so wenig wie möglich redet. Reden ist die größte Plage dieses Jahrhunderts! Und es ist euch nicht einmal bewusst, wie viel ihr redet. Von morgens bis nachts, bis ihr schlafen geht, redet ihr in einem fort. Entweder redet ihr mit jemand anderem, oder aber, wenn gerade niemand da ist, redet ihr mit euch selbst.

Macht der Angewohnheit, ständig zu reden, in diesen drei Tagen bewusst ein Ende. Es ist nichts weiter als eine Gewohnheit. Für einen Meditierenden ist das lebenswichtig. Ich möchte, dass ihr in diesen drei Tagen so wenig wie möglich redet, und wenn ihr redet, dann sollte es rein sein, nicht das übliche Geschwätz, das ihr jeden Tag macht. Worüber redet ihr eigentlich Tag für Tag? Hat das irgendeinen Wert? Würde es euch schaden, wenn ihr nicht reden würdet? Ihr plappert nur; es hat nicht viel zu bedeuten. Würde es den anderen schaden, wenn ihr nicht redet? Würden andere, wenn sie nicht hören, was du zu sagen hast, das Gefühl haben, dass ihnen irgendetwas entgeht?

Denkt in diesen drei Tagen daran, mit niemandem viel zu reden. Das wird euch unglaublich helfen. Und wenn ihr sprecht, dann sollte es dabei um Meditation gehen und um sonst nichts. Doch noch besser wäre es, wenn ihr überhaupt nicht redet: seid so viel wie möglich in Stille. Ich meine damit nicht, dass ihr euch zum Schweigen zwingen sollt, dass ihr aufschreiben müsst, was ihr sagen wollt – so streng braucht ihr nicht zu sein. Ihr habt die Freiheit, zu sprechen, aber nicht zu plappern. Sprecht bewusst und auch das nur, wenn es nötig ist.

Das wird euch auf zweierlei Art zugute kommen. Zum einen spart ihr die Energie, die sonst durch Reden verschwendet wird. Und zum Zweiten löst ihr euch von den anderen und könnt ganz mit euch allein sein. Wir sind extra hierher in die Berge gekommen und es wäre eine Verschwendung, wenn alle zweihundert Leute, die hier versammelt sind, bloß miteinander redeten und tratschten. Dann wärt ihr immer noch in derselben Menschenmenge wie vorher und ihr wärt nicht fähig die Stille zu erleben.

Um Stille zu erfahren, genügt es nicht, dass man nur in den Bergen ist. Es ist auch hier nötig, sich von anderen zu distanzieren und allein zu sein. Ihr solltet nur dann in Kontakt treten, wenn es absolut notwendig ist. Stell dir vor, du wärst der einzige Mensch in diesen Bergen und weit und breit gäbe es sonst niemanden. Du musst so leben, als wärst du allein hierher gekommen. Du bist allein und du lebst hier allein. Setze dich allein unter einen Baum. Schließ dich keiner Gruppe von Leuten an. Lebe diese drei Tage allein und für dich. Noch nie hat jemand in einer Menge die Wahrheit des Lebens erfahren und sie kann so auch nicht erfahren werden. Keine Erfahrung von Bedeutung wurde je in einer Menschenmenge gemacht. Wer immer Augenblicke der Stille erfahren hat, der hat sie in absoluter Einsamkeit, im Alleinsein erlebt.

Wenn du aufhörst mit andern zu sprechen, wenn dein inneres und äußeres Geplapper aufhört, dann spricht die Natur auf sehr geheimnisvolle Art zu dir. Aber du bist so in dein Geplapper versunken, dass du ihre sanfte Stimme nicht hörst. Du musst still werden, damit du die Stimme in deinem Innern hören kannst. Während dieser drei Tage muss das Sprechen also bewusst reduziert werden. Wenn du es vergisst und aus Gewohnheit wieder anfängst, dann höre mittendrin auf und entschuldige dich. Sei allein. Wir experimentieren hier damit, aber du musst es auch selbst ausprobieren.

Suche dir einen Platz, der dir gefällt, setze dich unter einen Baum. Du hast völlig vergessen, dass du ein Teil der Natur bist. Du weißt nicht, dass die Nähe zur Natur es dir leichter macht, das Höchste zu erfahren – nirgendwo ist es einfacher.

Nütze diese drei wunderbaren Tage also aufs Äußerste. Sei ganz für dich allein und rede nicht, wenn es nicht notwendig ist. Und selbst, wenn alle still sind, bleibe weiter allein. Ein Meditierer muss allein sein. Es sind so viele Leute hier, und wenn wir alle in Meditation sitzen, sieht es vielleicht so aus, als würde hier eine Versammlung von Leuten meditieren.

Doch Meditation ist etwas ganz Individuelles – eine Gruppe kann nicht meditieren. Wenn ihr hier sitzt, seid ihr zwar in einer großen Gruppe, doch wenn ihr nach innen geht, ist jeder allein.

Wenn du deine Augen schließt, bist du allein, und wenn du still bist, gibt es keine Gruppe mehr. Dann sind zwar zweihundert Leute hier, doch jeder ist ganz für sich und nicht mit den hundertneunundneunzig anderen Meditierern. Meditation kann man nicht kollektiv machen. Alles Beten, alle Meditation ist ganz individuell, ganz privat.

Sei allein hier, und sei auch allein, wenn du hier weggehst. Verbringe die meiste Zeit in Stille. Doch es wird nicht genügen, nur mit dem Reden aufzuhören – du musst dich auch bewusst darum bemühen, das ständige Geplapper in deinem Innern einzustellen. Du redest mit dir selbst, du gibst dir selbst Antwort – werde ruhig und hör auch damit auf. Wenn es dir schwer fällt, das innere Geplapper einzustellen, dann sage dir in aller Bestimmtheit, dass du diesen Lärm einstellen musst. Sage dir, dass du den Lärm nicht magst.

Rede zu deinem inneren Selbst. Als Meditierer ist es wichtig, dir selbst Suggestionen zu geben. Versuche es einmal. Setz dich allein irgendwo hin und sage deinem Verstand, er soll mit seinem Geschwätz aufhören; sage ihm, dass du es nicht magst. Du wirst staunen, dass das innere Geschwätz einen Moment lang aufhört. Suggeriere dir drei Tage lang, dass du nicht reden willst. Nach drei Tagen wirst du den Unterschied bemerken. Das Geschwätz nimmt nach und nach ab.

Der vierte Punkt: Du hast vielleicht kleinere Beschwerden, vielleicht ein paar Probleme – schenke ihnen keine Beachtung. Wenn du ein kleines Problem oder eine Schwierigkeit hast, dann beachte sie einfach nicht. Wir sind nicht zur Unterhaltung hier.

Vor kurzem las ich die Geschichte einer chinesischen Nonne. Sie kam zu Besuch in ein Dorf, in dem es nur ein paar Häuser gab. Und weil es dunkel wurde und sie allein war, ging sie zu den Häusern und bat die Dorfbewohner: „Lasst mich bitte in eurem Haus übernachten."

Aber sie war dort fremd und außerdem gehörte sie einer anderen Religion an. Deshalb verschlossen die Dorfbewohner ihr die Türen.

Bis zum nächsten Dorf war es sehr weit und es war schon dunkel. So musste sie die Nacht allein auf einem Feld verbringen und sie schlief unter einem Kirschbaum. Mitten in der Nacht wachte sie auf, weil es so bitterkalt war. Sie blickte auf und sah, dass alle Blüten aufgeblüht waren. Der Kirschbaum stand in voller Blüte. Der Mond war aufgegangen und sein Licht war wunderschön. Für sie war es ein Augenblick allerhöchster Freude.

Am Morgen ging sie wieder ins Dorf zurück und dankte

den Leuten, die ihr das Nachtquartier verweigert hatten. Als diese fragten: „Wofür?", sagte sie: „Für eure Liebe, für euer Mitgefühl und die Freundlichkeit, dass ihr mir letzte Nacht die Türen verschlossen habt. Deswegen durfte ich einen Augenblick unglaublicher Freude erleben. Ich sah die aufgeblühten Kirschblüten und den Mond in all seinem Glanz. Es war etwas, das ich noch nie zuvor gesehen hatte. Hättet ihr mir ein Nachtquartier gewährt, dann hätte ich es nicht gesehen. Da habe ich gemerkt, wie freundlich ihr wart und warum ihr mir die Türen verschlossen hattet."

Das ist eine Art, die Dinge zu sehen. Es wäre auch möglich gewesen, dass man dich in jener Nacht abgewiesen hätte, und vielleicht wärst du dann die ganze Nacht wütend darüber gewesen. Vielleicht wärst du so wütend, so voller Hass auf diese Leute gewesen, dass du gar nicht bemerkt hättest, dass der Kirschbaum blüht und der Mond aufgeht. Und du hättest schon gar keine Dankbarkeit empfunden. Du hättest nichts von alledem erfahren. Man kann auch eine andere Beziehung zum Leben haben, nämlich die, für alles voller Dankbarkeit zu sein. Denkt daran, in diesen drei Tagen für alles dankbar zu sein, was ihr bekommt, und kümmert euch nicht um das, was ihr nicht bekommt. Das ist die Voraussetzung für Dankbarkeit. Auf dieser Basis können Unbeschwertheit und Einfachheit in dir entstehen.

Zusammenfassend möchte ich euch bitten, dass ihr euch in diesen Tagen unablässig darum bemüht, nach innen zu gehen, zu meditieren und in die Stille hineinzugehen. Zu dieser Reise bedarf es großer Entschlossenheit.

Der bewusste Verstand, in dem alle Gedankenvorgänge stattfinden, ist nur ein kleiner Teil; der restliche Teil des Verstandes reicht viel tiefer. Würden wir den Verstand in zehn Teile zerlegen, dann wäre der bewusste Bereich nur ein Zehntel davon. Die übrigen neun Zehntel gehören dem unbewussten Verstand an. Unser Denken und Überlegen findet nur in einem kleinen Teilbereich des Gehirns statt; das übrige Gehirn ist sich dessen nicht bewusst; es hat keine Ahnung davon. Wenn wir uns bewusst dafür entscheiden zu meditieren, das höchste Glücksgefühl zu erfahren, dann bleibt dieser Entschluss dem Großteil unseres Gehirns unbekannt. Doch ohne seine Unterstützung schaffen wir es nicht. Um diese Unterstützung zu bekommen, bedarf es einer bewussten Anstrengung. Ich werde nun erklären, wie man diese bewusste Anstrengung unternimmt.

Wenn du aufwachst, lass es mit Entschlossenheit geschehen, und wenn du abends zu Bett gehst, wenn du dich schlafen legst, denke fünf Minuten lang an deinen Entschluss und wiederhole ihn innerlich.

Ich möchte euch eine Übung erklären, die eurer Entschlossenheit dient, und ihr werdet sie sowohl hier als auch in eurem normalen Leben praktizieren. Mit diesem Entschluss sollen sowohl euer bewusster als auch euer unbewusster Verstand die Entscheidung treffen: „Ich werde still sein. Ich bin fest entschlossen, Meditation zu erfahren."

In der Nacht, als Gautam Buddha erleuchtet wurde, saß er unter seinem Bodhibaum und sagte: „Ich werde mich nicht eher von diesem Platz erheben, bis ich erleuchtet bin."

Ihr denkt vielleicht: „Aber wo ist da der Zusammenhang? Wie kann sein Nicht-Aufstehen ihm helfen, erleuchtet zu werden?" Doch der Entschluss: „Ich werde nicht …" geht durch den ganzen Körper – und er erhob sich tatsächlich nicht eher, bis er erleuchtet wurde! Erstaunlicherweise wurde er noch in derselben Nacht erleuchtet. Und er hatte es sechs Jahre lang versucht; doch nie zuvor mit solcher Intensität.

Ich werde euch eine kleine Übung geben, die eure Entschlossenheit noch intensiver werden lässt. Wir werden diese Übung hier machen und auch nachts vor dem Schlafengehen.

Wenn du vollständig ausatmest und dann die Luft nicht wieder einströmen lässt, was passiert dann? Wenn ich vollständig ausatme und dann meine Nase zuhalte und nicht einatme, was passiert dann? Mein ganzes Wesen wird darum kämpfen, einatmen zu können. Werden nicht alle Poren in meinem Körper und all diese Millionen Zellen nach Luft schreien? Je länger ich meinen Atem anhalte, desto tiefer wird das Verlangen nach Atem in mein Unbewusstes gehen. Je länger ich meinen Atem anhalte, desto mehr wird das Innerste meines Wesens nach Luft ringen. Und wenn ich es bis zum Letzten zurückhalte, wird mein ganzes Wesen nach Luft verlangen. Nun ist es kein einfacher Wunsch mehr; nicht mehr nur die oberste Schicht ist davon betroffen. Nun ist es eine Frage von Leben und Tod geworden, nun verlangen auch die tieferen, die darunter liegenden Schichten nach mehr Luft.

Sobald du an einen Punkt kommst, wo dein ganzes Wesen nach Luft ringt, solltest du dir einprägen: „Ich werde Meditation erfahren." In dem Moment, da dein Leben nach Luft ringt, solltest du den Gedanken wiederholen: „Ich werde in einen Zustand der Stille eintreten. Das ist mein Entschluss. Ich werde Meditation erfahren." In diesem Zustand sollte dein Verstand diesen Gedanken wiederholen. Dein Körper wird nach Luft verlangen und dein Verstand wird diesen Gedanken wiederholen. Je größer das Verlangen nach Luft, desto tiefer wird dein Entschluss, nach innen gehen. Und wenn dein ganzes Wesen kämpft und du diesen Satz wiederholst, wird die Stärke deines Beschlusses um ein Vielfaches zunehmen. Auf diese Art wird er dein Unbewusstes erreichen.

Du wirst diesen Entschluss jeden Tag vor der täglichen Meditation fassen und auch abends, bevor du schlafen gehst. Wiederhole diesen Satz und leg dich dann schlafen. Und lasse es auch während du einschläfst immer noch in deinem Verstand nachklingen: „Ich werde Meditation erfahren. Das ist mein Entschluss. Ich werde in einen Zustand der Stille eintreten." Dieser Entschluss sollte so lange in deinem Verstand nachhallen, dass du gar nicht merkst, wie du einschläfst. Im Schlaf ist dein bewusster Verstand nicht aktiv und dem Unbewussten werden die Türen geöffnet. Wenn dein bewusster Verstand diesen Gedanken immerzu wiederholt, während dein unbewusster Verstand inaktiv ist, kann er auch ins Unterbewusste eindringen. Mit der Zeit bemerkst du dann eine große Veränderung. Sie wird dir schon nach diesen drei Tagen auffallen.

Wir beginnen heute Abend mit diesem Experiment. Ihr macht die Übung fünfmal, das heißt, ihr sollt fünf Mal einatmen und ausatmen und den Gedanken innerlich jedes Mal wiederholen. Wenn jemand ein Problem mit dem Herz hat oder etwas anderes, sollte er sich nicht anstrengen, sondern die Übung ganz sanft machen. Mache sie so sanft wie möglich, damit dir nicht unwohl wird.

Ich habe über den Wunsch nach Erfahrung gesprochen. Ihr müsst in diesen drei Tagen jede Nacht vor dem Schlafengehen damit experimentieren. Legt euch aufs Bett und wiederholt den Satz, während ihr langsam einschlaft. Wenn ihr diese Übung gewissenhaft macht und eure Stimme ins Unbewusste dringt, lässt sich das Ergebnis leicht herbeiführen und es ist unverkennbar.

Ich hoffe, ihr habt diese relativ wichtigen Punkte verstanden. Wie gesagt, es soll nicht gesprochen werden. Natürlich werdet ihr auch keine Zeitung lesen oder Radio hören, denn auch das wäre eine Art Reden.

Wenn ich sage, dass ihr still und alleine sein sollt, heißt das, dass ihr die Gesellschaft der anderen so weit wie möglich meidet, außer wenn wir hier zusammenkommen oder wenn wir essen, aber auch dabei seid ihr still. Es sollte hier so still sein, als wärt ihr überhaupt nicht da. Auch wenn ihr zum Meditieren kommt, seid ihr still. Wenn ihr auf der Straße geht, seid still. Wenn ihr sitzt, steht oder euch bewegt, seid still. Sucht euch einen schönen Platz zum Sitzen und seid dort still, sonst verschwenden wir die Berge und verschwenden die Schönheit. Dann könnt ihr das, was direkt vor euren Augen ist, nicht sehen. Euer Reden zerstört alles.

Wenn jemand keinen Durst nach Wahrheit in sich spürt und glaubt, dass er ihn auch nicht wecken kann, kann er es mir morgen sagen. Sage mir Bescheid, wenn du nicht sehr hoffnungsvoll bist oder es schwierig findest, den Entschluss zu verstärken, und das Gefühl hast, du kannst nicht meditieren. Morgen kannst du mit mir über diese Schwierigkeiten sprechen, damit später keine Zeit verschwendet wird.

Wenn jemand irgendein persönliches Problem, einen Schmerz oder Sorgen hat, die ihn vom Meditieren abhalten und die er loswerden möchte, oder wenn beim Meditieren eine Schwierigkeit auftaucht, dann kann derjenige seine Frage separat stellen und wird eine individuelle Meditation bekommen. Seid euch morgen früh über eventuelle Probleme im Klaren, damit wir für die nächsten drei Tage vorbereitet sind.

Ihr müsst sehr zielgerichtet an die Sache herangehen. Morgen beginnt dann die eigentliche Arbeit.

Jetzt setzen wir uns etwas auseinander – die Halle ist groß genug, dass jeder sich ausbreiten kann – und ehe wir für heute auseinander gehen, fassen wir unseren Entschluss.

Fülle langsam deine Lungen mit Luft – langsam, nicht abrupt. Dabei wiederholst du den Gedanken: „Ich werde Meditation erfahren." Wiederhole ihn. Wenn die Lungen bis zum Äußersten gefüllt sind, halte deinen Atem eine Weile an, während du den Satz wiederholst. Nun atme langsam aus und wiederhole den Satz dabei. Wenn du dich ganz leer fühlst, behalte diese Leere bei, atme noch nicht ein und wiederhole den Satz solange du kannst. Und dann fange langsam an einzuatmen. Einatmen und Ausatmen sind ein Kreis. Jeder sollte diesen Vorgang fünfmal langsam Schritt für Schritt machen. Danach richte deine Wirbelsäule auf, atme langsam und sitze fünf Minuten ruhig und entspannt da.

Diese Übung machen wir zehn Minuten lang, danach verlässt jeder still die Halle. Ihr werdet dabei nicht sprechen. Insofern beginnt das Meditations-Camp jetzt. Wenn ihr ins Bett geht, wiederholt diese Übung fünf- bis siebenmal, solange ihr euch dabei wohl fühlt, dann schaltet das Licht aus und schlaft ein. Schlaft mit dem Gedanken ein: „Ich werde still sein; das ist mein Ziel." Und dieser Gedanke wird euch in den Schlaf begleiten.

Beginne mit dem Körper

Gestern haben wir darüber gesprochen, wie ihr die Grundlage für Meditation in euch schaffen könnt. Mein Ansatz ist nicht von irgendwelchen Schriften, heiligen Büchern oder einer bestimmten Geistesrichtung beeinflusst. Ich spreche nur über Wege, die ich selbst gegangen bin und die ich kenne, weil ich selbst nach innen geschaut habe. Was ich sage, ist nicht bloße Theorie. Und wenn ich euch einlade es auszuprobieren, bin ich mir sicher, dass auch ihr das findet, wonach ihr euch sehnt. Seid unbesorgt, dass ich nur über Dinge spreche, die ich selbst erfahren habe.

Ich musste eine intensive Phase seelischer Not und Verzweiflung durchleben. Ich musste vieles versuchen und vieles misslang. In dieser Zeit habe ich große Anstrengungen unternommen nach innen zu gehen. Alle Wege und alle Pfade, die in diese Richtung führten, habe ich ausprobiert.

Es waren sehr schmerzhafte, mühevolle Tage. Aber durch die ständige Anstrengung gelang es mir irgendwie, eine Tür zu finden – so wie ein mächtiger Wasserfall, der aus großer

Höhe herabfällt und mit seinem konstanten Fließen selbst Felsen aushöhlt – genau wie ein Wasserfall also habe ich durch dieses konstante Bemühen irgendwie eine Tür gefunden. Und ich werde hier nur über die Methoden sprechen, mit deren Hilfe ich diese Tür gefunden habe.

Deshalb kann ich mit absoluter Zuversicht sagen, wenn ihr diese Methoden ausprobiert, werdet ihr damit Erfolg haben. Die Not und die Schmerzen von damals sind restlos verschwunden.

Gestern hat mich jemand gefragt: *Die Leute kommen ständig mit ihren Problemen zu dir, belastet dich das nicht?*

Ich habe geantwortet: „Wenn es nicht deine eigenen Probleme sind, können sie dich nicht belasten. Wenn es anderer Leute Probleme sind, dann sind sie keine Belastung. Schwierig wird es erst dann, wenn die Probleme zu deinen eigenen werden." In diesem Sinn habe ich keine Probleme. Doch ich kenne eine andere Art von Traurigkeit, und zwar die, dass ich viele Menschen um mich herum sehe, die offenbar sehr viel leiden und große Probleme haben. Dabei weiß ich genau, dass ihr Leid und ihre Probleme sehr einfach zu beseitigen wären, weil es so einfache Lösungen dafür gibt. Ich habe das Gefühl, sie brauchten nur anzuklopfen, dann würde die Türe ganz leicht aufgehen. Doch sie bleiben weinend davor stehen. In diesen Augenblicken erlebe ich eine ganz andere Art von Kummer und Schmerz.

Bei den Parsen gibt es eine Geschichte: Ein blinder Mann und sein Freund durchquerten eine Wüste. Sie hatten unterschiedliche Reiseziele, aber sie müssen sich unterwegs begegnet sein, und der Mann muss dem Blinden vorgeschlagen haben, sich ihm anzuschließen. Sie reisten ein paar Tage gemeinsam und während dieser Zeit vertiefte sich ihre Freundschaft. Eines Morgens erwachte der Blinde früher als sein Freund, stand auf und tastete auf dem Boden nach seinem Stock. Es war eine kalte Wüstennacht im Winter. Er konnte seinen Stock nicht finden, doch eine Schlange lag da, steif vor Kälte. Der blinde Mann hob sie auf und dankte Gott und sagte: „Ich habe meinen Stock verloren, aber du hast mir einen besseren, glatteren Stock gegeben. Du bist sehr gütig."

Dann stieß er mit diesem Stock seinen Freund an, um ihn aufzuwecken: „Wach auf, es ist Morgen."

Als der Freund aufwachte und die Schlange sah, bekam er Angst und rief: „Was hältst du denn da in der Hand? Lass es sofort fallen! Das ist eine Schlange, sie ist gefährlich!"

Der Blinde antwortete: „Freund, nennst du etwa aus lauter Neid meinen Stock eine Schlange? Du willst wohl, dass ich ihn fortwerfe, damit du ihn dir nehmen kannst. Ich bin vielleicht blind, aber dumm bin ich nicht."

Sein Freund antwortete: „Bist du wahnsinnig? Hast du den Verstand verloren? Wirf ihn sofort weg! Es ist eine Schlange und noch dazu eine ganz gefährliche!"

Doch der Blinde sagte: „Du bist schon viele Tage mit mir unterwegs und trotzdem hast du nicht gemerkt, wie klug ich bin. Ich habe meinen Stock verloren und jetzt hat der Allmächtige mir einen schöneren geschenkt, aber du versuchst mich zum Narren zu halten und redest mir ein, es sei eine Schlange." In seinem Zorn glaubte der blinde Mann, dass sein Freund neidisch sei und setzte deshalb die Reise alleine fort. Bald danach ging die Sonne auf, die Schlange wurde warm und erwachte aus ihrer Erstarrung. Jetzt war sie nicht mehr steif und biss den blinden Mann.

Der Schmerz, den ich fühle, ist der gleiche, den der Freund des blinden Mannes gefühlt haben muss. Genau wie er empfinde ich Schmerz für die Menschen um mich herum. Sie tragen eine Schlange in der Hand, keinen Stock. Aber sobald ich es ihnen sage, argwöhnen sie, dass ich nur aus Neid so zu ihnen spreche. Und damit meine ich nicht irgendwelche anderen Leute, ich meine euch.

Glaube nicht, ich spreche zu deinem Nebenmann. Ich spreche ausschließlich mit dir. Ich sehe, dass ihr alle eine Schlange in der Hand haltet. Wenn etwas wie ein Stock aussieht, heißt das noch nicht, dass es hilft. Es ist kein Stock. Ich möchte nicht, dass ihr in die Irre geht. Und ich möchte auch nicht, dass ihr glaubt, ich sei auf euren wunderschönen Stock neidisch und will ihn euch wegnehmen. Deshalb nenne ich ihn nicht gleich zu Anfang eine Schlange. Ganz allmählich versuche ich euch klar zu machen, dass ihr an etwas Falschem festhaltet. Im Grunde sage ich nicht einmal, dass es etwas Falsches ist, woran ihr euch festhaltet; ich zeige euch lediglich, dass es etwas Höheres gibt, an das man sich halten kann. Es gibt im Leben größere Freuden zu erfahren, es gibt tiefere Wahrheiten zu verstehen. Das, woran ihr euch jetzt festhaltet, kann nur zu eurer Zerstörung führen.

Das, womit wir unser Leben zubringen, vernichtet uns am Ende; es wird unser Leben völlig zerstören. Und wenn unser ganzes Leben zerstört ist, wenn wir völlig am Ende sind, empfinden wir im Angesicht des Todes nur einen einzigen Schmerz, einen einzigen Kummer: die Trauer, dieses kostbare Leben zu verlieren.

Als Erstes möchte ich euch heute sagen, dass der Durst nach Veränderung, von dem ich gestern sprach, erst entsteht, wenn ihr merkt, dass ihr ein falsches Leben führt. Dieser

Durst entsteht nur dann, wenn du einsiehst, dass dein Leben, so wie du es bis jetzt gelebt hast, absolut falsch und bedeutungslos ist. Ist das so schwer zu verstehen? Hast du denn irgendeine Gewissheit, dass das, was du bisher erreicht hast, von Wert ist? Bist du sicher, dass du mit den Dingen, die du bis jetzt angehäuft hast, die Unsterblichkeit erlangst?

Die Anstrengungen, die du in alle möglichen Richtungen unternimmst, sind das nicht nur Sandburgen? Oder gibt es da irgendeine solide Grundlage? Denke darüber nach, kontempliere darüber.

Sobald du anfängst, zu reflektieren und das Leben zu hinterfragen, kommt ein Durst in dir auf. Durch Kontemplation entsteht ein Durst nach Wahrheit. Es gibt nur sehr wenige Menschen, die sich über ihr Leben Gedanken machen, sehr wenige. Die meisten leben wie Treibholz, das den Fluss hinuntertreibt: Es schwimmt einfach mit, wo immer der Fluss es hinträgt. Wenn er es ans Ufer treibt, schwimmt es ans Ufer. Treibt er es zur Mitte, dann schwimmt es in die Mitte, so als hätte es kein eigenes Leben, keine eigene Richtung. Die meisten von uns leben wie ein Stück Holz, das im Fluss dahintreibt: immer gerade dorthin, wo Zeit und Umstände uns hintreiben.

Wenn du über das Leben und seinen Sinn nachdenkst, kannst du leichter eine Orientierung finden. Ob du wie ein Stück Treibholz auf dem Fluss leben willst, wie ein trockenes Blatt, das der Wind hin und her weht, oder ob du ein Individuum sein willst, eine Person, ein denkender Mensch, jemand, der eine Richtung im Leben hat, jemand, der sich entschieden hat, wie er sein möchte und in welche Richtung er sich entwickeln möchte, jemand, der sein Leben und dessen Entfaltung in die eigenen Hände nimmt. Des Menschen größte Schöpfung ist er selbst. Seine größte Schöpfung ist die Verwirklichung seines eigenen Wesens. Alles, was er sonst hervorbringt, ist nicht von großer Bedeutung – nur wie eine Linie, die man auf dem Wasser zieht. Doch das, was er in seinem Innern geschaffen hat, wird wie in Stein gemeißelt sein; es kann nicht ausgelöscht werden, es gehört für immer zu ihm.

Schau dir also dein Leben an. Bist du ein Stück Treibholz, bist du ein totes Blatt, das der Wind herumwirbelt? Wenn du darüber nachdenkst, merkst du, dass du tatsächlich wie diese Blätter bist, von denen die Straßen im Herbst so voll sind. Hast du bewusste Fortschritte in deinem Leben gemacht oder bist du nur vom Wind herumgewirbelt worden? Und wenn ja, bist du irgendwo angekommen? Ist auf diese Weise jemals ein Mensch irgendwo angekommen?

Wenn man sein Lebensziel nicht bewusst wählt, kommt man nirgends an. Das Bedürfnis nach einem bewusst gewählten Ziel entsteht aber nur, wenn man über diese Situation nachdenkt, darüber kontempliert und meditiert.

Ihr kennt wahrscheinlich die Geschichte, wie Buddha der Welt entsagt hat und die Sehnsucht nach Wahrheit in ihm wuchs. Es ist eine ganz berühmte Geschichte, voller Bedeutung.

Als Buddha noch ein Kind war, sagten die Astrologen seinen Eltern voraus, ihr Sohn werde eines Tages entweder ein großer König, ein Herrscher oder aber ein bedeutender Mönch. Daraufhin ließ sein Vater alle Vorkehrungen treffen, dass Buddha niemals unglücklich sein würde, dass er niemals den Wunsch verspürte, diesem Leben den Rücken zu kehren. Er ließ einen Palast für ihn bauen, in dem es alles gab, was die damalige Zeit an Kunst und Handwerk zu bieten hatte, ausgestattet mit allem verfügbaren Luxus und riesigen Gärten.

Aber es gab auch noch andere Paläste – einen für jede Jahreszeit. Und sein Vater wies alle Diener an, Buddha dürfe nicht eine einzige verwelkte Blume zu Gesicht bekommen, damit er nie erführe, dass Blumen sterben und er sich fragen könnte: „Muss ich auch einmal sterben?" Deshalb wurden nachts alle verwelkten Blüten im Garten aufgelesen. Jeder schwache Strauch wurde herausgerissen und weggeschafft. Außerdem durfte Buddha nur von jungen Leuten umgeben sein; alte Menschen hatten keinen Zutritt. Er sollte nicht merken, dass Menschen altern, und auf den Gedanken kommen: „Vielleicht werde ich auch eines Tages alt."

Noch als junger Mann wusste er nichts vom Tod. Er hatte nie davon gehört. Man ließ ihn nie erfahren, dass Leute in der Stadt starben, damit er nicht dachte: „Wenn diese Leute sterben, muss ich vielleicht eines Tages auch sterben."

Ich versuche, euch zu erklären, was Kontemplation bedeutet. Kontemplation bedeutet, dich zu besinnen, was um dich herum geschieht. Wenn in deiner Umgebung jemand stirbt, dann kontempliere darüber, ob auch du einmal sterben wirst. Wenn du einen alten Menschen siehst, kontempliere darüber, ob auch du einmal alt wirst.

Buddhas Vater gab sich alle Mühe, diese Art von Kontemplation zu verhindern – ich möchte, dass ihr alles tut, um diese Kontemplation zu fördern. Der Vater unternahm alles, was in seiner Macht stand, dennoch konnte er die Kontemplation nicht verhindern. Eines Tages fuhr Buddha aus und er sah einen alten Mann auf der Straße. Er fragte seinen Diener: „Was ist mit diesem Mann passiert? Sehen alle Leute einmal so aus?"

Der Diener sagte: „Ich kann dich nicht belügen. Jeder Mensch muss einmal so alt werden wie er."

„Ich auch?" fragte Buddha sofort.

Der Diener antwortete: „Herr, ich kann nicht lügen – niemand ist eine Ausnahme."

„Bringe mich sofort zum Palast zurück!", sagte Buddha. „Jetzt verstehe ich, dass ich auch alt werden kann. Wenn das so ist, dann bleibt von der Jugend nichts übrig."

Das nenne ich Kontemplation. Doch der Diener sagte: „Wir sind doch auf dem Weg zum Festival der Jugend, die ganze Stadt erwartet uns. Lass uns weiterfahren."

Aber Buddha antwortete: „Ich habe nicht den Wunsch, dort hinzugehen. Das Festival der Jugend ist bedeutungslos, denn jeder wird eines Tages alt."

Kurz darauf sahen sie eine Beerdigungsprozession vorbeiziehen und Buddha fragte: „Was ist das? Was machen diese Leute da?

Was tragen sie auf ihren Schultern?"

Der Diener zögerte und meinte: „Eigentlich sollte ich es dir nicht sagen, aber ich kann dich nicht belügen. Dieser Mann ist gestorben und die Leute tragen ihn fort."

Buddha fragte: „Was bedeutet Sterben?" Zum ersten Mal erfuhr er, dass Menschen sterben.

Er sagte: „Halt an! Ich will nicht weiterfahren. Bringe mich sofort zurück. Nicht dieser Mann ist gestorben, ich bin es, der gestorben ist."

Genau das nenne ich Kontemplation. Ein Mensch hat zu kontemplieren gelernt, wenn er begreift, dass das, was mit andern geschieht, eines Tages auch ihm widerfahren kann. Menschen, die nicht sehen, was um sie herum passiert, sind blind, und in gewisser Weise sind wir alle blind. Deshalb habe ich euch diese Geschichte von dem Blinden erzählt, der die Schlange in der Hand trug.

Zuerst einmal ist es also wichtig, dass ihr alles beobachtet, was um euch herum geschieht, dadurch entsteht ein gewisses Verständnis. Das Beobachten löst Fragen in euch aus, eine Suche entsteht und diese wiederum weckt den Durst nach einer höheren Wahrheit. Ich habe große Schmerzen erlitten. Doch als der Schmerz vorüber war, konnte ich die einzelnen Schritte des Weges vor mir liegen sehen. Über diese Schritte möchte ich jetzt sprechen.

Ich habe festgestellt, dass zwei Dinge von Bedeutung sind, um die höchste Bewusstheit zu erlangen, um zu deinem inneren Sein zu finden. Das eine betrifft die Peripherie, die Peripherie von Meditation. Das andere betrifft das Zentrum von Meditation oder man kann es auch den Körper der Meditation und die Seele der Meditation nennen. Heute möchte ich über die Peripherie von Meditation sprechen, morgen über das Zentrum oder die Seele und übermorgen über die Früchte der Meditation. Über diese drei Dinge also: über die Peripherie, über das Innere und über die Früchte der Meditation. Mit andern Worten, es geht um das Fundament von Meditation, um die Meditation selbst und um ihre Vollendung.

Das Fundament der Meditation betrifft deine Peripherie. Und die Peripherie deiner Person ist der Körper. Deshalb beginnt der erste Schritt in die Meditation bei deinem Körper. Achte darauf, dass du alle negativen Gefühle bezüglich deines Körpers fallen lässt. Sie sind dir von anderen Menschen eingeprägt worden. Der Körper ist nur ein Instrument – in der materiellen Welt genauso wie in der spirituellen Welt.

Der Körper ist weder ein Feind noch ein Freund, er ist einfach ein Instrument, das du gebrauchen kannst, um etwas Richtiges oder etwas Falsches zu tun. Durch ihn kannst du entweder mit materiellen Dingen oder mit dem Höchsten verbunden sein. Der Körper ist nur das Instrument; habe also keine falschen Vorstellungen. Meistens glauben die Leute, dass der Körper gegen uns arbeitet, dass er sündig ist, dass er unser Feind ist und dass man seine Impulse unterdrücken muss. Ich sage euch, das ist falsch. Der Körper ist weder ein Feind noch ein Freund; er ist das, was ihr aus ihm macht. Deshalb ist der Körper etwas so Geheimnisvolles, etwas so Besonderes.

Alles Falsche, was in der Welt geschehen ist, ist mit Hilfe des Körpers geschehen, und alles Richtige ist ebenfalls mit Hilfe des Körpers geschehen. Der Körper war nur das Mittel, das Instrument dazu.

Als Vorbereitung auf die Meditation ist es wichtig, dass du zuerst dem Körper Aufmerksamkeit schenkst, denn ohne zuerst dieses Instrument in Ordnung zu bringen, kannst du nicht weiterkommen. Zuerst musst du also den Körper reinigen, denn je reiner der Körper ist, desto leichter fällt es, nach innen zu gehen.

Was bedeutet das: Den Körper reinigen? Es bedeutet zunächst, dass es keine Störungen, keine Blockaden, keine Unstimmigkeiten im Körper, im körperlichen Organismus gibt. Dann ist der Körper rein.

Versuche zu verstehen, wie diese Unstimmigkeiten und Blockierungen in den Körper hineinkommen. Wenn der Körper keinerlei Blocks hat, wenn es keine Störungen und Beeinträchtigungen in ihm gibt, dann ist der Körper rein und hilft dir nach innen zu gehen. Wenn du aber zum Beispiel wütend bist, beziehungsweise wenn du wütend bist und es nicht ausdrückst, dann wird sich die Hitze, die dadurch entsteht, in einem Teil deines Körpers ansammeln und zu einer Blockierung werden. Du hast sicher schon erlebt, dass Wut zu Hysterie werden kann, dass sich daraus eine Krankheit entwickeln kann. Neuere Versuche am menschlichen Körper haben gezeigt, dass von hundert Krankheiten fünfzig nicht körperlicher, sondern geistiger Natur sind. Aus geistigen Störungen werden körperliche Störungen und wenn der Körper gestört ist, ist er nicht gesund. Dann wird das gesamte körperliche System rigide und unrein.

In allen spirituellen Schulen und Religionen wurden schon immer unglaubliche und revolutionäre Versuche durchgeführt, um den Körper zu reinigen, und es ist hilfreich, diese Experimente zu verstehen. Wenn du diese Methoden ausprobierst, wirst du nach wenigen Tagen entdecken, wie wunderbar doch dein Körper ist. Er wird dir nicht wie ein Feind vorkommen, sondern wie ein Tempel, in dem das Göttliche wohnt. Dann wird er kein Feind, sondern ein Freund sein und du wirst ihm dankbar sein. Sicher, der Körper, das bist nicht du selbst, er ist Materie. Du und dein Körper, ihr seid nicht identisch, ihr seid voneinander verschieden. Dennoch kann er dir von ungeheurem Nutzen sein und du wirst sehr dankbar sein und dich ihm verpflichtet fühlen, weil er dich so unterstützt.

Der erste Schritt, um den Körper zu reinigen, ist also ihn von Blockierungen zu befreien. Und es gibt viele Blockierungen im Körper.

Vor kurzem kam ein Mann zu mir und sagte: „Seit einigen Tagen praktiziere ich Meditationen einer bestimmten religiösen Richtung und in meinem Kopf ist es sehr ruhig geworden."

44

Ich sagte zu ihm: „Ich glaube nicht, dass es in deinem Kopf ruhig geworden ist."

„Wie kannst du so etwas sagen?", meinte er.

Ich antwortete: „Weil du, seit du hier bist, dauernd mit beiden Beinen wippst." Er saß dabei und wippte mit den Beinen. Ich sagte: „Der Kopf kann unmöglich still sein, wenn die Beine derartig wippen."

Die Unruhe des Körpers wird durch geistige Unruhe verursacht. Wenn der Kopf ruhiger wird, kommt auch der Körper zur Ruhe. Die Körper eines Buddha und Mahavira müssen wie der Stein ausgesehen haben, aus dem ihre Statuen gefertigt sind; sie müssen eine steinerne Ruhe gehabt haben. Es ist kein Zufall, dass ihre Statuen aus Stein gemacht sind. Es kommt daher, weil sie aussahen wie Stein. Alle innere Bewegung war zum Stillstand gekommen; sie bewegten sich nur, wenn es nötig war, ansonsten blieben sie vollkommen still.

Wenn deine Beine wippen, dann ist das ein Zeichen, dass deine Energie keinen Ausdruck finden kann und du sie auflöst, indem du mit den Beinen wippst. Wenn jemand wütend ist, knirscht er mit den Zähnen und ballt die Fäuste. Warum? Seine Augen laufen rot an. Warum? Warum ballt er die Fäuste? Sogar, wenn du alleine bist und bist auf jemand wütend, ballst du die Fäuste. Es ist niemand da, den du schlagen könntest, doch die Energie, die durch die Wut erzeugt wird, muss irgendwie freigesetzt werden. Die Muskeln deiner Hand spannen sich an und dabei wird die Energie verbraucht.

Diese körperlichen Unstimmigkeiten sind auf die gesellschaftliche Konditionierung zurückzuführen. Ein Mensch, der nicht konditioniert ist, hat einen reineren Körper als ihr. Der Körper eines Wilden ist reiner als eurer; er hat keinerlei Blocks, denn wo du deine Emotionen unterdrückst, kann er sie sehr leicht und spontan zum Ausdruck bringen. Stell dir vor, du bist bei der Arbeit und dein Chef sagt etwas zu dir, was dich wütend macht, aber du kannst nicht die Fäuste ballen. Was geschieht mit all dieser Energie, die da gerade in dir entstanden ist? Und denke daran: Energie löst sich nicht einfach in Luft auf. Energie wird niemals vernichtet, sie hat kein Ende. Wenn du etwas zu mir sagst, das mich wütend macht, dann kann ich meine Wut nicht in Gegenwart aller Leute zeigen. Ich kann auch nicht mit den Zähnen knirschen oder die Fäuste ballen; ich kann euch nicht beschimpfen, wütend herumrennen oder Steine nach euch werfen. Was geschieht mit der Energie, die in mir erzeugt wurde? Diese Energie wird meinen Körper an irgendeiner Stelle verkrüppeln. Sie wird dazu benutzt, um irgendwo einen Block zu schaffen; es entsteht eine Disharmonie. Die meisten unserer Disharmonien entstehen zuerst im Körper.

Vielleicht wundert dich das und du sagst, dass du keine solchen Blocks bei dir siehst. Aber ich möchte dich bitten, ein Experiment zu machen, an dem du erkennen kannst, wie viele Blocks es in deinem Körper gibt. Hast du schon beobachtet, dass du manchmal die Zähne zusammenbeisst, wenn du allein im Zimmer bist oder die Zunge herausstreckst oder Grimassen machst, wenn du in den Spiegel schaust? Vielleicht lachst du sogar hinterher über dich. Manchmal fängst du vielleicht unter der Dusche an zu hüpfen und wunderst dich: „Warum bin ich gehüpft? Warum habe ich vor meinem Spiegelbild die Zähne gebleckt? Warum habe ich auf einmal Lust zu summen?"

Ich schlage dir vor, dass du dich einmal in der Woche eine halbe Stunde lang in einem Zimmer einschließt und deinen Körper alles machen lässt, was er machen möchte. Du wirst staunen! Vielleicht fängt dein Körper an herumzutanzen – lass ihn machen, was er will, hindere ihn nicht daran. Er wird vielleicht tanzen, springen oder schreien oder gar auf einen unsichtbaren Feind losgehen, dass ist gut möglich.

Dann wunderst du dich. „Was ist hier los?" All das sind die Disharmonien in deinem Körper, die zwar unterdrückt, aber dennoch sehr gegenwärtig sind und nach Ausdruck verlangen. Nur deine soziale Konditionierung lässt es nicht zu. Und weil du ihnen auch kein anderes Ventil verschaffst, haben sich in deinem Körper viele Disharmonien eingenistet. Und wenn im Körper Blockierungen stecken, ist er nicht gesund und du kannst nicht nach innen gehen.

Der erste Schritt in die Meditation ist also die Reinigung deines Körpers. Und dazu musst du zunächst mit allen Störungen im Körper aufräumen. Du musst aufhören, neue Störungen anzusammeln und einen Weg finden, um die alten abzubauen. Eine gute Lösung ist, dass du dich ein- oder zweimal in der Woche in deinem Zimmer einschließt und deinen Körper alles tun lässt, was er möchte. Wenn dir danach zumute ist, deine Kleider auszuziehen und nackt herumzutanzen, dann tue es, wirf die Kleider von dir. Du wirst überrascht sein. Wenn du eine halbe Stunde lang so herumgesprungen bist, fühlst du dich so entspannt, so ruhig und frisch. Es kommt dir vielleicht merkwürdig vor, aber auf einmal bist du sehr ruhig und wunderst dich, woher diese Ruhe kommt. Wenn du Gymnastik machst oder spazieren gehst, spürst du eine Leichtigkeit. Wieso? Es kommt daher, weil sich viele Blocks im Körper gelöst haben.

Weißt du, warum du manchmal nur nach jemand suchst, mit dem du Streit anfangen kannst? Warum bist du derart angriffslustig, dass du auf den erstbesten Menschen losgehst, der dir begegnet? Weil du so viele energetische Blocks in dir hast, die alle ans Tageslicht möchten.

Immer wenn Krieg ist – und zwei Weltkriege hat es ja gegeben – sind die Leute regelrecht scharf darauf, morgens als erstes die Zeitung zu lesen. In Kriegszeiten geschehen eine Menge merkwürdige Dinge. Das eine war, dass die Selbstmordrate während des Krieges auf der ganzen Welt gesunken ist. Die Psychologen wunderten sich über dieses Phänomen. In dieser Zeit gab es nur sehr wenige Selbstmorde, die Rate ging auf der ganzen Welt drastisch herunter. Auch geschahen weniger Morde als sonst. Ebenso merkwürdig war es, dass die Fälle von Geisteskrankheit zurückgingen. Erst später verstand man, dass diese Nachrichten über den Krieg und die ganze Intensität der Zeit dazu geführt haben, gewisse Blockierungen bei den Leuten aufzulösen.

Wenn du Nachrichten aus dem Krieg hörst, bist du innerlich irgendwie beteiligt. Deine Wut zum Beispiel … Stell dir vor, du bist wütend auf Hitler. Jetzt kannst du dir eine Figur von Hitler machen und sie anzünden und dabei Parolen rufen und brüllen. Du kannst in deinem Wohnzimmer sitzen und ihn einfach beschimpfen. Es steht gar kein Hitler vor dir, nur ein vorgetäuschter Feind. Aber auf diese Weise lösen sich viele deiner Blocks und das Ergebnis ist eine bessere psychische Gesundheit. Es wird dich erstaunen: Natürlich möchtest du nicht bewusst, dass Krieg ist, aber tief im Innern willst du es doch. In Kriegszeiten scheinen die Leute bei bester Laune zu sein. Obwohl die Gefahr vielleicht ganz nahe ist, scheinen sie trotzdem guter Laune zu sein.

Vor einigen Jahren hat China Indien angegriffen. Das rührte bei euch allen zu einer plötzlichen Expansion von Energie. Wisst ihr warum? Der Grund war, dass sich durch die Wut viele Blocks in eurem Körper aufgelöst haben und ihr euch auf einmal sehr leicht fühltet.

Es wird immer Kriege geben. Solange es Menschen mit ungesunden Körpern gibt, wird es Kriege auf der Welt geben. Die Kriege werden nicht eher aufhören, als bis die Körper der Menschen rein sind und frei von Blockierungen, die einen Krieg brauchen, um sich aufzulösen. Was ich hier sage, klingt vielleicht merkwürdig, aber es wird solange Kriege geben, wie die Leute ungesunde Körper haben. Egal welch große Anstrengungen gemacht werden den Krieg zu verhindern, ihr werdet immer ein gewisses Vergnügen daran haben.

Und genauso viel Vergnügen habt ihr am Streiten. Denke einmal darüber nach: Genießt du es nicht auch irgendwie, wenn gestritten wird? Der Streit kann sich auf verschiedensten Ebenen abspielen – etwa zwischen zwei Religionen, zwischen Hinduisten und Mohammedanern – und eigentlich gibt es gar keinen Grund dafür. Seht doch: Jedes Mal wenn eine neue Religion entsteht, könnt ihr beobachten, wie sie sich in zwanzig Sekten spaltet und sich diese wiederum in Untergruppen spalten. Warum? Weil der Körper der Menschen so ungesund, so voller Disharmonie ist, dass er nach irgendeinem Ventil sucht. Die Leute benutzen den geringsten Anlass, um Streit anzufangen, weil Streiten ihnen eine gewisse Erleichterung verschafft und sie sich danach entspannter fühlen.

Der erste Schritt in Richtung Meditation ist daher die Reinigung des Körpers.

Um alte Blockierungen aufzulösen, kann man diese Methode anwenden: Gehe in einen geschlossenen Raum und erlaube dir, völlig verrückt zu spielen. Lass alle Vorstellungen los, die du dir aufgezwungen hast. Lass sie fallen! Lass einfach alles geschehen und beobachte deinen Körper und schau zu, was er tut. Er tanzt, er springt, er fällt zu Boden und liegt da. Er schlägt einen imaginären Feind. Er tut, als würde er jemanden erstechen oder erschießen. Schaue allem zu und lass es geschehen. Nach ein oder zwei Monaten wirst du überrascht sein, welche Resultate dieses Experiment bringt. Du wirst sehen, dass dein Körper sich sehr wohl fühlt und er gesund und rein geworden ist. Er hat ein Ventil gefunden. Die alten Blockierungen haben sich Luft machen können.

In früheren Tagen zogen die Sucher sich immer in die Wälder zurück. Sie liebten die Einsamkeit und wollten nicht in der Menge leben. Einer der Hauptgründe dafür war die Reinigung. Ihr wisst gar nicht, was Buddha oder Mohammed machten, wenn sie sich in die Einsamkeit zurückzogen. Kein Buch sagt etwas darüber, was sie dort in den Wäldern taten. Was denkt ihr, was sie taten? Ich bin mir sicher, dass sie ihren Körper reinigten. Der Name „Mahavira" bedeutet: jemand, dessen Blockierungen zerstört wurden – und der erste Schritt dazu geschieht im Körper.

Als Erstes müssen also alle Blocks, die du angesammelt hast, gelöst werden. Am Anfang kommst du dir vielleicht komisch vor, und wenn du das Bedürfnis hast, über dich zu lachen, weil du wie ein Verrückter da herumspringst, dann lass das Lachen zu. Wenn dir nach Weinen zumute ist, dann lass es geschehen. Wenn ich euch jetzt sagen würde, dass ihr loslassen sollt, dann würden einige von euch anfangen zu lachen. Es gibt unterdrückte Schmerzen, die keinen Ausdruck finden konnten und jetzt zum Vorschein kommen – oder zurückgehaltenes Lachen, das darauf wartet, an die Oberfläche zu kommen. Es ist in deinem Körper in Form von Blocks stecken geblieben. Jetzt kommt es zum Vorschein. Selbst wenn es dir absurd vorkommt, lass es zu. Probiere diese Methode der Körperreinigung selber aus, dann merkst du, wie die erste Schicht der Blockierungen verschwindet und du dich sehr viel leichter fühlst.

Als Nächstes musst du darauf achten, dass sich keine neuen Blocks bilden. Ich habe darüber gesprochen, wie man alte Blocks auflöst, aber du sammelst auch jeden Tag neue an. Womöglich sage ich irgendetwas, das dich wütend macht, aber du zeigst es nicht, weil Erziehung und Etikette es nicht zulassen. Ein Sturm von Energie wird in deinem Körper entfesselt. Wo soll er hin? Er kann deine Nerven unter Stress setzen, sie zum Zerreißen bringen und sich dort einnisten. Deshalb sehen die Augen und das Gesicht eines wütenden Menschen so anders aus als die eines friedlichen Menschen. Das Gesicht des friedlichen Menschen ist nicht vom Fieber der Wut verzerrt. Ein Körper kann nur dann in seiner Schönheit erblühen, wenn er keine Disharmonien in sich hat. In diesem Sinne ist die Schönheit des Körpers einfach ein Zeichen, dass es keine Disharmonie in ihm gibt. Dann strahlen die Augen eine Schönheit aus und selbst der hässlichste Körper wirkt schön.

Gandhis Körper war in jungen Jahren sehr hässlich, doch mit zunehmendem Alter wirkte er viel schöner. Es war merkwürdig. Diese Schönheit war nicht körperlicher Art, sie war das Ergebnis der aufgelösten Blockierungen in seinem Körper. Nur wenige Menschen verstanden dieses Phänomen. Gandhi war zweifellos hässlich, wenn man die üblichen Schönheitskriterien anlegt. Wenn ihr Bilder von ihm als Kind oder als junger Mann seht, werdet ihr bemerken, dass er hässlich war, aber als er älter wurde, sah er immer schöner aus. Wenn du dein ganzes Leben auf schöne Art und Weise gelebt hast, dann ist dein Alter schöner als deine Jugend, denn in der Jugend stehst du unter dem Einfluss vieler Leidenschaften, im Alter dagegen verschwindet diese fiebrige Unruhe. Wenn du dein Leben gut gelebt hast, dann ist das Alter der schönste Lebensabschnitt, weil dann die ganze fiebrige Unruhe abgeklungen ist. Wenn du dich voll entfaltet und dein Leben total gelebt hast, sind alle Störungen verschwunden.

Hast du dich je gefragt, wie sich diese Blocks in deinem Körper ansammeln? Wenn ich dich beleidige und du wütend wirst, wallt plötzlich Energie in dir auf. Und Energie kann man nicht zerstören, Energie ist unzerstörbar. Sie muss genutzt werden, und wenn man sie nicht nutzt, verdirbt sie und wird selbst-zerstörerisch. Aber wie kann man diese Energie nutzen?

Stell dir vor, du bist bei der Arbeit und wirst plötzlich wütend. Du empfindest starke Wut und kannst ihr keinen freien Lauf lassen. Ich schlage vor, du versuchst Folgendes: Transformiere diese Energie auf kreative Weise. Spanne deine Beinmuskeln so stark wie möglich an. Niemand kann die Muskeln in deinen Beinen sehen. Mache sie steif, ziehe sie so stark wie möglich an. Wenn du spürst, dass du die maximale Spannung erreicht hast, dann lass sie ganz plötzlich los. Du wirst feststellen, dass die Wut verschwunden ist und gleichzeitig hast du deine Muskulatur trainiert und ihren Tonus verbessert. Dieser Impuls von Wut, der zerstörerisch hätte werden können, ist freigesetzt worden und obendrein sind deine Beine auch noch gestärkt worden. Das kannst du mit jedem Teil deines Körpers tun, der durch Wut blockiert wurde. Die Energie, die sich gebildet hat, wird so auf kreative Weise genutzt. Wenn deine Hände blockiert sind, spanne deine Handmuskeln an, dadurch wird die ganze Energie der Wut aufgebraucht. Wenn dein Bauch blockiert ist, dann ziehe die Bauchmuskeln ein und stelle dir vor, dass die wütende Energie dazu benutzt wird, diese Muskeln einzuziehen. Du wirst sehen, dass die Wut nach ein oder zwei Minuten verschwunden ist. Sie wurde kreativ genutzt.

Energie ist immer neutral. Die Energie, die durch Wut hervorgerufen wird, ist selbst nicht destruktiv; sie wird es erst, wenn sie sich in Form von Wut äußert. Mache besseren Gebrauch davon, denn wenn die Energie nicht besser genutzt wird, nimmt sie immer wieder destruktive Formen an. Sie kann sich nicht auflösen, solange du nicht etwas damit anfängst. Doch wenn du lernst, von ihr Gebrauch zu machen, kann das einen Wendepunkt in deinem Leben bedeuten. Damit dein Körper rein wird, müssen alte Blockierungen aufgelöst und neue kreativ verwandelt werden. Das sind die beiden wichtigen vorbereitenden Schritte. Die meisten Yoga-Stellungen, die *Asanas* dienen dazu, kreativen Gebrauch vom Körper zu machen. Wenn du deinen Körper nicht kreativ nutzt, wird all diese Energie, die ein Segen hätte sein können, zu einem Fluch. Ihr leidet alle an eurer eigenen Energie. Man kann auch sagen: allein Energie zu haben, ist zu einem Problem geworden, zu einer Belastung.

Als Jesus in Galiläa war, geschah einmal Folgendes: Er wollte gerade aus dem Dorf hinausgehen, da sah er einen Mann, der auf einem Dach stand und Obszönitäten herunterrief.

Jesus stieg eine Leiter hoch und fragte ihn: „Was machst du da, mein Freund? Warum verschwendest du auf diese hässliche Weise dein Leben. Du scheinst betrunken zu sein." Der Mann öffnete die Augen und erkannte Jesus. Er verneigte sich vor ihm und sagte: „Mein Herr, ich war sehr krank, ich war dem Tod nahe. Da hast du mich gesegnet und mich geheilt. Hast du das vergessen? Jetzt bin ich wieder bei Kräften, doch was soll ich mit all dieser guten Gesundheit anfangen? Deshalb betrinke ich mich."

Jesus war erstaunt. Der Mann hatte gesagt: Was soll ich denn jetzt, wo ich gesund bin, mit meiner Gesundheit anfangen? Deshalb trinke ich, dann komme ich irgendwie zurecht. Als Jesus das hörte, wurde er sehr traurig und stieg wieder hinab. Danach ging er in ein anderes Dorf und sah dort einen Mann, der sich nach einer Prostituierten umsah.

Er blieb bei ihm stehen und fragte: „Freund, warum missbrauchst du so deine Augen?"

Der Mann erkannte Jesus und sagte: „Hast du vergessen, wer ich bin? Ich war blind und du hast mich berührt, da konnte ich wieder sehen. Was soll ich jetzt mit meinen Augen machen?" Jesus verließ traurig das Dorf. Vor dem Ort traf er einen Mann, der sich weinend an die Brust schlug. Jesus legte die Hand auf seinen Kopf und fragte: „Warum weinst du? Es gibt so viel Schönheit auf der Welt. Das Leben ist nicht dazu da, um traurig zu sein."

Der Mann erkannte Jesus und sagte: „Du scheinst dich nicht mehr an mich zu erinnern. Ich war gestorben und die Leute wollten mich beerdigen, da hast du ein Wunder getan und mich ins Leben zurückgerufen. Was soll ich jetzt mit meinem Leben anfangen?"

Diese Geschichte scheint frei erfunden zu sein. Falsch! Was macht denn ihr? Was macht ihr mit eurem Leben? Die ganze Energie, die ihr in eurem Leben angesammelt habt, gebraucht ihr nur dazu, euch zu zerstören. Es gibt nur zwei Wege im Leben: Wenn die Energie, die uns im Körper und im Verstand zur Verfügung steht, destruktiv genutzt wird, ist das der Weg zur Hölle. Wenn die gleiche Energie kreativ genutzt wird, ist das der Weg zum Himmel. Kreativität ist der Himmel, Destruktivität ist die Hölle. Wenn du von deiner Energie schöpferischen Gebrauch machst, bist du dem Himmel einen Schritt näher gekommen und wenn du sie zerstörerisch einsetzt, steuerst du auf die Hölle zu – eine andere Bedeutung von Himmel und Hölle gibt es nicht.

Überlege dir, was du tust. Weißt du, wie viel Energie in einem Mensch entsteht, wenn er wütend ist? Weißt du, dass selbst ein schwacher Mann in seiner Wut einen Felsblock hochheben kann, den er in ruhigem Zustand nicht einmal im Traum hätte heben können? Ein wütender Mann kann einen starken, aber ruhigen Mann, sehr schnell überwältigen.

In Japan hat sich einmal Folgendes zugetragen: Dort gab es eine Gruppe von Leuten, die man die Samurai nannte. Sie waren die Krieger des Landes und verdienten ihr Geld mit Schwertkämpfen. Leben und Tod war für sie ein Spiel. Einer dieser Samurai war ein großer Krieger und der Befehlshaber der Armee. Eines Tages verliebte sich seine Frau in einen ihrer Diener. Wenn eine Frau sich in einen anderen Mann verliebte, war es üblich, dass dieser zu einem Duell herausgefordert wurde. Das bedeutete, dass einer von beiden sterben musste und der Sieger des Duells bekam außerdem die Frau.

Der Diener hatte sich also in die Frau dieses großen Samurai-Kriegers verliebt. Der Krieger sagte zu ihm: „Du Narr, jetzt gibt es nur eine Möglichkeit: ein Duell auf Leben und Tod. Jetzt müssen wir kämpfen. Erscheine morgen früh mit einem Schwert."

Der Diener hatte große Angst, denn sein Meister war ein

sehr starker Mann und er war nur ein Diener, der kehrte und putzte. Wie sollte er da mit einem Schwert umgehen können? Er hatte so ein Schwert noch nie in der Hand gehabt. Er sagte: „Wie soll ich das Schwert bloß halten?"

Der Samurai erwiderte: „Es gibt kein Zurück mehr – morgen musst du mit dem Schwert antreten und kämpfen."

Der Diener ging nach Hause und überlegte die ganze Nacht. Es gab kein Entkommen. Am nächsten Morgen nahm er ein Schwert – er hatte bis jetzt noch nie ein Schwert berührt – und verließ das Haus. Die Leute erschraken, als sie ihn sahen, denn als er auf dem Duellplatz erschien, war er wie ein loderndes Feuer. Der Samurai wurde bei seinem Anblick nervös und fragte ihn: „Weißt du überhaupt, wie man das Schwert hält?" denn er wusste nicht, wie man das Schwert richtig in die Hand nimmt.

Der Diener antwortete: „Das ist jetzt egal. Der Tod ist mir sicher. Und weil feststeht, dass ich sterben muss, kann ich auch versuchen zu siegen. Der Tod ist mir sowieso gewiss, dann kann ich auch versuchen, dich zu töten."

Es war ein ungewöhnliches Duell. Der Krieger wurde getötet und der Diener gewann! Als ihm klar wurde, dass es keinen Ausweg gab und er sterben musste, brach eine ungeheure Energie in ihm los. Zwar wusste er nicht, wie man mit dem Schwert umgeht und tat genau das Gegenteil von dem, was richtig war, und brachte sich dadurch in noch größere Gefahr. Aber die Kraft seines Angriffs, seine Wut, seine Präsenz ließen den Krieger zurückweichen. Sein ganzes Können war nutzlos, weil er so gelassen kämpfte. Für ihn war das nichts Besonderes, für ihn war Kämpfen eine ganz alltägliche Angelegenheit. Er wich immer mehr zurück, bis er schließlich von der schieren Kraft der Energie seines Dieners getötet wurde.

Er starb, und dieser Mann, der absolut ungeübt war, der nichts von Schwertkunst verstand, siegte.

Wut oder jede andere Emotion, gibt dir so viel Energie. Jede lebendige Zelle in deinem Körper erzeugt Energie und daneben gibt es noch viele Energiespeicher im Körper, die als Sicherheit für Notfälle dienen und im alltäglichen Leben nicht gebraucht werden. Wenn ich dich auffordere, an einem Rennen teilzunehmen, dann kannst du dich anstrengen wie du willst, du wirst nie so schnell laufen, als wenn jemand mit einem Gewehr hinter dir her wäre. In solchen Situationen wird nämlich die Energie, die der Körper für Notfälle gespeichert hat, ins Blut abgegeben. Jetzt wird der Körper mit Energie überschüttet. Wenn diese Energie nicht schöpferisch genutzt wird, wird sie dir schaden und wird dich zerstören.

Es sind nicht die schwachen Menschen, die in dieser Welt Verbrechen begehen, sondern die starken. Sie handeln sozusagen unter Zwang, weil sie so viel Energie haben. Die Wahrheit ist, dass Schwache nicht viel Unheil anrichten können, doch Leute, die stark sind, können das sehr wohl, weil sie mit ihrer Energie nicht kreativ umzugehen wissen. Man kann daher sagen, dass Kriminelle große Energiequellen besitzen. Wenn sie die richtige Unterstützung bekämen, könnte ihre Energie erstaunlich transformiert werden. Es gibt viele Beispiele in der Geschichte, wo Sünder plötzlich zu Heiligen wurden. Sie hatten einfach so viel Energie, die der Transformation bedurfte, und danach waren sie ganz andere Menschen.

Angulimal hatte viele Morde begangen. Er hatte einen Schwur abgelegt, dass er eintausend Menschen töten würde. Neunhundertneunundneunzig hatte er schon ermordet und an seinem Hals trug er eine Kette aus Fingern. Er brauchte nur noch einen einzigen Mann. Wenn die Leute hörten, dass Angulimal sich in der Gegend aufhielt, flüchteten sie, denn niemand wollte in seiner Nähe sein. Er schaute seine Opfer gar nicht an, er würde nicht mal einen Augenblick nachdenken, sondern jeden töten, den er bekommen konnte. Selbst Prasanjit, der König von Bihar, hatte Angst vor ihm. Schon allein der Name ließ ihn erschaudern. Er hatte schon viele Soldaten nach Angulimal ausgeschickt, aber es gelang ihnen nicht, ihn zu fangen. Eines Tages zog Buddha durch die nahe gelegenen Hügel. Die Leute im Dorf warnten ihn: „Gehe nicht dorthin! Du bist ein friedliebender Mönch und Angulimal wird dich umbringen." Buddha sagte: „Ich habe entschieden, wohin ich gehen will, und ändere meinen Weg nicht, komme, was da wolle. Wenn Angulimal dort ist, ist es umso notwendiger, dass ich hingehe.

Es wird sich herausstellen, ob Angulimal mich tötet oder ob ich ihn töte."

Aber die Leute meinten: „Das ist Wahnsinn! Du hast nicht mal eine Waffe bei dir, wie willst du Angulimal töten?"

Buddha war kein Mensch der Gewalt und Angulimal war sehr groß, beinahe eine dämonische Gestalt.

Aber Buddha sagte: „Wir werden sehen, ob Angulimal Buddha tötet oder ob Buddha Angulimal tötet. Ich gehe nur auf dem Weg, den ich gewählt habe. Wenn ich mich einmal entschieden habe, ändere ich ihn nicht. Und es ist umso besser – jetzt habe ich Gelegenheit, Angulimal zu treffen. Eine unerwartete Gelegenheit."

Bald kam Buddha an die Stelle, wo sich Angulimal versteckt hielt und den Weg beobachtete – ein harmloser Mönch kam seines Weges. Angulimal rief aus seinem Versteck: „Hör zu, komme nicht näher! Ich warne dich nur, weil du ein

Sannyasin bist. Kehre um! Du tust mir leid, wenn ich dich so ruhig und langsam daherkommen sehe. Kehre um, denn ich bin es nicht gewöhnt, mit jemand Mitleid zu haben. Ich werde dich töten."

Buddha sagte zu ihm: „Ich bin es auch nicht gewöhnt, jemanden zu bedauern. Und wenn es eine Herausforderung wie diese gibt, wie kann ein Sannyasin da aufgeben? Ich gehe weiter und du solltest besser aus deinem Versteck herauskommen."

Angulimal war wirklich erstaunt: Dieser Mann muss verrückt sein. Er nahm seine Axt und trat heraus. Als er auf Buddha zuging, sagte er: „Du hast unnötig den Tod herausgefordert."

Buddha sagte: „Bevor du mich tötest, tue eins – eine Kleinigkeit. Siehst du den Baum da drüben? Pflücke vier Blätter."

Angulimal hob seine Axt auf und hieb einen Ast ab und sagte: „Hier hast du viertausend Blätter statt vier."

Buddha sagte: „Noch etwas. Ehe du mich tötest, füge diesen Ast wieder an den Baum."

Angulimal sagte: „Das ist nicht so einfach."

Buddha sagte: „Jedes Kind kann Dinge zerstören, doch nur jemand, der etwas lebendig machen kann, ist ein richtiger Mann, ein starker Mann. Du bist ein Schwächling, du kannst nur zerstören! Höre auf dich für stark zu halten, du kannst noch nicht einmal einen kleinen Ast mit einen Baum verbinden."

Angulimal dachte einen Moment lang ernsthaft nach und sagte dann: „Das stimmt. Gibt es denn einen Weg, den Ast wieder einzufügen?"

Buddha antwortete: „Ja! Das ist der Weg, auf dem ich gehe."

Angulimal dachte nach und sein egoistischer Verstand erkannte zum ersten Mal, dass man nicht stark sein muss, um zu töten. Selbst ein schwacher Mann kann töten. Deshalb sagte er: „Ich bin nicht schwach. Was kann ich tun?"

Buddha sagte: „Komm mit mir."

Und Angulimal wurde ein Mönch! Er ging jeden Tag ins Dorf und bettelte um Almosen. Alle hatten Angst vor ihm. Die Leute kletterten auf die Dächer ihrer Häuser und warfen Steine nach ihm. Er fiel hin, er blutete, von überall wurde er mit Steinen beworfen.

Und Buddha trat zu ihm und sagte: „Angulimal, Brahmane Angulimal, stehe auf! Heute hast du deinen Mut bewiesen. Als dich ihre Steine trafen, warst du nicht voller Wut. Selbst als du verletzt warst und dein Körper blutete, war dein Herz mit Liebe erfüllt. Du hast bewiesen, dass du ein Mann bist. Du bist ein Brahmane geworden, einer, der das Göttliche erfahren hat."

Als Prasanjit von Angulimals Veränderung hörte, ging er zu Buddha. Er setzte sich zu seinen Füßen und sagte: „Ich habe gehört, Angulimal sei ein Mönch geworden. Kann ich ihn sehen?"

Buddha sagte: „Dieser Mönch hier neben mir ist Angulimal."

Als er das hörte, fing Prasanjit an Händen und Füßen an zu zittern. Er wurde immer noch beim gleichen Namen genannt, und Prasanjit empfand auch immer noch die gleiche Angst.

Doch Angulimal sagte: „Habe keine Angst. Diesen Mann gibt es nicht mehr! Seine Energie ist verwandelt worden. Ich bin auf einem anderen Weg. Selbst wenn du mich jetzt töten würdest, würde ich nicht schlecht von dir denken."

Die Leute fragten Buddha, wie denn ein so grausamer

Mann so völlig verändert sein könne. Er erklärte ihnen: „Es hat nichts mit Gut und Böse zu tun, es ging nur darum, seine Energie zu verwandeln."

Auf dieser Welt ist niemand ein Sünder und niemand ist ein Heiliger. Dies sind lediglich verschiedene Richtungen von Energie. In unseren Körpern ist viel Energie gespeichert und diese Energie muss kreativ genutzt werden.

Wenn eine Emotion in dir aufsteigt, dann setze sie zuerst in Form irgendeiner Übung in deinem Körper frei. Und lerne außerdem, kreativ damit umzugehen. Ihr seid sehr unkreativ.

Früher hatte jedes Dorf einen Schuhmacher, und wenn jemand seine Schuhe trug, sagte er voller Stolz: „Die sind von mir gemacht." Es war der Stolz eines Künstlers. Ein anderer machte Räder für die Wagen und sagte stolz: „Die habe ich gemacht."

Heutzutage habt ihr die Freude am Erschaffen verloren. Es gibt nicht mehr viele Dinge, die mit der Hand gemacht werden. Du erschaffst nichts mehr. So wie die Welt jetzt ist, wird es bald nichts mehr geben, das von menschlicher Hand gemacht ist.

Und damit verschwindet die Freude, die man empfindet, wenn man etwas geschaffen hat. Wenn diese Möglichkeit zerstört ist, was geschieht dann mit all der Energie? Sie wird destruktiv. Irgendwo muss sie schließlich hin, entweder in die Richtung von Zerstörung oder von Kreativität.

Lerne, ein kreatives Leben zu führen. Kreativität bedeutet, dass du eine Sache allein um der Freude willen tust, die du dabei hast. Du kannst bildhauern, ein Lied schreiben, auf der Gitarre spielen – es kommt nicht darauf an, was du tust, aber tue es nur aus Freude, nicht zum Gelderwerb. Mache eine Sache im Leben, die du nur aus Freude tust – etwas, das nicht dein Beruf ist. Dann verwandelt sich alle deine destruktive Energie und wird kreativ.

Ich fordere dich auf, deine Emotionen umzulenken und diesem gewöhnlichen Leben eine schöpferische Richtung zu geben. Und das ist nicht schwierig, du kannst einfach einen Garten um dein Haus anlegen und die Pflanzen lieben und dich an ihnen freuen. Du musst nicht viel tun. Poliere einen Stein und mache eine kleine Statue daraus. Jeder intelligente Mensch sollte neben der Arbeit für seinen Lebensunterhalt etwas Kreatives machen. Jemand, der sich keine Zeit für Kreativität nimmt, wird es schwer haben und sein Leben zugrunde richten.

Du kannst ein kleines Lied schreiben – es braucht nicht viel. Oder gehe in ein Krankenhaus und bringe jemand Blumen. Wenn du einen Bettler auf der Straße siehst, sei freundlich zu ihm. Mache etwas, das du nur aus Freude tust, wo du nichts geben musst und nichts bekommen musst, wo die Handlung selbst dir Freude bereitet. Richte deine ganze Energie dahin aus, dann wird keine zerstörerische Kraft mehr übrig bleiben. Je kreativer du bist, um so mehr verschwindet die Wut. Wut ist ein Merkmal eines unkreativen Menschen. Wo soll die viele Energie hin, die in dir steckt? Sie äußert sich als Sex, als sexuelles Verlangen. Irgendwie muss sie heraus.

Der Grund, warum so viele schöpferische Menschen – große Bildhauer, Maler oder Dichter – unverheiratet waren, ist, dass sie alle Energie für den schöpferischen Prozess benötigten. Ihre Energie wurde transformiert, sublimiert. Wäre sie nicht sublimiert worden, dann wäre sie auf die am wenigsten kreative Weise genutzt worden, nämlich um Kinder zu erzeugen. Dann wäre die Energie, mit der etwas

Großes hätte geschaffen werden können – große Dichtung, große Malerei – für Reproduktion verbraucht worden. Deshalb ist es sehr wichtig, die Energie zu sublimieren und sie zu befreien.

Denke also daran: Um den Körper vollständig zu reinigen, musst du versuchen, kreativ zu leben. Nur ein kreativer Mensch kann religiös sein, niemand sonst.

Ich habe euch die wichtigsten Richtlinien zur Reinigung des Körpers gegeben; hier noch ein paar untergeordnete Punkte. Die ersten Punkte bilden das Fundament. Wenn man sie beachtet, dann erledigen sich die untergeordneten Punkte von selbst. Eines dieser Dinge, die noch für die Reinigung des Körpers hilfreich sind, ist die Nahrung. Dein Körper ist ein rein physikalischer Mechanismus, deshalb wird alles, was du in ihn hineintust, eine Wirkung haben. Wenn ich Alkohol trinke, dann werden die Zellen in meinem Körper unbewusst – das ist ganz natürlich. Und wenn mein Körper unbewusst ist, hat das Auswirkungen auf meinen Verstand. Körper und Geist sind nicht getrennt, sie sind miteinander verbunden.

Körper und Geist sind eine psychosomatische Einheit, ein Körper-Geist. Sie sind eins. Der Geist ist der feinstoffliche Teil des Körpers und der Körper ist der grobstoffliche Teil des Geistes. Mit anderen Worten, es sind nicht zwei verschiedene Dinge. Deshalb hat alles, was im Körper geschieht, seinen Widerhall im Verstand, und alles, was im Verstand geschieht, hat eine Auswirkung auf den Körper. Wenn der Geist krank ist, kann der Körper nicht lange gesund bleiben, und wenn der Körper krank ist, dann bleibt auch der Geist nicht lange gesund. Die Nachricht wird von einem zum andern weitergegeben, sie beeinflussen sich gegenseitig. Deshalb können

Menschen, die wissen, wie sie ihren Geist gesund erhalten, auch gleichzeitig ihren Körper gesund erhalten. Sie brauchen nichts dafür zu tun, sie brauchen keine besonderen Anstrengungen zu machen.

Der Körper und der Verstand sind miteinander verbunden. Deine Ernährung und das, was du isst, müssen daher sorgfältig ausgewählt werden.

Zunächst solltest du nicht so viel essen, dass dein Körper lethargisch wird. Lethargie ist ungesund. Außerdem sollte das Essen deinen Körper auch nicht reizen: Reizung ist ungesund, denn sie verursacht eine Unausgewogenheit. Du solltest genug essen, damit der Körper nicht herunterkommt und schwach wird. Wenn keine Energie erzeugt wird, dann kann sich auch das Bewusstsein nicht weiterentwickeln. Deine Nahrung sollte Energie erzeugen, aber sie sollte nicht aufputschen. Es soll Energie geschaffen werden, aber du darfst auch nicht zu viel zu dir nehmen, damit der Körper nicht lethargisch wird. Sonst wird deine ganze Energie für die Verdauung benötigt und der Körper ist schwerfällig.

Nach dem Essen solltest du dich erfrischt und gestärkt fühlen, nicht lethargisch. Es ist doch logisch: Wenn du Hunger hast, isst du. Danach fühlst du dich erfrischt, weil du mit dem nötigen Brennstoff versorgt wurdest. Doch stattdessen fühlst du dich träge. Diese Trägheit bedeutet einfach, dass du zu viel gegessen hast und der Körper die ganze Energie in den Magen geschickt hat. Der Mangel an Energie im restlichen Körper gibt dir das Gefühl von Lethargie. Wenn dir das Essen also Kraft gibt, dann ist es richtig. Wenn es dich nicht überreizt, dann ist es richtig. Wenn es dich nicht betäubt, dann ist es richtig. Denke an diese drei Dinge. Ich glaube nicht, dass ihr hierzu noch weitere Erklärungen braucht. Ihr versteht es und könnt die notwendigen Änderungen vornehmen.

Der zweite untergeordnete Punkt betrifft die Bewegung. Bewegung ist für den Körper absolut wichtig, denn alle Elemente, aus denen der Körper besteht, expandieren durch Bewegung. Bewegung fördert die Expansion. Wenn du läufst, expandiert jede Zelle, jede lebendige Zelle deines Körpers. Wenn sie sich ausdehnen, fühlst du dich gesund; wenn sie sich verengen, fühlst du dich krank. Wenn deine Lungen mit Sauerstoff gefüllt sind und alles Kohlendioxyd hinausgeworfen wird, steigt dein Blutdruck und du wirst von allen Unreinheiten gesäubert. Deshalb hält man im Yoga das vollständige Reinigen des Körpers für so wichtig. Bewegung ist also sehr gut.

Übermäßige Ruhe schadet und übermäßige Bewegung schadet auch. Deshalb lasse ich euch nicht zu viele Übungen machen, keine übertriebenen Übungen – nur ein paar regelmäßige Übungen, damit ihr euch gesund fühlt. Und ruhe auch nicht zu viel, ruhe ein wenig. Ruhe nur so viel, wie du Bewegung hast.

In diesem Jahrhundert gibt es keinen Platz für Bewegung und keinen Platz für Ruhe. Wir befinden uns in einer merkwürdigen Situation: Wir bewegen uns nicht und wir ruhen nicht. Was ihr Ruhen nennt, ist ganz und gar kein Ruhen. Ihr liegt da und wälzt euch hin und her – das ist nicht Ruhen. Ruhen ist ein langer, tiefer Schlaf, in dem der ganze Körper schläft, alle seine Aktivitäten haben sich verlangsamt und der ganze Stress, dem er ausgesetzt war, löst sich.

Ist dir aufgefallen, wie dein Verhalten beeinträchtigt wird, wenn du dich morgens nicht frisch und gesund fühlst? Wenn du nicht gut geschlafen hast und morgens ein Bettler an deine Tür kommt, wirst du ihm wahrscheinlich nichts geben. Doch nach einer guten Nachtruhe gibst du ihm gerne etwas. Deshalb kommen Bettler immer morgens. Es ist logisch. Abends zu betteln ist zwecklos. Dann seid ihr müde vom Tag und der Körper ist nicht bereit, noch etwas zu geben. Deshalb kommen sie morgens. Die Sonne ist aufgegangen, du hast vielleicht ein Bad genommen, jemand hat im Haus ein Gebet gesprochen und der Bettler steht vor der Tür. Jetzt fällt es dir schwer, ihn abzuweisen.

Wenn der Körper gut ausgeruht ist, wirkt sich das auf dein Verhalten aus. Deshalb ist Essen immer mit einer Ruhepause verbunden. Deine Ernährung sollte deinem Lebensstil angepasst sein. Wenn beide durch Reinheit bestimmt sind, kann in deinem Leben ungeheuer viel geschehen, und es fällt dir leichter, in die innere Welt einzutreten.

Genauso wie du über Bewegung Bescheid wissen musst, solltest du auch wissen, wie man ruht. Um wirklich auszuruhen, muss dein Körper entspannen können. Wenn wir heute Abend meditieren, wirst du verstehen, was ich meine. Wenn du nach der Meditation ausruhst, dann ruhst du wirklich.

Wahrscheinlich gibt es unter euch Leute, die keine regelmäßige Bewegung haben, die nicht in den Wald gehen oder in den Bergen wandern können. Ihnen schlage ich eine andere Meditation vor:

Morgens, nach dem Bad, sollen sie in einem geschlossenen Zimmer fünfzehn Minuten auf dem Bett liegen und sich vorstellen, dass sie auf einen Berg steigen oder dass sie joggen. Stell es dir nur vor und tue gar nichts. Alte Leute können tatsächlich nicht in die Berge gehen. Dann lege dich in einen geschlossenen Raum, mache die Augen zu und stell dir vor, wie du einen Berg besteigst oder wie du rennst. Die Sonne scheint und du rennst; du fängst an, heftig zu atmen. Und wenn deine Vorstellungskraft groß genug ist, dann wirst du in fünfzehn Minuten merken, dass du dich tatsächlich genauso fühlst, als seist du draußen gewesen. Fünfzehn Minuten später fühlst du dich genauso frisch, als wenn du gerade vom Laufen kämst. Es ist nicht nötig, dass du wirklich Übungen machst, weil die Zellen in deinem Körper genauso angeregt wurden, wie bei der Übung; sie befinden sich im gleichen Zustand.

Hast du dir einmal Gedanken gemacht, warum dein Herz noch so schnell schlägt, wenn du aus einem Alptraum aufwachst? Die Angst war doch nur ein Traum – sie war unwirklich. Warum schlägt dein Herz dann so schnell? Es schlägt schnell, weil es nicht weiß, ob die Angst Wirklichkeit war oder nur ein Traum. Das Herz weiß nur, dass Angst da ist. Genauso ist es, wenn du dir vorstellst, Übungen zu machen; es ist genauso effektiv, wie wenn du sie wirklich machst. Solche Techniken sind von Leuten geschaffen worden, die diese Zusammenhänge kannten. Wenn man sie in eine kleine Zelle steckt, würde das ihrer Gesundheit nicht schaden. Sie würden fünfzehn Minuten ruhen und ihre Übungen machen.

Versuche es einmal. Wer nicht hinausgehen kann, kann sowohl diese Technik anwenden als auch die Meditation zum Schlafen. Du kannst sie beide kurz vor dem Einschlafen machen. So wird der Körper gereinigt. Und wenn der Körper rein ist, ist allein das schon eine Freude. Mit dieser Freude kannst du tiefer nach innen gehen. Das ist also der erste Schritt.

Es gibt drei Schritte im äußeren Bereich: die Reinigung des Körpers, des Geistes und der Emotionen. Und es gibt drei Schritte im inneren Bereich: die Freiheit vom Körper, die Freiheit vom Denken und die Freiheit von Gefühlen. Wenn diese sechs Stadien vollständig sind, geschieht *Samadhi*. Wir werden diese Schritte also in den nächsten Tage im Einzelnen besprechen, das ist genug. Ihr werdet über sie nachdenken, sie verstehen und sie ausprobieren, denn ihr müsst mit allem, was ich sage, experimentieren. Die Bedeutung erschließt sich erst, wenn ihr es ausprobiert, andernfalls wird mein Vortrag euch keine Geheimnisse enthüllen können.

Jetzt kommen wir zur Morgenmeditation. Der Anfang dieser Meditation ist der gleiche, wie gestern Abend: den Entschluss fassen. Wir fassen den Entschluss fünfmal, danach ruhen wir zwei Minuten und atmen tief. Anschließend werden wir eine Zeit lang still meditieren.

Als Erstes fassen wir also den Entschluss, dann ruhen wir und der letzte Schritt ist die Meditation. Das sind die drei Schritte dieser Morgenmeditation.

Der Entschluss ist der gleiche, den ich gestern Abend erklärt habe: Atme tief ein und während die Luft einströmt, nimmst du dir von „Ich mache einen bewussten Versuch, mich in Meditation zu vertiefen. Ich werde Meditation erfahren." Behalte diesen Gedanken bei, während die Luft hereinströmt und deine Lungen sich füllen. Atme so viel Luft ein wie du kannst und halte dann die Luft für ein oder zwei Sekunden an – so lange du kannst. Nimm so viel Luft in dich auf, wie du kannst und dann halte den Atem eine Weile an. Im Yoga nennt man diese Übungen *Purak, Rumbhak, Rechak.*

Atme ein, halte die Luft an, während du gleichzeitig den Entschluss fasst, lass ihn im Geist nachklingen und dann atme aus und lass den Gedanken weiterklingen. Dann warte und lass ihn immer noch nachklingen. Auf diese Weise wird der Entschluss tief in dein Unbewusstes eindringen. Es weiß jetzt, dass du den Entschluss gefasst hast, in Meditation einzutreten. Dann hilft dir dein ganzes Wesen, ansonsten wanderst du nur in der Gegend umher, ohne dass sich etwas verändert.

Triff also zuerst den Entschluss und konzentriere dich auf das Gefühl. Danach solltest du zwei Minuten lang das Gefühl von Hoffnung und Freude einladen, von dem ich gestern gesprochen habe. Spüre zwei Minuten lang, dass dein Körper gesund ist; stelle dir vor, dass du große Freude erfährst, dass jede Zelle deines Körpers lebendig ist und du voller Hoffnung bist. Dann spüre den Frieden, der dich umgibt, das Glücksgefühl in dir und danach beginne mit der Morgenmeditation.

Sitze während der Meditation aufrecht, sei entspannt und still. Alle Bewegung des Körpers sollte aufhören und dein Rücken sollte gerade sein. Schließe deine Augen und atme langsam, atme sehr langsam ein und aus. Beobachte den Atem. Halte die Augen geschlossen und beobachte, wie dein Atem ein- und ausströmt.

Man kann den Atem auf zweierlei Art beobachten: Entweder du beobachtest deinen Bauch, wie er sich auf und ab bewegt, oder du beobachtest deine Nase, wie die Luft ausströmt. Wähle das, was dir leichter fällt. Die meisten Leute können leichter die Nase beobachten. Die Luft berührt die Nase beim Ein- und Ausatmen. Beobachte die Stelle, wo der Atem sie berührt, beim Einströmen und beim Ausströmen. Wer Erfahrung damit hat, sich auf den Nabel zu konzentrieren, dem wird das leichter fallen. Er sollte den Nabel beobachten – wie der Bauch sich hebt und senkt. Konzentriere dich auf das, was dir leichter fällt. Beobachte deinen Atem zehn Minuten lang. Jetzt macht euch bereit für die Meditation. Setzt euch auseinander. Setzt euch weit genug voneinander weg, damit ihr euch nicht berührt und euch nicht hört.

Neue Lebensqualität finden

Jemand hat eine Frage gestellt: *Wenn ein Sucher einen Licht-strahl erblickt, wie kann er diese Erfahrung bewahren?*

Wie ich heute Morgen schon sagte: Wenn du Gefühle wie Freude, Frieden und Glück erfahren hast, dann sollen sie dich den ganzen Tag über, vierundzwanzig Stunden lang begleiten. Wie kannst du das machen? Es gibt zwei Möglichkeiten. Die eine besteht darin, dir diesen besonderen Bewusstseinszustand, den du während der Meditation erfahren hast, in Erinnerung zu rufen und ihn wieder herzustellen.

Du atmest zum Beispiel während der Meditation langsam. Wenn du tagsüber Zeit hast und es gerade nichts zu tun gibt, dann verlangsame also deine Atmung und richte deine Aufmerksamkeit auf die Stelle unter der Nase, wo der Atem einströmt. Erinnere dich an die Gefühle, stelle dir vor, dass du dich glücklich, froh, still und zufrieden fühlst. Bringe diese Gefühle wieder zurück. Beim Zubettgehen, beim Aufwachen, wenn du die Straße entlanggehst – wo immer du auch sein magst – rufe dir diese Gefühle ins Gedächtnis zurück.

Diese Erinnerung wird dann viele Male am Tag etwas in dir anklingen lassen. Und irgendwann kommt der Zeitpunkt, wo du dir keine Mühe mehr geben musst – das Gefühl begleitet dich wie dein Atem.

Aber zu Anfang musst du dir diese Gefühle bewusst vergegenwärtigen. Wenn du zum Beispiel im Bett liegst, erinnere dich an den Zustand, in dem du dich während der Meditation befandest. Wenn du einen Spaziergang machst, wenn du nachts im Mondlicht stehst, wenn du unter einem Baum sitzt, und niemand um dich herum ist oder wenn du allein in deinem Zimmer bist, dann erinnere dich an diese Gefühle. Auch wenn du im Bus oder im Zug fährst und alleine sitzt, kannst du die Augen schließen und dich daran erinnern. Sogar tagsüber bei der Arbeit, sogar im Büro stehe zwischendurch ein paar Minuten auf und gehe zum Fenster, nimm einige tiefe Atemzüge und versuche, dir diesen Seinszustand zu vergegenwärtigen. Schon jeweils ein oder zwei Minuten zehn oder fünfzehn Mal am Tag reichen aus, um die Erfahrung immer kontinuierlicher zu machen. Allmählich merkst du, dass du dich gar nicht mehr erinnern brauchst – sie hält an. Das ist also der eine Weg: daran zu denken, was du während der Meditation erfährst, und es in dein Bewusstsein eindringen zu lassen.

Die zweite Möglichkeit ist, wie ich schon erklärt habe, beim Zubettgehen am Abend einen Entschluss zu fassen. Und auf die gleiche Weise wie du deinen Entschluss verstärkst, kannst du auch Meditation zu einem Dauerzustand machen. Wenn du am Tag eine Erfahrung von Meditation gehabt hast, dann mache abends vor dem Einschlafen das Gleiche: rufe dir innerlich diese Erfahrung zurück, dann wird sie vierundzwanzig Stunden bei dir sein.

Die Übung, bei der du ausatmest, den Entschluss fasst und dann einatmest und wieder den Entschluss fasst – diese gleiche Übung kannst du auch bei der Erfahrung von Stille anwenden. Präge dir ein, dass das, was du während der Meditation erfahren hast, ständig bei dir sein wird wie ein unterschwelliger Strom. So wirst du das Gefühl von Meditation mühelos wiederfinden. Noch nachhaltiger ist es, wenn man beides zusammen macht. Später, wenn wir zur Reinigung der Gedanken und der Emotionen kommen, werden wir noch eingehender darüber sprechen. Aber ihr könnt jetzt schon mit diesen beiden Übungen experimentieren. Im Laufe des Tages habt ihr eine Menge Zeit, wo es nichts Besonderes zu tun gibt. Wenn ihr sie dazu benutzt, euch meditative Augenblicke ins Gedächtnis zu rufen, kann sich dadurch viel ändern.

Betrachte das einmal so: Vor zwei Jahren hat dich jemand gekränkt oder du warst in einen tragischen Vorfall verwickelt. Wenn du dir heute diesen Vorfall vergegenwärtigst, wirst du staunen: Dein Körper und dein Verstand geraten durch die Erinnerung nach und nach in den gleichen Zustand, wie damals vor zwei Jahren. Wenn dich vor zwei Jahren jemand gekränkt hat, und du dir jetzt vorstellst, wie es sich angefühlt hat und wie verletzt du warst, merkst du, dass dein Körper und dein Verstand den Zustand von damals wiedererleben, so als würdest du noch einmal gekränkt.

Dein Gedächtnis hat alles aufgehoben, alle deine Erfahrungen sind gespeichert. Wenn du diese Erinnerungen zurückrufst, kannst du die gleichen Gefühle noch einmal durchleben. Nichts wird aus dem menschlichen Gehirn gelöscht. Wenn du dich also heute während der Meditation gut gefühlt hast, dann musst du dir diese Erinnerung mindestens fünf-

oder zehnmal während des Tages einprägen. So wird die Erfahrung tiefer in dein Bewusstsein eindringen und allmählich zu einem festen Bestandteil werden. Damit ist die Frage nach der Methode beantwortet und es ist wichtig, dass du sie jetzt anwendest.

Sehr oft machen Leute den Fehler, sich nur an das Negative zu erinnern und alles Positive zu vergessen. Sie erinnern sich grundsätzlich an alles, was wertlos und negativ ist und sie vergessen das, was wirklich wertvoll ist. Nur selten denkst du an die Augenblicke, wo du voller Liebe warst. Nur selten denkst du an die Augenblicke, wo dein Körper sich total lebendig gefühlt hat oder wo du völlig still warst. Aber du sinnst oft über Momente nach, wo du wütend und verärgert warst, wo dich jemand gekränkt hat und du es ihm heimgezahlt hast. An die Momente, die dir weh getan haben, denkst du ständig, aber an die, die dich gestärkt haben, nur selten. Dabei ist es so wichtig, dir diese stärkenden Augenblicke ins Gedächtnis zurückzuholen.

Wenn du dich nämlich daran erinnerst, ist es leicht möglich, dass sich diese Situationen wiederholen. Wenn jemand immer nur an Negatives denkt, ist die Wahrscheinlichkeit groß, dass er immer wieder negative Erfahrungen macht. Wenn jemand sich ständig an traurige Dinge erinnert, wird ihm wahrscheinlich wieder Trauriges zustoßen, denn er hat eine Neigung dafür entwickelt. Alle diese Gefühle werden in dir gespeichert und können deshalb leicht wiederkehren.

Beobachte einmal, an welche Art Gefühle du dich besonders oft erinnerst. Wir alle haben Erinnerungen. Neigst du dazu, an eine bestimmte Art von Erfahrung immer wieder zu denken? Vergiss nicht, dass du mit deiner Erinnerung an die Vergangenheit Samen für die Zukunft säst. Die gleichen Erfahrungen wirst du auch in der Zukunft ernten. Mit deinen Erinnerungen an die Vergangenheit pflasterst du dir deinen zukünftigen Weg. Vergesse ganz bewusst alles, was wertlos ist – es hat keine Bedeutung! Und wenn diese Erinnerungen in dir auftauchen, dann halte sie an und fordere sie auf zu verschwinden. Sie können dir nichts geben. Vergiss die Dornen und erinnere dich an die Blumen. Es mag viele Dornen im Leben geben, aber es gibt auch überall Blumen. Wenn du dich an die Blumen erinnerst, werden die Dornen aus deinem Leben verschwinden und es wird sich mit Blumen füllen. Wenn du dich an die Dornen erinnerst, kann es sein, dass die Blumen aus deinem Leben verschwinden und dir nur noch Dornen übrig bleiben.

Was aus uns wird, hängt davon ab, welche Erinnerungen wir nähren, denn sie werden ein Teil von uns. Wenn wir ständig etwas Bestimmtes denken, bewirkt dieser Gedanke eine Veränderung in uns und beeinflusst unser ganzes Leben. Deshalb erinnere dich an alles, was gut und rein ist und was du für bedeutsam hältst. Und niemandes Leben ist so unglücklich, dass es darin nicht einen Moment des Friedens, des Glücks, der Schönheit und der Liebe gegeben hat. Dich an diese Dinge zu erinnern, gibt dir Kraft. Dann kannst du von Dunkelheit umgeben sein und trotzdem leuchtet dein inneres Licht so stark, dass du diese Dunkelheit nicht siehst. Dann kann ringsherum Unglück herrschen, aber du trägst diese Erfahrung von Liebe, Schönheit und Stille in dir und siehst das Unglück gar nicht. Dann magst du von Dornen umgeben sein und fühlst dich dennoch so, als wärst du von Blumen umgeben. Aber auch das Gegenteil ist möglich – es kommt ganz auf dich an. Es hängt von jedem Einzelnen ab, zu welchen Höhen er aufsteigen will. Es hängt von uns ab, ob wir im Himmel oder in der Hölle leben. Himmel und Hölle sind keine geographischen Orte, sie sind subjektive, psychische Zustände. Viele von euch sind ein paar Mal am Tag in der Hölle und ein paar Mal im Himmel. Aber die meisten verbringen den größten Teil des Tages in der Hölle und einige haben sogar den Weg zurück zum Himmel vergessen. Doch es gibt auch Menschen, die vierundzwanzig Stunden am Tag im Himmel sind. Hier auf diesem Planeten gibt es Menschen, die im Himmel leben. Auch du kannst einer von ihnen sein. Es gibt nichts, was dich davon abhalten kann, du musst nur einige grundlegende, wissenschaftliche Prinzipien verstehen.

Dazu fällt mir eine Geschichte ein:

Purna war einer von Buddhas Schülern. Er war initiiert worden und zur Selbstverwirklichung, zur Erleuchtung gelangt. Purna sagte: „Ich möchte hinausgehen und allen, die es nötig haben, deine Botschaft übermitteln."

Buddha sagte: „Meine Erlaubnis hast du, aber zuerst muss ich dir eine Frage stellen: Wohin möchtest du gehen?"

Es gab in Bihar ein kleines Gebiet, das Sukha hieß. Purna sagte: „Ich gehe nach Sukha. Diese Gegend hat bis jetzt noch nie ein Mönch betreten und die Leute dort haben noch nie deine Lehre gehört."

Buddha sagte: „Es gibt einen Grund, warum noch niemand dort war. Die Leute sind schlecht. Sie könnten dich beschimpfen. Was wirst du dann antworten?"

Purna sagte: „Ich werde ihnen danken. Ich werde dankbar sein, weil sie mich nur beschimpft und wenigstens nicht geschlagen haben – sie hätten mich auch schlagen können."

Buddha sagte: „Es könnte auch sein, dass einer dich schlägt, was wirst du dann sagen?"

Er antwortete: „Ich werde ihm danken, denn selbst wenn er mich schlägt, dann tötet er mich doch nicht. Er hätte mich auch töten können."

Buddha sagte: „Ich möchte dir eine letzte Frage stellen. Es könnte sein, dass dich jemand tötet. Was würdest du ihm antworten, bevor du stirbst?

Purna sagte: „Ich werde ihm danken, dass er mich von diesem Leben befreit hat, in dem ich mich hätte verirren können."

Und Buddha sagte: „Wenn das so ist, kannst du überall hingehen! Jetzt sind alle Menschen für dich ein Teil der Familie, egal wo du hingehst. Wenn das Herz eines Menschen so voll ist, wenn es zu solcher Vollendung gelangt ist, dann kann nichts auf dieser Welt ihn verletzen."

Gestern auf dem Weg hierher sprach ich mit jemand über Mahavira. Man sagt – obwohl das unwahrscheinlich klingt – wenn Mahavira eine Straße entlang ging, bogen sich sogar die Dornen um, die aus dem Boden herausstanden. Das mag erfunden sein. Was interessiert es die Dornen, wer über sie hinweggeht, ob es Mahavira ist oder jemand anderes? Und wie kann sich ein Dorn umbiegen? Man sagt, als Mohammed in die heiße arabische Wüste ging, zog eine Wolke über ihm her, um ihm Schatten zu spenden. Das scheint total erfunden zu sein. Was interessiert es die Wolke, wer unter ihr geht, ob es Mohammed ist oder sonst jemand? Wie ist so etwas möglich? Aber ich sage euch, es ist wahr. Nicht dass die Dornen sich umbiegen oder eine Wolke erscheint, aber diese Geschichten möchten uns etwas erklären. Die Erzähler versuchten durch sie eine Wahrheit auszudrücken. In ihnen ist sehr liebevoll dargestellt, dass einem Menschen, dessen Herz frei von Dornen ist, kein Dorn etwas zu Leide tun kann. Und dass für jemand, der nicht von der Hitze der Leidenschaft getrieben ist, über der ganzen Erde eine Schatten spendende Wolke schwebt, sodass er nie der brennenden Sonne ausgesetzt ist. Und das ist die Wahrheit.

Die Qualität deines Lebens wird von dem Entwicklungsgrad deines Bewusstseins bestimmt. Es ist in der Tat ein Wunder: Wenn jemand die Anstrengung unternimmt, sich zu reinigen, wird die ganze Welt für ihn ein freundlicher Ort. Wenn jemand voller Liebe ist, dann überströmt ihn die ganze Welt mit Liebe. Es ist eine alte Wahrheit, dass jemand, der voller Hass ist, auch Hass zurückbekommt. Was immer wir geben, kommt zu uns zurück. Anders geht es nicht.

Versuche also, dich den ganzen Tag an die wenigen Augenblicke in deinem Leben zu erinnern, die einen Zauber hatten, etwas Heiliges. Rufe sie dir ins Gedächtnis zurück und mache sie zur Grundlage deines Lebens. Und versuche, die langen Perioden von Schmerz, Sorgen, Hass und Gewalt zu vergessen. Sie sind wertlos. Lass sie verblassen. So wie trockene Blätter von den Bäumen fallen, so lass alles los, was wertlos ist und sammle bewusst alles, was bedeutungsvoll und lebendig ist. Das sollte ein ständiger Prozess sein. Ein Strom reiner schöner Gedanken sollte durch deinen Sinn ziehen, voller Liebe und Glück.

Nach und nach merkst du dann, wie diese Dinge, an die du dich erinnerst, immer öfter geschehen und um dich herum genau das auftaucht, wonach du dich gesehnt hast. Dann wird die Welt in einem ganz neuen Licht erscheinen. Dieselben Leute werden anders aussehen. Es sind dieselben Augen, dieselbe Blume, derselbe Stein, aber sie scheinen eine andere Bedeutung zu haben – etwas, woran wir nie gedacht haben, weil wir mit einer ganz anderen Welt beschäftigt sind. Rufe dir in Erinnerung, was du in Meditation erfahren hast – die Klarheit, die Helligkeit, ein wenig Frieden – und sorge für diese kleinen Erfahrungen, wie eine Mutter für ihr Kind sorgt. Wenn du dich nicht um sie kümmerst, sterben sie. Je wertvoller eine Sache ist, desto mehr Pflege benötigt sie. Tiere haben auch Kinder, aber sie brauchen nicht so viel Pflege. Je weniger hoch entwickelt die Tiere sind, desto weniger Fürsorge brauchen sie. Sie kommen alleine zurecht. Aber das menschliche Kind, das auf der Leiter der Evolution ganz oben steht, kann nicht überleben, wenn es nicht gut versorgt wird.

Je höher das Stadium des Bewusstseins ist, desto besser muss man es schützen. Je kostbarer die Erfahrung ist, desto mehr Fürsorge braucht sie. Auch wenn du also nur kleine Erfahrungen gemacht hast, kümmere dich sorgfältig um sie.

Du hast gefragt, wie man am besten mit diesen Erfahrungen umgeht? Wenn ich dir Diamanten geben würde, wie würdest du mit ihnen umgehen? Wenn du einen Schatz finden würdest, wie würdest du für ihn sorgen? Wie würdest du ihn in Sicherheit bringen? Wo würdest du ihn aufbewahren? Du würdest ihn gut verstecken. Du würdest ihn an dein Herz drücken.

Ein Bettler lag todkrank in einem Krankenhaus. Als der Priester kam, erklärten ihm die Ärzte, dass er sterben müsse. Der Priester gab ihm die letzte Ölung und sagte zu ihm: „Falte deine Hände."

Aber der Bettler antwortete: „Vergib mir, aber die eine Hand kann ich nicht öffnen."

Er war kurz vorm Sterben und konnte eine Hand nicht aufmachen. Wenig später war er tot. Man öffnete seine Hand und fand ein paar schmutzige Münzen, die er gesammelt hatte. Die umklammerte er mit der Hand ... ein paar dreckige Münzen! Er wusste, dass er sterben würde, aber er hielt seine Hand geschlossen.

Du weißt, wie man auf gewöhnliche Münzen aufpasst – ihr alle wisst das. Aber du weißt nicht, wie man auf das aufpasst, was am wertvollsten ist. Du hältst deine Fäuste verschlossen – genauso wie dieser Bettler. Und wenn die Zeit kommt, um die Hände zu öffnen, dann ist nichts drin außer ein paar dreckigen Münzen. Beschütze diese Erfahrungen – das sind die wirklich wertvollen Münzen. Sie haben dich inspiriert, sie haben dir frische Kraft gegeben, sie haben etwas in dir transformiert. Etwas Neues ist in dir geweckt worden, vielleicht eine Sehnsucht nach dem Höchsten. Gehe also sorgfältig damit um. Ich habe nun die beiden Methoden erklärt. Wenn du eine Zeit lang damit experimentierst, wirst du sie verstehen.

Jemand anderes hat gefragt: *Ist Sex eine kreative Energie? Wie lässt sich die Beziehung zwischen Mann und Frau kreativ gestalten?*

Das ist eine wichtige Frage. Es gibt nur sehr wenige Menschen, für die diese Frage nicht von Bedeutung ist. Es gibt zwei Arten von Menschen auf der Welt: die einen, die Probleme mit Sex haben und die andern, die ihre sexuelle Energie in Liebe verwandelt haben.

Sex und Liebe sind zwei entgegengesetzte Dinge. Wenn die Liebe wächst, nimmt der Sex ab, und wenn die Liebe abnimmt, nimmt der Sex zu. Je liebevoller du bist, desto weniger sexuell bist du. Und wenn du ganz und gar voller Liebe bist, bist du überhaupt nicht mehr sexuell. Wenn aber keine Liebe da ist, dann bestehst du nur noch aus Sex.

Die Transformation und Sublimierung der sexuellen Energie kann nur durch Liebe geschehen. Deshalb ist es sinnlos, Sex unterdrücken zu wollen, um davon frei zu werden. Wenn du ihn unterdrückst, machst du dich verrückt. Neunundneunzig von hundert Menschen, die geisteskrank sind, haben versucht, ihre Sexualität zu unterdrücken. Und du weißt vielleicht, dass die Geisteskrankheiten mit fortschreitender Zivilisation zugenommen haben, weil Sex in der zivilisierten Gesellschaft mehr unterdrückt wird als alles andere.

Jeder unterdrückt seine sexuelle Energie und diese unterdrückte Energie führt zu Geisteskrankheiten. Dabei ist allein der Versuch, die sexuelle Energie zu unterdrücken, schon eine Verrücktheit. Viele der so genannten Heiligen sind in Wirklichkeit geisteskrank. Und der Grund ist, dass sie ständig versucht haben ihre Sexualität zu unterdrücken. Sie wissen nicht, dass man Sex nicht unterdrücken darf.

Wenn die Türen für Liebe geöffnet sind, wird die Energie, die sonst in Sexualität geflossen ist, durch das Licht der Liebe transformiert. Was einmal die Flammen der Leidenschaft waren, wird zum Licht der Liebe. Lass also deine Liebe wachsen. Liebe ist der schöpferische Umgang mit Sexualität.

Lass dein Leben voller Liebe sein. Wahrscheinlich wirst du jetzt sagen: „Aber wir lieben doch." Doch ich sage euch: Ihr liebt selten. Ihr sehnt euch vielleicht nach Liebe … doch das ist ein großer Unterschied. Lieben und Liebe brauchen sind zwei verschiedene Dinge. Die meisten von uns bleiben unser Leben lang wie Kinder, weil jeder nach Liebe sucht. Lieben ist etwas sehr Geheimnisvolles und sich Liebe wünschen ist etwas sehr Kindisches. Kleine Kinder wollen geliebt werden. Wenn die Mutter ihnen Liebe gibt, wachsen sie. Auch von andern Menschen wollen sie Liebe, deshalb werden sie von der Familie geliebt. Wenn sie Männer sind, wollen sie Liebe von ihren Frauen; wenn sie Frauen sind, wollen sie Liebe von ihren Männern. Und jeder, der geliebt werden will, leidet, denn Liebe kann man nicht fordern. Liebe kann man nur geben.

Wenn du Liebe willst, kannst du nicht sicher sein, ob du sie bekommst. Und wenn der Mensch, von dem du geliebt werden möchtest, auch von dir Liebe erwartet, gibt es Probleme. Es ist, wie wenn zwei Bettler sich gegenseitig anbetteln.

Auf der ganzen Welt gibt es zwischen Mann und Frau Eheprobleme, und die einzige Ursache ist, dass jeder vom andern Liebe erwartet, aber selbst unfähig ist zu lieben.

Denke ein wenig darüber nach – über dein ständiges Verlangen nach Liebe. Du möchtest, dass jemand dich liebt, dann fühlst du dich gut. Aber du weißt nicht, dass der andere dich nur liebt, weil er wiederum von dir geliebt werden möchte. Es ist wie bei einem Angler, der einen Köder auswirft. Er will den Fisch nicht damit füttern, sondern fangen. Er will dem Fisch den Köder nicht geben, er tut es nur, um ihn zu angeln. Schau dich in deiner Umgebung um, alle Leute, die du lieben siehst, werfen bloß Köder aus, um selbst geliebt zu werden. Sie werfen den Köder eine Weile aus, bis der andere das Gefühl hat, dass bei ihnen Liebe zu holen ist. Dann zeigt auch er Liebe. Bis sie eines Tages beide erkennen, dass sie Bettler sind. Sie haben einen Fehler begangen; jeder hatte den anderen für einen König gehalten. Mit der Zeit merken sie dann, dass sie vom andern keine Liebe bekommen und an dem Punkt fangen die Spannungen an.

Deswegen sagt man, dass die Ehe die Hölle ist, weil ihr alle Liebe haben wollt, aber nicht wisst, wie man sie gibt. Das ist die eigentliche Ursache von jedem Streit.

Solange das, was ich sage, nicht eintritt, kann die Beziehung zwischen Mann und Frau niemals harmonisch sein, ganz gleich, wie ihr euch aneinander anpasst, welche Art von Ehe ihr führt, welche Regeln die Gesellschaft aufstellt. Die einzige Möglichkeit, eine Beziehung zu verbessern, ist einzusehen, dass Liebe nur etwas ist, das man geben kann, aber nichts, das man verlangen kann. Was immer du bekommst, ist ein Segen, ein Geschenk, es ist keine Belohnung. Und selbst wenn du nichts bekommst, freust du dich, dass du etwas geben konntest.

Wenn Mann und Frau einander Liebe geben würden, anstatt darum zu bitten, hätten sie den Himmel auf Erden. Das Leben ist so geheimnisvoll: Je mehr Liebe sie geben und je weniger sie darum bitten, desto mehr Liebe empfangen sie und erfahren dieses Geheimnis. Und je mehr sie lieben, desto weniger beschäftigen sie sich mit Sex.

Wenn die Liebe zwischen Mann und Frau wächst, wird sich ihre Beziehung verändern, es wird weniger Sex zwischen ihnen geben. Ihre Beziehung wird sich in Liebe verwandeln. Solange noch Sex im Spiel ist, ist es eine ausbeuterische Beziehung. Sex ist Ausbeutung – und wie kannst du den Menschen, den du liebst, ausbeuten? Sex ist der degradierendste und ausbeuterischste Gebrauch eines menschlichen Wesens. Wie kannst du jemanden, den du liebst, auf diese Weise ausbeuten? Wie kannst du einen Menschen so benutzen? Wenn du jemanden liebst und deine Liebe tiefer geht, verschwindet die Ausbeutung. Und wenn die Liebe nachlässt, wird die Ausbeutung stärker.

Ich möchte dem Frager antworten, dass Sex eine sehr geheimnisvolle Energie ist. Keine andere Energie ist so stark wie die sexuelle Energie. Sex ist der Angelpunkt des menschlichen

Interesses. Das Leben des Menschen hat zu neunzig Prozent mit dem Sexzentrum zu tun, nicht mit dem Göttlichen. Es gibt nur sehr wenige Menschen, deren Leben sich um das Göttliche dreht. Das Leben der meisten Menschen dreht sich um das Sexzentrum. Es gibt keine andere Energie, die den Menschen so motiviert wie Sex. Doch dieselbe Energie kann in Liebe verwandelt werden und dieselbe Energie kann, wenn sie verwandelt ist, der Weg zur Erleuchtung werden.

Insofern hat die Religion eine tiefe Verbindung zur Sexualität – nicht zur Unterdrückung von Sexualität, wie Viele meinen –, sondern zu der Transformation von Sex. Religion hat nichts mit Unterdrückung von Sex zu tun. Enthaltsamkeit ist nicht das Gegenteil von Sex, sondern seine Transformation. Die Sexenergie wird in göttliche Energie verwandelt.

Die Energie, die nach unten geflossen ist, steigt jetzt nach oben. Wenn die sexuelle Energie nach oben steigt, hilft sie dir, das höchste Stadium der Bewusstheit zu erreichen. Und wenn die Energie nach unten fließt, führt das zu einem sehr weltlichen Leben. Aber die Liebe kann diese Energie verwandeln. Lerne zu lieben. Lerne, was Liebe bedeutet. Später, wenn wir über Gefühle sprechen, wirst du die Bedeutung von Liebe noch genauer verstehen. Für heute nur so viel.

Ein Freund hat gefragt: *Warum arbeiten nicht alle Weisen zusammen?*

Das ist eine sehr gute Frage: Warum arbeiten die Weisen, diejenigen, die die Wahrheit erfahren haben, nicht zusammen? Darauf möchte ich antworten, dass die Weisen von jeher zusammengearbeitet haben. Und ich füge hinzu: Nicht nur die Weisen, die im gleichen Zeitalter leben, arbeiten zusammen, auch die, die vor zweieinhalbtausend Jahren gelebt haben, unterstützen die Arbeit derer, die heute leben. Es ist also nicht so, dass nur zeitgenössische Mystiker zusammenarbeiten, im Gegenteil. Aus der Sicht der Geschichte, der Tradition wird deutlich, dass sie von jeher zusammengearbeitet haben. Wenn meine Worte Wahrheit sind, dann deshalb, weil Buddha, Mahavira, Krishna und Christus mir geholfen haben. In meine Worte sind auch ihre Worte eingeflossen. Die Kraft meiner Worte ist nicht nur meine eigene, sondern auch die Kraft derer, die diese Worte in der Vergangenheit gesprochen haben.

Aber Menschen, die keine Weisen sind, finden nie eine gemeinsame Basis. Es gibt genug sogenannte Weise, die nur religiös tun, aber es nicht wirklich sind. Und nur skrupellose Leute können mit ihnen gemeinsame Arbeit machen, nicht die Weisen, die ich eben genannt habe.

Warum können diese Leute nicht zusammenarbeiten? Weil ihre Weisheit nicht auf Egolosigkeit beruht. Sie sind nicht deshalb weise, weil sich ihr Ego aufgelöst hat. Ihre sogenannte Weisheit ist nur ein Mittel, um ihr Ego zu stärken. Und wo es Ego gibt, ist keine Gemeinsamkeit möglich, weil das Ego immer der Erste sein will.

Einmal nahm ich an einer Konferenz teil, zu der viele religiöse Persönlichkeiten eingeladen waren. Es war ein wichtiges Ereignis. Viele bedeutende religiöse Führer waren erschienen. Ich möchte keine Namen nennen, damit sich niemand verletzt fühlt. Aber es waren viele bedeutende Persönlichkeiten Indiens anwesend. Der Organisator des Treffens wollte, dass alle Gäste auf dem Podium sitzen und von dort aus zu den Zuhörern sprechen. Doch ein religiöses Oberhaupt war nicht bereit mit den anderen zusammenzusitzen und er ließ nachfragen: „Wer sitzt höher als ich und wer sitzt niedriger?" Er sagte: „Ich muss den höchsten Platz haben, ich kann nicht tiefer sitzen als andere."

Jemand, der selbst sagt, was er will, ist wenigstens gerade heraus. Aber jemand, der so etwas ausrichten lässt, ist kompliziert und sehr berechnend. Dieser Mann ließ sagen, dass er nicht mit den andern Sprechern zusammensitzen könne. Das große Podium, das man errichtet hatte, war überflüssig. Jetzt musste jeder einzeln dort sitzen und zu den Zuschauern sprechen. Dabei bot das Podium genügend Platz für hundert Leute!

Aber wie könnten hundert religiöse Führer auf einer Ebene sitzen? Unter ihnen gab es einige *Shankaracharyas*, die nirgends anders sitzen konnten, als auf ihrem Thron. Und wenn sie nicht auf dem Teppich sitzen können, wie könnten dann andere religiöse Führer neben ihrem Thron auf dem Teppich sitzen? Da fragt man sich, ob diese Art Leute etwa glauben, einige Stühle seien bedeutender als andere, und dass sich die Wertschätzung danach bemisst, wie hoch sie sitzen – je nachdem, ob ihr Stuhl hoch oder niedrig steht. Das zeigt deutlich, worauf es ihnen ankommt.

Zwei religiöse Führer können sich nicht treffen, weil das Problem entsteht, wer als erster die Hände zum Gruß faltet. Denn der, der zuerst grüßt, ist dem andern in gewisser Hinsicht unterlegen. Das ist erstaunlich, denn eigentlich wäre der, der zuerst die Hände faltet, der Überlegene. Aber diese religiösen Köpfe denken, wer als erster die Hände faltet, sei der Unterlegene.

Einmal war ich bei einer Versammlung, die ein bedeutender Priester einberufen hatte. Auch ein wichtiger Politiker nahm daran teil. Der Priester saß auf einem erhöhten Podium und die anderen saßen unter dem Podium. Als die Versammlung begann, sagte der Politiker: „Zunächst möchte ich Sie fragen, warum wir alle hier unten sitzen und Sie sitzen dort oben? Wenn Sie eine Rede halten würden, wäre das akzeptabel. Aber dies ist eine Versammlung, in der diskutiert wird, und Sie sitzen so hoch, dass wir gar nicht miteinander sprechen können. Seien Sie so freundlich und kommen Sie herunter."

Aber der Priester kam nicht herunter. Da fragte der Politiker: „Haben Sie einen bestimmten Grund, dass Sie nicht herunterkommen? Dann erklären Sie uns den doch bitte."

Aber er konnte nicht antworten, weil er Angst hatte. Stattdessen sagte einer seiner Schüler: „Es ist seit jeher Tradition, dass er höher sitzt."

Der Politiker erwiderte: „Er mag euer Guru sein, aber er ist nicht unserer." Und er fügte hinzu: „Wir haben unsere Hände gefaltet, um Sie zu grüßen, aber Sie nicht. Statt den Gruß zu erwidern, haben Sie uns gesegnet! Bedenken Sie: Wenn ein anderer Priester an diesem Treffen teilnehmen würde und Sie ihn gesegnet hätten, hätte es Streit gegeben. Sie hätten auch die Hände falten sollen."

Die Antwort lautete: „Er kann die Hände nicht falten, weil es gegen die Tradition ist."

Es wurde eine so hässliche Situation, dass jede Diskussion unmöglich war. Ich sagte zu dem Priester: „Erlauben Sie mir, ein paar Worte an diesen Politiker zu richten." Er war einverstanden. Er wollte den Vorfall beenden, damit die Diskussion beginnen konnte. Die Dinge waren völlig zum Stillstand gekommen. Ich fragte den Politiker: „Warum ist ihnen als erstes aufgefallen, dass er höher sitzt als die anderen? Und darf ich fragen: Ist Ihnen aufgefallen, dass er höher sitzt oder dass man Sie tiefer gesetzt hat – denn man hätte Sie ja auch auf das Podium setzen können. Dann hätten Sie diese Frage wahrscheinlich nicht gestellt. Wenn wir alle unten säßen und Sie mit ihm auf dem Podium säßen, glaube ich nicht, dass die Frage aufgekommen wäre. Sie ist nicht entstanden, weil er höher sitzt; Ihr Problem ist, dass Sie unter ihm sitzen."

Der Politiker schaute mich an. Er war zur damaligen Zeit einer der führenden Männer Indiens. Er sah mich aufmerksam an, er war ein sehr aufrichtiger Mann. Er sagte: „Ich nehme diese Kritik an. Das hat bisher noch niemand zu mir gesagt. Sie haben recht, meine Einstellung ist sehr egoistisch."

Der Priester war sehr zufrieden und als wir gingen, legte er seinen Arm um meine Schulter und meinte: „Das war eine sehr gute Antwort." Ich erwiderte: „Diese Antwort galt nicht nur ihm, sie war auch für Sie bestimmt. Aber leider musste ich sehen, dass er aufrichtiger war als Sie und Sie keinerlei Ehrlichkeit gezeigt haben. Er hat wenigstens eingestanden, dass sein Ego mit im Spiel war. Sie haben es nicht einmal zugegeben, sondern mit Hilfe meiner Antwort ihr Ego noch gestärkt!"

Religiöse Männer dieser Machart können nicht gemeinsam arbeiten. Ihre ganze Arbeit basiert darauf, andere zu kritisieren. Ihr ganzes Bestreben ist, sich andern zu widersetzen. Wenn es keine Feinde gibt, können sie überhaupt nicht arbeiten; ihre ganze Arbeit basiert auf Hass und auf Ablehnung anderer. Religiöse Menschen, die mit diesen Traditionen und Religionen verhaftet sind, können nur als ignorant bezeichnet werden. Denn das erste Merkmal eines wirklichen Weisen ist, dass er zu keiner Religion mehr gehört und durch keinerlei Grenzen und Traditionen eingeschränkt ist. Er ist durch nichts begrenzt, er gehört zu allen. Und das Wichtigste an ihm ist, dass sein Ego sich aufgelöst hat und sein Stolz verschwunden ist. Doch diese Situation hier war ein Mittel, um das Ego aufzublasen und ihm Nahrung zu geben. Denke daran: Das Ego ist zufrieden, wenn du sehr reich bist oder wenn du viel Leid ertragen hast; auch durch großes Wissen wird dein Ego stark.

Wenn ich der Welt entsage, stärkt das mein Ego. Und alle Leute, die starke Egos haben, können nicht gemeinsam arbeiten. Das Ego ist das einzig trennende Moment und Egolosigkeit ist das einzig verbindende Moment. Wo also Egolosigkeit ist, da ist Gemeinsamkeit.

Einmal kam Farid, ein muslimischer Weiser, an dem Dorf vorbei, in dem Kabir lebte. Er war mit einigen Schülern unterwegs.

Die Schüler sagten zu ihm: „Wie wunderbar, dass wir am Haus von Kabir vorbeikommen. Lass uns ein paar Tage bei ihm bleiben. Wir wären so glücklich, wenn ihr beide euch treffen würdet und ein Dialog zwischen euch stattfände. Davon würden wir sehr profitieren."

Farid sagte: „Gut, lasst uns bei ihm Halt machen, aber einen Dialog gibt es womöglich nicht."

Sie fragten: „Warum nicht?"

Er sagte: „Wir machen dort erst einmal Halt und ich werde ihn treffen, aber vielleicht sprechen wir überhaupt nicht."

Als Kabirs Schüler die Nachricht hörten, sagten sie: „Farid ist in unserer Nähe, wir wollen ihn willkommen heißen. Was für ein glückliches Zusammentreffen. Dann könnt ihr beide zwei Tage lang miteinander sprechen."

Und Kabir sagte: „Gewiss, wir sollten uns treffen. Wir alle werden sehr glücklich sein."

Also wurde Farid willkommen geheißen. Kabir und Farid

umarmten sich. Sie hatten Freudentränen in den Augen, aber zu einem Dialog kam es nicht. Als sie Abschied nahmen, waren die Schüler sehr enttäuscht, sie sagten: „Aber ihr habt kein Wort miteinander gesprochen!"

Und ihre Meister antworteten: „Was sollten wir auch sagen? Was er weiß, weiß ich auch."

Farid sagte: „Was ich weiß, weiß Kabir auch, worüber sollten wir reden? Wir sind nicht einmal zwei verschiedene Leute, die miteinander reden könnten – auf einer bestimmten Ebene sind wir eins. Auf dieser Ebene sind Worte überflüssig."

Unter Weisen ist kein Dialog möglich. Schon allein das Sprechen schafft eine Dualität. Auf einer bestimmten Ebene ist die zeitlose Arbeit der Mystiker die gleiche. Auf dieser Ebene kommt das Problem der Dualität nicht auf. Egal wo sie geboren wurden, zu welcher Gemeinschaft sie gehören oder welche Lebensgewohnheiten sie haben, es gibt dennoch keine Dualität unter ihnen. Aber wenn es unter denen, die keine Weisen sind, Probleme gibt, dann ist das nicht verwunderlich.

Aus diesem Grund – vergesst das nicht – gibt es unter den Weisen keine Probleme. Und wenn Probleme entstehen, dann nehmt das als Zeichen, dass diese Leute keine Weisen sind.

Ein Freund hat gefragt: *Was ist dein Ziel oder deine Absicht?*

Er fragt, welches Ziel ich habe. Ich habe kein Ziel. Und es ist wichtig, dass ihr versteht, warum ich kein Ziel habe und keine Absicht verfolge.

Es gibt zwei Arten von Handeln im Leben. Die eine ist von Verlangen motiviert, sie hat ein bestimmtes Ziel vor Augen.

Und die andere ist von Liebe und Mitgefühl motiviert, sie verfolgt keine bestimmte Absicht. Wenn du eine Mutter fragst: „Was bezweckst du mit der Liebe, die du deinem Kind gibst?" Was kann sie darauf antworten? Sie wird sagen: „Ich weiß von keinem Zweck. Ich liebe es einfach und es macht mir Freude es zu lieben." Es ist nicht so, dass du heute liebst und morgen Freude hast. Das Lieben selbst ist die Freude.

Doch es gibt auch das Handeln, das von Wünschen motiviert ist. Zum Beispiel spreche ich gerade zu euch. Ich könnte jetzt sprechen, weil ich etwas dafür bekomme – vielleicht in Form einer Belohnung, in Form von Geld, Ruhm, Respekt oder Prestige oder irgendetwas anderem. Vielleicht spreche ich also, weil ich dafür etwas zurückbekomme. In diesem Fall wäre mein Handeln von einem Verlangen bestimmt.

Doch ich spreche nur, weil ich mich nicht zurückhalten kann. In mir hat sich etwas ereignet, dass mitgeteilt werden möchte. Mein Sprechen ist wie eine Blume, die aufgeblüht ist und ihren Duft überall hin verbreitet. Wenn du eine Blume fragst, was ihre Absicht ist … sie hat keine Absicht.

Manche Handlungen basieren also auf einem Verlangen, dann steckt eine Absicht dahinter. Und manche Handlungen entspringen aus Mitgefühl, sie verfolgen keine Absicht. Deshalb lassen Handlungen, die ein Ziel verfolgen, einen Druck entstehen. Doch Handlungen, die von Mitgefühl geleitet sind, üben keinen Druck aus. Eine zielorientierte Handlung ist eine Fessel, eine zweckfreie Handlung nicht.

Und du wirst staunen: Wenn du kein Ziel hast, kannst du kein Unrecht tun. Es ist merkwürdig, aber mit Unrecht ist immer ein Ziel verbunden. Wenn man etwas Gutes tut, hat man keine Absicht im Sinn. Wenn hinter einer guten Tat eine Absicht steckt, muss es ein getarntes Unrecht sein. Bei Unrecht gibt es immer eine Absicht. Ohne Absicht gäbe es kein Unrecht. Es ist schon schwer genug, mit einer Absicht vor Augen Unrecht zu tun; aber ohne Absicht ist es ganz unmöglich. Ich kann dich nicht töten, ohne etwas damit zu beabsichtigen – warum sollte ich dich sonst töten? Weil ein Unrecht nicht aus Mitgefühl begangen werden kann, ist es immer mit einer Begierde verbunden und Begierde setzt ein Ziel voraus. Man erwartet, etwas dafür zu bekommen. Aber man kann auch ohne jede Erwartung handeln.

Mahavira hat nach seiner Erleuchtung noch mehr als vierzig Jahre lang gearbeitet. Warum hat er das getan? Er hatte schon so viele Jahre gearbeitet, warum hat er dann nicht aufgehört? All die Jahre war er ständig umhergezogen. Er ist so aktiv gewesen: er nahm sein Essen ein und dann zog er hierhin und dorthin, hielt Reden, Diskurse. Vierzig bis fünfundvierzig Jahre lang hat er ununterbrochen gearbeitet. War das nicht genug? Auch Buddha hat nach seiner Erleuchtung noch mehr als vierzig Jahre weitergearbeitet. Warum hat er nicht aufgehört? Weil mit seinem Tun keine Absicht verbunden war. Weder Buddha noch Mahavira hatten irgendein Ziel, es war reines Mitgefühl. Ich frage mich oft, warum ich noch zu euch spreche. Was ist die Absicht dahinter? Ich kann keine Absicht entdecken, selbst, wenn ich danach suche – außer dass ich etwas sehe und einen inneren Drang spüre, darüber zu sprechen. Tatsächlich gelingt es nur jemand, der noch grausam sein kann, nicht darüber zu sprechen.

Warum wäre das grausam? Gestern habe ich euch die Geschichte von dem Blinden erzählt: Wenn ich eine Schlange in deiner Hand sehe und würde schweigend meines Weges gehen und denken, das hat nichts mit mir zu tun, dann wäre das nur möglich, wenn ich hartherzig und grausam wäre.

Ansonsten müsste ich dir sagen: „Das ist eine Schlange! Lass sie los!" Und wenn mich jemand fragt, warum ich dich warne und was mir daran liegt, würde ich ihm antworten: „Es liegt mir nichts daran, außer dass mein inneres Bewusstsein in einer solchen Situation unmöglich schweigen kann."

Die Motivation kommt nicht von außen, sie stammt von einem inneren Bewusstsein, das frei von jeder Erwartung ist. Hast du schon gemerkt: Immer wenn es ein Ziel gibt, bist du von etwas Äußerem motiviert. Und wenn du kein Ziel hast, kommt die Motivation tief aus deinem Innern. Das heißt also, wenn du dich von etwas angezogen fühlst, gibt es ein Ziel. Aber wenn dich im Innern etwas drängt, gibt es kein Ziel.

Liebe und Mitgefühl sind niemals mit einer Absicht oder einem Verlangen verbunden. Wünsche und Bedürfnisse sind immer zielorientiert. Ein Verlangen zieht dich an, es zerrt an dir. Wenn ich einen Strick um dich herumbinde und dich daran ziehe, das ist Gezogenwerden. Du wirst von deinem Verlangen gezogen, so als würde man dich an einem Strick ziehen. Deshalb nennen eure religiösen Schriften jemanden der Begierden hat, *Pashu. Pashu* bedeutet ein Tier, das an einem Strick gezogen wird, das an etwas angebunden ist und davon gezogen wird. Aber in den Schriften bezeichnet das Wort *Pashu* kein Tier, sondern einen Menschen, der von einem Strick gezogen wird. Solange du von einem Ziel angezogen wirst, gibt es Verlangen, und solange es Verlangen gibt, bist du daran festgebunden wie ein Tier. Du bist nicht frei. Freiheit ist das Gegenteil von *Pashu*, von Angebundensein und Gezogenwerden. Freiheit bedeutet, es gibt keinerlei Gebundenheit, die dich irgendwo hinzerren kann, sondern du bewegst dich in Übereinstimmung mit einem Fließen, das aus deinem Innern kommt.

Ich habe kein Ziel. Auch wenn ich diesen Augenblick sterben würde, hätte ich nicht das geringste Gefühl, etwas wäre ungetan geblieben. Wenn ich jetzt, so wie ich hier sitze, sterben würde, würde ich keinen Moment meinen, dass das, was ich sagen wollte, ungesagt geblieben ist, weil ich von keinem Ziel motiviert bin. Es muss nichts erfüllt werden. Solange ich lebe, geht die Arbeit weiter, und wenn ich sterbe, endet sie. Weil keine Absicht dahinter steht, bleibt nichts unfertig.

Ich habe kein Ziel, es gibt nur diese innere Inspiration. Es gibt einen inneren Drang, der alles bestimmt, was ich tue. In Indien sagt man, ein solcher Mensch hat sich der Existenz ergeben. Jetzt handelt er nach dem Wunsch des Göttlichen; er hat keine eigenen Motive mehr. Und das stimmt, denn er hat sein Leben dem Höchsten übergeben. Jetzt ist das Höchste für alles verantwortlich, was geschieht, es liegt nicht mehr in seiner Hand.

Du hast eine gute Frage gestellt. Das Leben sollte frei sein von Begehren und Schmerzen. Gestalte dein Leben so, dass es nicht von Absichten bestimmt wird, sondern von einer Inspiration, die aus deinem Innern kommt. Lebe so, dass du nicht den Wunsch hast, etwas zu bekommen, sondern etwas zu geben. Unter Liebe verstehe ich, dass du nicht forderst, sondern einfach gibst.

Die Liebe hat kein Ziel, außer dem zu geben. Und zur Liebe gehört auch Mitgefühl. Ihr könnt also sagen, es gibt kein anderes Ziel außer Liebe. Und Liebe hat kein Ziel, weil Liebe selbst das Ziel ist.

In der letzten Frage geht es um Wut: *Wenn man wütend ist, hat das nachteilige Auswirkungen auf den ganzen Körper. Welche Blockierungen kann dieser Zustand im Körper hervorrufen?*

Ich sagte gestern, dass Wut nur ein Beispiel ist. Alle Emotionen sind Energien, und wenn sie nicht kreativ genutzt werden, verursachen sie Störungen in Körper und Geist. Man muss mit dieser Energie etwas machen. Die Energie, die im Innern ungenutzt vorhanden ist, verursacht gewisse Blockierungen, die zu Krankheiten werden, wie Tumore. Verstehst du? Das ist nicht nur bei Wut der Fall. Wenn ich voller Liebe bin und ich nicht in der Lage bin, jemandem diese Liebe zu geben, kann sie eine Blockierung hervorrufen. Wenn ich meine Wut nicht ausdrücken kann, entsteht in mir ein Block. Wenn ich Angst habe und kann es nicht zeigen, kann aus der Angst ein Block werden. Alle emotionalen Zustände mobilisieren innerlich Energie, die freigesetzt werden muss.

Diese Freisetzung kann auf zweierlei Art geschehen. Die eine ist die *Via Negativa*. Wenn jemand wütend ist, wäre der negative Weg, dass er den andern mit Steinen bewirft, mit einem Stock schlägt oder ihn verbal angreift. Der Weg ist deshalb negativ, weil er seine Energie verbraucht, ohne dass sie ihm zugute kommt. Das Einzige, was er dabei erntet, ist, dass der andere sich doppelt heftig an ihm rächt. Der andere wird ebenso wütend. Er ist genau wie der erste Mann: auch er wählt den negativen Weg, um seine Wut auszudrücken. Auch er wird nach einem Stock greifen.

Wenn du einen Stein nach jemand wirfst, wirft er einen noch größeren Stein zurück. Wenn Wut negativ genutzt wird, erzeugt sie nur noch mehr Wut und die Energie wird verschwendet. Aus negativer Gewohnheit reagiert man mit noch mehr Wut. So wird eine unbegrenzte Menge von Wut erzeugt und Energie verschwendet. Es ist eine Kettenreaktion ohne Ende. Die Wut hört nur auf, wenn du sie auf positive, auf kreative Art nutzt. Deshalb hat Mahavira gesagt: „Ein

Mensch, der hasst, bekommt Hass zurück. Ein Mensch, der Böses denkt, dem wird Böses erwidert." Das hat kein Ende und die Energie wird dabei nur verschwendet. Der Zorn schwächt mich und kostet mich jedes Mal meine ganze Energie. Deshalb hat sich die Gesellschaft darauf geeinigt, dass man Wut nicht zeigt.

Es ist eine gute Regel, weil sie verhindert, das Wut sich multipliziert. Aber die Energie habe ich immer noch in mir. Was geschieht damit?

Hast du einmal die Augen von Tieren beobachtet? Selbst das wildeste Tier hat sanftere Augen als du. Die Augen eines gefährlichen Tieres sind sanfter als die Augen eines Menschen. Warum? Weil es keine unterdrückte Energie in ihm gibt. Wenn ein Tier wütend ist, dann brüllt es, schreit, greift an und lässt seine Wut heraus. Es ist nicht zivilisiert. Jeden Impuls, den es hat, drückt es aus.

Weshalb sind die Augen von Kindern so sanft? Weil Kinder alles ausdrücken, was sie fühlen. Ihre Energie bildet keine Blocks. Wenn sie wütend oder eifersüchtig sind, dann zeigen sie es. Wenn sie einem anderen Kind das Spielzeug wegnehmen wollen, tun sie es. Deshalb sind sie so unschuldig.

In eurem Leben wird vieles unterdrückt und genau da fangen die Schwierigkeiten an. Ein Block in der Energie lässt auf eine innere Diskrepanz schließen: In deinem Innern geschieht das eine und nach außen zeigst du etwas anderes. Aber wo soll die Energie hin, die keinen Ausdruck gefunden hat? Sie wird zu einem Energieblock.

Unter einem Energieblock verstehe ich etwas, das in deinem Geist oder deinem Körper steckt wie ein Knoten. Es ist, wie wenn ein Fluss halb zugefroren ist und Eisblöcke darin treiben. Wenn die Stücke größer werden, behindern sie mehr und mehr das Fließen des Flusses. Wenn alles Wasser gefroren ist, hört der Fluss zu fließen auf. Ihr seid wie ein Fluss, in dem Eisblöcke treiben. Man muss das Eis schmelzen.

Die unterdrückten Impulse von Hass, Wut und Sex sind zu großen Blöcken aus Eis geworden, die dein Leben nicht mehr frei fließen lassen. Sie behindern deinen Lebensstrom. Es gibt Leute, deren Leben vollkommen eingefroren ist, wo nichts mehr fließt. Es ist unbedingt nötig, das Eis zu schmelzen und man sollte dazu eine kreative Methode anwenden.

Ich habe zwei dieser Wege erklärt: Der eine besteht darin, alte, blockierte Impulse loszulassen und der andere ist es, kreativen Gebrauch von den neuen Impulsen zu machen.

Schaue dir kleine Kinder an – sie sind so voller Leidenschaft, voller Energie. Wenn sie allein in der Wohnung sind, fassen sie alles an; sie lassen Sachen fallen oder schmeißen sie um. Du sagst zu ihnen: „Tue dies nicht, tue jenes nicht." Du sagst ihnen, was sie nicht tun sollen, aber du sagst ihnen nicht, was sie stattdessen tun können. Und du weißt gar nicht, was in einem Kind vorgeht, wenn es ein Glas zerbricht. Seine Energie braucht ein Ventil. Es greift unweigerlich nach dem Glas und haut drauf. So macht es seiner Energie Luft. Doch du sagst: „Zerbrich nicht das Glas!" und es hört damit auf. Jetzt geht es nach draußen und will Blumen pflücken. Darauf sagst du: „Fass nicht die Blumen an." Es kann nicht einmal mehr die Blumen anfassen! Es geht ins Haus und nimmt ein Buch und du sagst: „Mach das Buch nicht kaputt." Du sagst ihm nur ständig, was es nicht tun soll, aber du sagst ihm nicht, was es tun kann. Dadurch bilden sich in dem Kind Blocks, es entsteht ein ganzes Geflecht von Blockierungen, und eines Tages gibt es nur noch diese Blockierungen. Es gibt nur noch dieses ‚tue dies nicht, tue jenes nicht' in ihm. Das Kind versteht überhaupt nicht mehr, was es tun soll. Mit dem kreativen Weg meine ich, dass man ihm sagen soll, was es tun kann. Statt ihm das Glas wegzunehmen, ist es besser, wenn du ihm Ton gibst und sagst: „Mache einen Becher, der genauso aussieht wie dieses Glas." Das wäre ein kreativer Gebrauch seiner Energie. Verstehst du? Als das Kind hinausging, um dir Blumen zu pflücken, hättest du ihm Papier geben und sagen können: „Mach daraus eine Blume wie diese." Das wäre eine kreative Lösung gewesen. Wenn es ein Buch zerreißt oder sich ein Buch nimmt, hättest du ihm etwas anderes geben sollen, woran es seine Energie auslassen kann.

Die Erziehung ist heutzutage sehr unkreativ und das Leben des Kindes wird dadurch schon von Anfang an ruiniert. Wir sind alle ruinierte Kinder, der einzige Unterschied ist, dass wir erwachsen sind. Ansonsten sind wir Kinder, bei denen von frühester Kindheit an alles falsch gelaufen ist, und nun machen wir diese Dinge unser Leben lang falsch.

Kreativität bedeutet, dass mit der vorhandenen Energie etwas geschaffen wird, nicht zerstört wird. Die Energie, die jemand dazu gebraucht, ständig andere zu kritisieren, kann benutzt werden, um ein Lied zu schreiben. Wusstest du schon, dass Leute, die keine Lieder und keine Gedichte schreiben können, zu Kritikern werden? Es ist die gleiche Energie. Kritiker haben die gleiche Energie, ein Lied oder ein Gedicht zu schreiben, aber sie gebrauchen sie nicht schöpferisch. Alles was sie tun, ist andere zu kritisieren: wer schlecht schreibt und wer was macht. Das ist ein zerstörerischer Gebrauch. Die Welt wäre ein viel schönerer Ort, wenn wir alle kreativen Gebrauch von unserer Energie machen würden.

Und denke daran, Energie ist nie gut oder böse. Selbst die Energie, die in der Wut steckt, ist weder gut noch böse, es hängt immer nur davon ab, wie man sie gebraucht. Glaube nicht, dass die Energie von Wut schlecht ist. Energie ist niemals gut oder schlecht. Selbst Atomenergie ist weder gut noch schlecht. Man kann mit ihr die ganze Welt zerstören oder auch eine ganze Welt damit erschaffen. Alle Energie ist neutral. Im Dienst von Zerstörung wird sie schlecht, im Dienst des Schöpferischen wird sie gut.

Du solltest also deine Gewohnheiten ändern und die Energie, die in Wut, Begierde, Sex und Hass steckt, auf kreative Art nutzen. Es ist genau wie mit Dünger: Er riecht sehr schlecht, er stinkt. Aber der Gärtner gebraucht ihn in seinem Garten, mischt ihn unter die Erde und sät und wässert ihn. Mit Hilfe der Samen wird der Dünger zu einem Baum und der Geruch des Düngers zieht durch die Adern des Baumes und verwandelt sich in den Duft der Blüten. Die gleiche Erde, der gleiche Dünger, der so schlecht gerochen hat, wird zu einer Blume und gibt so einen süßen Duft von sich. Das ist Transformation von Energie.

Jeder üble Geruch an dir kann sich in süßen Duft verwandeln – genau die gleiche Sache – denn was stinkt, kann auch gut riechen. Habe keine Schuldgefühle, wenn du Wut in dir spürst. Es ist Energie – sei froh, dass du sie hast. Und glaube nicht, du seist zu sexuell. Es ist einfach nur Energie und du kannst dich glücklich schätzen, dass sie da ist. Es wäre bedauerlich, wenn du impotent wärst oder nicht wütend würdest. Dann wärst du nutzlos, weil keine Energie da wäre, die du gebrauchen kannst. Du kannst also froh sein, dass du diese Energie hast. Sei dankbar für all diese Energien in dir. Jetzt kommt es auf dich an, wie du sie einsetzt. Alle großen Menschen auf dieser Welt sind sehr sexuell gewesen. Wenn sie das nicht gewesen wären, wären sie nicht groß geworden.

Ihr wisst vielleicht, dass Gandhi sehr sexuell war. Am Tag als sein Vater starb ... die Ärzte informierten ihn, dass sein Vater die Nacht nicht überleben würde. Aber nicht einmal eine Nacht konnte er bei seinem Vater bleiben. Als sein Vater starb, hatte er Sex mit seiner Frau. Die Ärzte hatten ihm gesagt, er solle am Bett seines Vaters bleiben, er würde diese Nacht sterben. Gandhi hat das später sehr bereut: „Was für ein Mann bin ich nur?" Aber er sollte froh sein über seine Sexualität, denn die gleiche Energie hat ihn enthaltsam gemacht – genau die gleiche Energie! Wenn er in jener Nacht neben seinem Vater gesessen hätte, dann wäre der Welt mit Sicherheit kein Gandhi geschenkt worden. Unter den gleichen Umständen wären die meisten von uns bei ihren Vätern geblieben, und nicht nur eine Nacht, sondern zwei Nächte – aber dann hätte es keine Gandhis gegeben. Was ihm in dieser Nacht wie ein schlechter Geruch vorgekommen sein muss, wurde später der Duft seines Lebens.

Lehne also Energie nicht ab; lehne keine Energie ab, die in dir entsteht. Betrachte sie als einen Segen und versuche sie zu transformieren. Jede Energie lässt sich verändern und transformieren. Und was so aussieht, als wäre es schlecht, kann in etwas Duftendes, etwas Schönes verwandelt werden.

Einige der Fragen habe ich damit beantwortet, die übrigen besprechen wir morgen.

Den Verstand verstehen

Heute Morgen habe ich euch erklärt, welches die ersten Schritte für einen Sucher sind, und habe über die verschiedenen Wege gesprochen, wie man den Körper reinigt.

Die zweite Ebene der menschlichen Persönlichkeit bilden die Gedanken. Körper und Geist sollten beide rein sein. Die dritte Ebene ist die der Emotionen. Wenn auch die Emotionen rein sind, dann ist das Fundament für Meditation gelegt. Wenn alle drei Dinge geschehen sind, zieht ein ungeheurer Friede in dein Leben ein. Du erfährst eine ganz große Freude. Wenn diese drei Dinge erfüllt sind, beginnt für dich ein neues Leben.

Aber das sind nur die grundlegenden Schritte, um dich auf Meditation vorzubereiten. Es sind gewissermaßen äußere Praktiken. Die inneren Praktiken gehen noch tiefer – hier nehmen wir Abstand vom Körper, von Gedanken und Emotionen, um sie zu reinigen und zu leeren. Durch die äußeren Praktiken wird der Körper gereinigt, durch die inneren Praktiken bekommst du Abstand vom Körper. Du trittst in einen körperlosen Zustand ein, in einen Zustand des Nicht-Denkens, einen Zustand, der frei ist von Gefühlen. Aber ehe das geschehen kann, müssen alle Unreinheiten in deinem Innern verschwinden. Nach dem Körper wollen wir uns jetzt den Gedanken zuwenden.

Worin bestehen die Unreinheiten des Denkens? Gedanken sind sehr launenhaft. Auch Gedanken hinterlassen Eindrücke im Verstand, seien sie nun positiv oder negativ.

Woran ein Mensch denkt, beeinflusst auch seine Persönlichkeit. Wenn jemand an Schönheit denkt und sich oft mit Schönheit beschäftigt, dann ist es ganz natürlich, dass er dadurch auch eine schönere Persönlichkeit bekommt. Wenn jemand an Göttlichkeit denkt und seine Gedanken sich um das Göttliche drehen, dann ist auch sein Leben mit dem Göttlichen erfüllt. Wenn jemand an Wahrheit denkt, dann ist es natürlich, dass die Wahrheit ein Teil von ihm wird.

In diesem Zusammenhang bitte ich euch, einmal zu überlegen, welche Dinge euch am meisten durch den Kopf gehen. Worüber denkt ihr die ganze Zeit nach? Die meisten von euch denken entweder an Geld, an Sex oder an Macht.

Vor vielen Jahren gab es einen König in China, der ging eines Tages mit seinem höchsten Minister an die Grenze seines Landes, wo das Meer anfing. Sie standen auf einem Hügel und schauten auf das Meer hinaus, das sich meilenweit unter ihnen ausbreitete. Viele Schiffe segelten vorbei, es herrschte ein reges Kommen und Gehen. Der König fragte den Minister: „Wie viele Schiffe laufen hier täglich ein und wie viele laufen aus?" Der Minister antwortete: „Mein Gebieter, wenn Sie die Wahrheit wissen wollen, es fahren nur drei Schiffe hinein und drei fahren hinaus."

Der König fragte: „Nur drei? Aber da sind doch viel mehr Schiffe auf dem Meer. Siehst du die nicht?"

Der Minister antwortete: „Ich habe nur drei Schiffe gesehen: eins für das Geld, eins für den Sex und eins für die Macht. Unser ganzes Leben verbringen wir damit, auf diesen drei Schiffen zu fahren."

Das stimmt: Auf diesen drei Schiffen reisen unsere Gedanken. Und wer auf diesen Schiffen reist, dessen Kopf wird niemals rein werden. Die Gedanken werden nur rein, wenn man diese Schiffe verlässt. Deshalb ist es wichtig, dass jeder beobachtet, welche Gedanken in seinem Kopf vorherrschen. Welches sind die Wunden in seinem Verstand, um die seine Gedanken kreisen. Die Gedanken, auf die der Kopf regelmäßig zurückkommt – das ist seine eigentliche Schwäche. Das muss jeder für sich herausfinden. Ist es Geld, ist es Sex oder ist es Macht? Denkst du ständig an eines dieser Dinge? Denkst du an Lügen, denkst du an Unehrlichkeit oder Schwindeleien? Das sind die kleinen Übel, die ersten drei sind die Hauptübel. Wenn deine Gedanken sich um diese Dinge drehen, sind sie unrein. Unrein nennt man sie deshalb, weil du nicht der Wahrheit begegnen kannst, solange dir diese Gedanken durch den Kopf gehen.

Reinheit der Gedanken ist das gleiche, was wir in Indien Wahrheit, Tugend und Schönheit nennen. Reine Gedanken richten sich auf diese drei Dinge. Wie oft denkst du an Wahrheit? Denkst du überhaupt an Wahrheit? Hast du dich jemals gefragt, was Wahrheit ist? Hast du dich jemals in einem ruhigen Augenblick damit beschäftigt? Bist du über den Gedanken an Wahrheit schon jemals verzweifelt? Hast du je das Gefühl, du möchtest verstehen, was Schönheit ist, was Glück ist?

Wenn du von unreinen Gedanken geplagt bist, ist dein Verstand unrein und kann nicht zur Erleuchtung gelangen. Unreine Gedanken führen dich nach außen und reine Gedanken führen dich nach innen. Die unreinen Gedanken gehen nach außen und abwärts, die reinen Gedanken gehen nach innen und aufwärts. Wenn ein Mensch an Wahrheit, Tugend und Schönheit denkt, ist es ausgeschlossen, dass nicht auch sein Leben davon gefärbt wird ...

Gandhi war einmal im Gefängnis. Seine Gedanken drehten sich ständig um Entsagung und Nicht-Verhaftetsein. In jenen Tagen aß er zum Frühstück nur zehn Datteln, die über Nacht in Wasser eingeweicht wurden. Vallabhai Patel, der ebenfalls mit ihm im Gefängnis war, wunderte sich: „Soll das ein Frühstück sein, nur zehn Datteln? Wie kann das genug sein?"

Er weichte immer die Datteln für Gandhi ein und eines Tages weichte er also fünfzehn ein. Er dachte: „Der alte Mann wird schon nicht merken, ob es zehn oder fünfzehn sind." Gandhi sah, dass es ein paar Datteln mehr waren und sagte: „Vallabhai, zähle bitte die Datteln nach, es sind fünfzehn." Vallabhai erwiderte: „Was macht es für einen Unterschied, ob es zehn oder fünfzehn sind?"

Gandhi schloss die Augen und dachte einen Augenblick nach, dann meinte er: „Vallabhai, du hast mich auf eine großartige Idee gebracht. Du sagst: ‚Es ist egal, ob es zehn oder fünfzehn sind'. Da habe ich eingesehen, dass es keinen Unterschied macht. Ab morgen esse ich nur fünf Datteln. Du hast mir etwas Wunderbares gezeigt."

Vallabhai bekam es mit der Angst zu tun. Er sagte: „Das habe ich nur gesagt, damit du etwas mehr isst. Ich hatte keine Ahnung, dass du so denkst."

Jemand, der immer nur daran denkt, weniger zu essen,

wird eine solche Antwort geben. Und jemand, der nur daran denkt noch mehr zu essen, wird keinen Unterschied zwischen zehn und fünfzehn sehen. Deine Denkweise wird sich also in deinen täglichen Angewohnheiten widerspiegeln.

Heute Morgen brachte ein Freund mir eine Nachricht. Er sagte: „Es ist sehr bedauerlich, dass einige Leute nicht rechtzeitig hier sind. Obwohl ich sie zweimal gerufen habe, kommen sie zehn Minuten zu spät." Wenn ich es gewesen wäre, hätte ich stattdessen gesagt: Es ist schön, dass so viele Leute gekommen sind, obwohl sie nur zweimal gerufen wurden. Und ich hätte gesagt: Es wäre sogar noch schöner, wenn auch die Leute, die nicht gekommen sind, hier wären. Das wäre die gewaltlose Sichtweise. Seine Sichtweise war aggressiv, sie enthielt Gewalt. Wenn du ein wenig darüber nachdenkst und Wege findest, um deine Gedanken zu reinigen, wirst du allmählich sehen, wie sich selbst deine einfachsten Handlungen verändern, sogar deine Sprache wird gewaltlos, deine Bewegungen werden gewaltlos.

Deine Gedanken können dein ganzes Leben verändern. Alles, was du denkst, hat Auswirkungen auf dein Leben, denn die Gedanken haben eine ungeheure Kraft.

Es hängt so viel davon ab, was du denkst. Wenn du beim Meditieren ständig an Geld denkst, dann bewegst du dich in zwei entgegengesetzte Richtungen. Es ist, als wenn du an beide Enden des Karrens einen Ochsen spannst. Wenn sie in verschiedene Richtungen ziehen, bricht der Karren auseinander und kommt nicht voran.

Wenn deine Gedanken rein sind, verändern sich selbst die einfachsten Dinge in deinem Leben. Und das Leben besteht nicht aus großen Taten, es setzt sich aus lauter kleinen Dingen zusammen. Wie du aufstehst, wie du sitzt, wie du sprichst, was du sagst, davon hängt viel ab. Und die Hauptquelle, aus der diese Handlungen entspringen, ist der Verstand.

Deshalb sollten deine Gedanken auf Wahrheit, Gutes und Schönheit ausgerichtet sein. Der Gedanke an die Wahrheit sollte dich ständig begleiten. Wann immer du Zeit hast, sinne über Wahrheit, Gutes und Schönheit nach. Und immer wenn du im Begriff bist etwas zu tun, werde dir bewusst, ob du im Einklang mit der Wahrheit, dem Guten und der Schönheit handelst oder dagegen. Überlege, ob der Ablauf deiner Gedanken der Wahrheit, dem Guten und der Schönheit dienlich ist. Wenn das Gegenteil der Fall ist, dann halte sofort an und gib den Gedanken keine Nahrung mehr. Sie schaden dir nur, sie ziehen dich herunter und zerstören dein Leben. Sei dir also bewusst, welche Art von Gedanken du hast und lenke sie mutig, entschlossen und beharrlich in Richtung Reinheit und Wahrheit.

Du wirst oft das Gefühl haben, dass du nicht einmal weißt, was Wahrheit ist, was das Gute ist. Auch wenn du es vielleicht nicht beantworten kannst, so hast du doch wenigstens darüber nachgedacht und versucht, es herauszufinden. Schon allein das ist gut und verändert etwas in dir. Und jemand, der ständig darüber nachsinnt, dem wird allmählich klar, dass er weiß, was Wahrheit und was das Gute ist.

Halte vor jedem Gedanken, vor jedem Wort und jeder Handlung einen Moment an. Es gibt keinen Grund zur Eile. Schau dir an, was du gerade tun willst und wozu es führt. Was sagt dir das? Welche Folgen hat es? Es ist sehr wichtig, dass ein Sucher sich darüber Gedanken macht.

Ich möchte noch erwähnen, dass es drei Typen von Menschen gibt. Der erste kann leicht den Aspekt der Wahrheit in sich wecken, im zweiten Typ kann sich der Aspekt des Guten leicht entfalten und im dritten der Aspekt der Schönheit. Bei jedem von euch gibt es einen vorherrschenden Aspekt, und wenn ein Aspekt aktiv ist, kommen die andern automatisch zum Tragen. Wenn jemand Schönheit liebt, kann er kein Lügner sein, denn Lügen ist etwas so Hässliches. Wenn jemand Schönheit liebt, kann er nichts Böses tun, denn Unrecht zu tun ist hässlich. Er wird nicht stehlen können, denn Stehlen ist wirklich hässlich. Wenn jemand sich ganz und gar der Schönheit widmet, kann dadurch vieles möglich werden.

Einmal war Gandhi bei Rabindranath Tagore zu Gast. Rabindranath war zu dieser Zeit schon alt. Er liebte die Schönheit und machte sich über Wahrheit oder das Gute keine Gedanken, was nur bedeutet, dass sie nicht seine unmittelbaren Wege waren – er war eben ein Liebhaber der Schönheit. Am Abend, als sie zu einem Spaziergang aufbrachen, sagte Rabindranath: „Warte einen Augenblick, ich möchte mir noch die Haare kämmen."

Gandhi dachte: „Wie absurd! Die Haare kämmen?"

Gandhis Kopf war geschoren, er hatte dieses Problem nicht. Und in seinem Alter ans Haarekämmen zu denken ist schon merkwürdig und war für Gandhi völlig unvorstellbar. Er wartete etwas unwillig, konnte aber nichts zu Rabindranath sagen. Rabindranath ging ins Haus. Es vergingen zwei Minuten, es vergingen fünf Minuten, es vergingen zehn Minuten – Gandhi wunderte sich, warum er so lange brauchte. Was machte er da drin? Er schaute durchs Fenster und sah, wie Rabindranath vor einem großen Spiegel stand und sich die Haare kämmte. Gandhi konnte es einfach nicht länger ertragen. Er sagte: „Ich verstehe nicht, warum du das machst. Du verschwendest unsere Zeit zum Spazieren gehen. Und warum musst du dir die Haare kämmen? In deinem Alter!"

Rabindranath kam heraus und meinte: „Als ich jung war, hätte es mir nichts ausgemacht, ungekämmt zu sein. Aber jetzt, wo ich alt bin, kann ich es nicht durchgehen lassen. Glaube nicht, ich wolle gut aussehen. Ich möchte nur nicht, dass sich jemand durch meinen hässlichen Anblick gestört fühlt."

Er sagte: „Dieser Körper, den ich verschönere, wird bald zu Asche. Ich weiß, er wird bald auf dem Scheiterhaufen verbrannt, aber ich möchte keinen hässlichen Anblick bieten; ich möchte niemanden dadurch stören – deshalb gebe ich mir so viel Mühe."

So denkt ein Liebhaber der Schönheit wie Rabindranath. Hässlichkeit ist eine Art Gewalt gegen andere. Und diese Hässlichkeit kann verschiedene Formen annehmen. Sie kann sich durch dein Verhalten ausdrücken, durch deine Sprache oder in einer anderen Form.

Wenn du also schön sein möchtest, dann sei es auf allen Ebenen. Werde in jeder Beziehung schön, in jedem Aspekt deines Lebens.

Ich behaupte nicht, dass es falsch ist, sich die Haare zu kämmen, aber es gibt noch mehr, was verschönert werden muss. Es ist nichts falsch daran, Schmuck zu tragen, das ist völlig in Ordnung. Aber warum nicht selbst ein Juwel sein?

Versuche also zu verstehen, was Schönheit ist, und du wirst sehen, dass die Wahrheit und das Gute von selbst folgen. Wenn du versuchst zu verstehen, was das Gute ist, wirst du auch Schönheit und Wahrheit verstehen. Und wenn du versuchst, Wahrheit zu verstehen, dann verstehst du auch die beiden anderen. Wenn du dich zu einem dieser drei besonders hingezogen fühlst, dann mache es zum Mittelpunkt all deiner Gedanken. Lass dein Inneres davon berührt werden. Wähle einen dieser drei Aspekte und konzentriere dich darauf. Und wenn du es in allen Bereichen deines Lebens praktizierst, in deinem Verhalten und in deinen Handlungen, wirst du erstaunt sein, dass nach und nach alles Unnatürliche und alle unreinen Gedanken verblassen.

Ich verlange nicht von dir, dass du nicht mehr an Geld denkst. Ich sage nur, du sollst mehr an das Gute, an Wahrheit und an Schönheit denken. Wenn du dich mit Schönheit beschäftigst, kannst du nicht mehr an Geld denken, denn es gibt nichts Hässlicheres, als an Geld zu denken. Wenn du dich mit Schönheit beschäftigst, kannst du auch nicht mehr an Sex denken, denn es gibt keinen hässlicheren Geisteszustand als über Sex nachzudenken. Ich betone also nachdrücklich: Lenkt eure Energie in diese Richtungen, dann merkt ihr, wie sie sich allmählich aus den sinnlosen Gedanken zurückzieht und diese keine Macht mehr über euch haben.

Lasse ganz bewusst alles los, was unrein ist und konzentriere dich auf alles, was rein ist. Dadurch wird sich dein Leben ungeheuer verändern. Das ist das Wichtigste, was die Gedanken angeht.

Daneben gibt es einige untergeordnete Dinge, die ich auch erwähnen möchte: Sei dir bewusst, dass alle deine Gedanken von außen kommen. Nicht ein einziger kommt von innen. Der Gedanke mag eine gewisse Bereitschaft in dir vorfinden, aber vergiss nicht, alle Gedanken kommen von außen. Es sind lediglich gewisse Schienen in dir vorhanden, in denen die Gedanken laufen.

Wenn jemand an Geld denkt, muss der Gedanke von

außen gekommen sein, aber die Geldgier kommt von innen, da liegt der Kern. Die Gedanken heften sich an eure Begierden. Wenn jemand an Sex denkt, kommt der Anstoß von außen, aber den Keim, an den sich der Gedanke anheftet, hast du in dir.

Wenn du deine Gedanken reinigen willst, ist es gut zu wissen, dass sie dir nicht zufällig in den Sinn kommen. Es können nur die Gedanken in dich eintreten, die dir tatsächlich willkommen sind; die andern verwirfst du nämlich einfach.

Wenn jemand Müll in dein Haus wirft, wehrst du dich bestimmt dagegen, aber wenn jemand Müll in deinen Verstand wirft, wehrst du dich nicht. Wenn ich dich auf der Straße treffe und dir eine Geschichte aus einem Film erzähle, hast du nichts dagegen. Aber wenn ich in dein Haus komme und Abfall hinwerfe, fragst du bestimmt: „Was machst du da? Das gehört sich nicht!" Aber wenn ich deinen Verstand mit Abfall fülle, indem ich dir diese Filmgeschichte erzähle, hörst du gerne zu.

Dir ist gar nicht bewusst, dass auch dein Verstand mit Abfall gefüllt werden kann. Ihr seid einer des anderen Feind: Ihr werft Abfall in den Kopf des andern. Was machen die Leute, die du für deine Freunde hältst, mit dir? Niemand betrügt dich mehr als sie. Deine Feinde sind besser zu dir als sie. Sie füllen deinen Kopf wenigstens nicht mit Müll, weil sie nicht mit dir sprechen. Ihr füllt eure Köpfe gegenseitig mit Müll und schlaft so fest, dass ihr gar nicht merkt, was ihr in euch aufnehmt. Ihr lasst alles herein. Ihr seid wie ein Gasthaus, in dem es keinen Wirt und keinen Türsteher gibt, der aufpasst, wer hereinkommt und wer herausgeht. Du bist ein Ort, wo jeder – Mensch, Tier, Dieb oder Betrüger – einfach eintreten kann. Und er kann bleiben oder gehen, ganz wie es ihm beliebt.

Der zweite Schritt, um die Gedanken zu reinigen, besteht also darin, über sie zu wachen. Eine gewisse Wachsamkeit ist nötig. Ihr solltet ständig aufmerksam sein, was in euch vorgeht, und alles Wertlose hinauswerfen.

Vor kurzem reiste ich in einem Zug. Wir waren zu zweit im Abteil – ein anderer Mann und ich. Der Mann wollte sich mit mir unterhalten. Kaum hatte ich mich hingesetzt, da bot er mir eine Zigarette an. Ich sagte: „Tut mir Leid, ich rauche nicht."

Er steckt die Zigarette wieder weg. Bald darauf zog er ein Betelblatt heraus und bot es mir an: „Bitte, nehmen Sie doch."

Ich sagte: „Tut mir Leid, aber ich möchte es nicht."

Er steckte es wieder ein und setzte sich. Dann nahm er seine Zeitung und fragte: „Möchten Sie sie lesen?"

Ich sagte: „Ich möchte auch nicht lesen."

Da sagte er zu mir: „Es ist schwierig. Sie lehnen alles ab, was ich Ihnen anbiete."

Ich antwortete: „Ein Mensch, der alles nimmt, was man ihm anbietet, ist ein Dummkopf. Und was Sie mir anbieten, würde ich am liebsten auch von Ihnen fernhalten. Ich nehme es nicht an, aber ich wünschte, es würde auch Ihnen genommen."

Was machst du, wenn du gerade nichts zu tun hast? Du greifst nach der Zeitung und fängst an zu lesen. Besser wäre es, einfach dazusitzen und nichts zu tun, als diesen ganzen Abfall zu sammeln. Es ist nichts falsch am Nichtstun. Aber es gibt Dummköpfe, die sagen, es sei besser irgendetwas zu tun, als gar nichts zu tun. Das stimmt nicht. Es ist immer besser, nichts zu tun, als etwas zu tun, was Schaden anrichtet. Denn dabei verlierst du wenigstens nichts und du sammelst keinen

Müll. Sei also aufmerksam. Wenn du den Ablauf deiner Gedanken beobachten kannst, ist es nicht schwierig, sie rein zu halten. Und auch unreine Gedanken zu erkennen ist nicht schwer: Wenn sie eine Art Ruhelosigkeit in dir auslösen, sind die Gedanken unrein, und wenn sie dir ein Gefühl von Frieden geben, sind sie rein. Gedanken, die dir Freude bringen, sind rein und solche, die irgendeine Art von Störung in dir verursachen, sind unrein. Solche Gedanken musst du vermeiden.

Und der dritte Punkt: Es gibt eine Menge sich ständig wiederholender unreiner Gedanken in der Welt. Sie verursachen ein Feuer, dessen Qualm in dein Bewusstsein eindringt, dich einhüllt und erstickt. Aber vergiss nicht: Es brennen noch einige Flammen reiner Gedanken und einige Wellen reiner Gedanken sind noch lebendig. In diesem Ozean der Dunkelheit gibt es noch ein paar Lichtquellen. Versuche ihnen nahe zu sein. Genau das nenne ich *Satsang*.

Auch wenn diese Welt sehr dunkel ist, so besteht sie doch nicht nur aus Dunkelheit. Es leuchten noch immer einige Lampen. Auch wenn sie nur aus Ton gemacht sind und der Docht klein ist – aber wenigstens gibt es sie. Du solltest ihre Nähe suchen, denn wenn du deine unangezündete Lampe zu einer angezündeten bringst, ist es sehr gut möglich, dass durch die Nähe der erleuchteten Lampe die unerleuchtete wieder Feuer fängt. Vielleicht verschwindet dann der Qualm und auch sie brennt wieder hell.

Komme diesen Flammen näher, die für Wahrheit, Güte und Schönheit stehen. Freunde dich mit diesen Gedanken, mit diesen Menschen, mit diesen Schwingungen an, die deine Lampe wieder anzünden können. Und vor allem freunde dich auch mit der Natur an.

Die Natur hat niemals unreine Gedanken. Wenn du lange in den Himmel schaust, merkst du, dass der Himmel keinerlei unreine Gedanken in dir auslöst, im Gegenteil: Er leert deinen Kopf von allem Müll. Wenn du in den Himmel schaust, merkst du, wie du mit ihm eins wirst.

Wenn du einen Wasserfall anschaust, merkst du, dass du ein Teil von ihm geworden bist. Wenn du in einem dichten grünen Wald bist, merkst du, dass du auch einer der Bäume geworden bist.

Ein Mann hat einmal einen Weisen gefragt: „Ich möchte die Wahrheit erkennen. Wie mache ich das?"

Der Weise sagte: „Es sind gerade so viele Leute hier, komme wieder, wenn ich alleine bin."

Er wartete den ganzen Tag und als am Abend niemand mehr dort war, ging er wieder zu dem Weisen. Es war dunkel, die Lampen wurden angezündet. Der Weise war alleine. Er wollte gerade die Tür zuschließen, als der Mann kam. „Halt!" rief er, „Jetzt ist niemand mehr da. Du hast mit allen gesprochen, die hier waren, und ich habe draußen gewartet. Jetzt möchte ich dich etwas fragen. Wie kann ich still werden? Wie kann ich erleuchtet werden?"

Der Weise antwortete: „Komm aus der Hütte heraus, hier geht das nicht, denn hier drin ist alles von Menschen gemacht – die Lampe, die ganze Hütte. Komm nach draußen. Da ist eine große Welt, die nicht von Menschen geschaffen ist, sie ist von Gott geschaffen. Gehe dahin, wo es keine Anzeichen menschlichen Schaffens mehr gibt."

Der Mensch ist das einzige Lebewesen, dass unreine Eindrücke hinterlässt, kein anderes Tier tut das.

Sie gingen hinaus unter den dichten Bambus. Es war eine Vollmondnacht und der Mond stand genau über ihnen. Der

Weise stand bei den Bäumen … eine Minute verging, zwei Minuten, zehn Minuten, fünfzehn Minuten, dann fragte der Mann endlich : „Warum sagst du nichts? Du stehst einfach nur still da. Das kann ich nicht."

Der Weise antwortete: „Wenn du es könntest, hättest du verstanden. Stehe einfach ruhig und still da. Ich bin zum Bambus geworden und du kannst das auch."

Der Mann sagte: „Es ist sehr schwierig."

Aber der Weise erwiderte: „Das ist meine Methode. Wenn ich in diesem Bambuswald stehe, vergesse ich nach einer Weile, dass ich etwas anderes bin und werde zum Bambus. Und wenn ich eine Zeitlang den Mond anschaue, vergesse ich, dass ich anders bin als der Mond und werde eins mit ihm.

Wenn du dein Einssein mit der Natur spüren kannst, werden deine Gedanken auf geheimnisvolle Weise gereinigt. Die Unreinheit deiner Gedanken wird verschwinden.

Es gibt also drei Wege: Reinheit der Gedanken – und dorthin rühren viele Pfade. Auch reine Menschen sterben nie aus, es gibt sie immer und überall, aber manchmal sind wir so blind, dass wir keinen lebenden Menschen finden. Es scheint, wir halten nur tote Menschen für rein. Aber es ist sehr schwer, mit Toten zu kommunizieren. Dennoch werden in allen Religionen Tote angebetet, keine einzige Religion verehrt das Lebendige, alle beten sie nur tote Menschen an. Fälschlicherweise glauben sie, dass alle großen Menschen bereits gelebt haben und kein neuer mehr dazukommt. Sie sind davon überzeugt, dass ein Mensch, der lebt, nicht göttlich sein kann. Es gibt immer erleuchtete Menschen auf der Welt, und wenn du Augen hast, kannst du sie erkennen. Und selbst wenn sie nach deinem Ermessen nicht vollkommen sind – was hat ihre Unvollkommenheit mit dir zu tun?

Es lebte einmal ein Fakir, der sagte immer: „Ich habe von jedem, den ich bisher getroffen habe, etwas gelernt."

Jemand fragte ihn: „Wie ist das möglich? Was kannst du von einem Dieb lernen?"

Er antwortete: „Ich war einmal einen Monat lang Gast bei einem Dieb. Er ging jede Nacht aus dem Haus, um zu stehlen, und kam um drei oder vier Uhr morgens zurück. Ich fragte ihn immer: ‚Nun, ist etwas geschehen?'

Er sagte: ‚Heute nicht, aber vielleicht morgen.' "

Den ganzen Monat lang gelang es ihm nicht, etwas zu stehlen. Einmal stand ein Wächter an der Tür, ein andermal wachten die Leute im Haus auf, oder er konnte das Schloss nicht öffnen. Manchmal gelang es ihm, ins Haus einzudringen, aber dann gab es nichts zu stehlen. Jede Nacht kam der Dieb müde nach Hause und ich fragte ihn: ‚Nun, ist irgendetwas geschehen?' Und er antwortete: ‚Heute nicht, aber vielleicht klappt es morgen.' "

Und genau das habe ich von ihm gelernt: Wenn es heute nicht gelingt, mach dir keine Sorgen. Vergiss nicht, vielleicht klappt es morgen. Wenn schon ein Dieb so voller Hoffnung sein kann …"

Der Fakir sagte: „Als ich in jenen Tagen Gott suchte, wollte ich ihn stehlen. Ich untersuchte die Wände und klopfte an die Türen seines Hauses, aber ich kam nicht hinein. Ich war müde und entmutigt und dachte: ‚Es ist doch sinnlos, gib es auf.' Aber dieser Dieb hat mich gerettet, als er sagte: ‚Heute hat es nicht geklappt, aber vielleicht morgen.' Das habe ich mir zum Grundsatz gemacht. Wenn nicht heute, dann vielleicht morgen. Und eines Tages war es dann so weit – dem Dieb gelang es, etwas zu stehlen, und mir, das Göttliche zu finden."

Es ist nicht so, dass du nur von einem erleuchteten Menschen lernen kannst. Du brauchst nur die Intelligenz zu haben und die Fähigkeit zu lernen, dann ist die ganze Welt für dich voller verwirklichter Menschen.

Es gab zum Beispiel Leute, die zu Mahavira kamen und dachten, er sei nur ein Schwindler, ein nackter Mann: „Wer weiß, was das für ein Mann ist, vielleicht ein Verrückter!" Viele haben Mahavira nicht erkannt. Es gab Leute, die schlugen und vertrieben ihn, weil sie dachten, er wolle Unruhe stiften.

Es gab Leute, die Jesus kreuzigten, weil sie dachten, er sei ein Lügner. Es gab Leute, die Sokrates vergifteten. Und glaubt nicht, dass es nur damals solche Leute gab. Es gibt sie in jedem von uns. So sind die Menschen nun einmal. Ihr würdet Sokrates auch heute wieder vergiften, wenn sich die Gelegenheit böte. Und wenn es nur die geringste Möglichkeit gäbe, würdet ihr Christus wieder kreuzigen. Und wenn ihr könntet, würdet ihr Mahavira anschauen wie einen armen Verrückten und ihn auslachen.

Aber da sie tot sind und ihr die Toten verehrt, stellen sie kein Problem dar. Einen lebenden Menschen zu verehren ist schwierig. Es ist schwierig, ihn zu akzeptieren und zu verstehen. Wenn du also wirklich nach der Wahrheit suchst, dann ist die Welt voller Erleuchteter. Es war nie so und es wird auch nie so sein, dass keine Erleuchteten zu finden sind. Und an dem Tag, wo die Kette der erleuchteten Menschen abreißt, wird niemand mehr erleuchtet, weil der Strom zum Stillstand gekommen ist. Er ist versickert. Ob der Strom breit oder schmal ist, er fließt seit eh und je. Mache dich mit ihm vertraut, sei ihm nahe.

Es ist nicht so, dass du einen Erleuchteten sofort verstehst, wenn du ihm begegnest. Aber wenn du offene Augen hast, dann wirst du lernen, ihn an kleinen Details zu erkennen.

Ich las einmal von einem Weisen, der mit sechzig Jahren noch arbeitete. Er hieß Rajababu, wie seine Mutter ihn genannt hatte. Obwohl er jetzt alt war, nannten ihn die Leute immer noch Rajababu. Eines Tages machte er einen Spaziergang am Rande des Dorfes. Die Sonne war noch nicht aufgegangen. In einer Hütte versuchte eine Frau ihren Sohn aufzuwecken und rief: „Rajababu, wie lange willst du noch schlafen? Es ist Morgen, wach auf."

Er ging mit seinem Stock in der Hand den Weg entlang, als ihm plötzlich diese Worte zu Ohren kamen. Da drehte er um und lief nach Hause zurück. Er spürte: „Jetzt wird es heikel … heute habe ich meine Botschaft bekommen. Heute habe ich gehört: Rajababu, wie lange willst du noch schlafen? Es ist schon Morgen, wach jetzt auf!" Und er sagte sich: „Genug ist genug. Jetzt ist es vorbei."

Wer weiß denn, was für eine Frau das war, die da ihr Kind geweckt hat – aber für jemand, der ein Verständnis hat, werden diese Worte zu einer Botschaft des Göttlichen. Es kann sein, dass jemand dich etwas lehren will und du hast keine Ohren zu hören und keine Augen zu sehen. Du sitzt nur da und denkst, jemand anders sei gemeint.

Mache dich auf den Weg zur Wahrheit. Sehne dich nach Wahrheit und suche sie. Entdecke und nähre reine Gedanken in deinem Leben und sei der Natur nahe. Das sind alles hilfreiche Voraussetzungen und Grundlagen, um reine Gedanken zu entwickeln.

Diese Hinweise, die ich euch gegeben habe, müsst ihr nun jeden Tag in die Praxis umsetzen. Sie sind nicht nur für heute und morgen gedacht. Es gibt kein Meditations-Camp, wo die

Dinge in drei Tagen erledigt sind. Irreligiosität ist eine Krankheit, die das ganze Leben durchzieht, deshalb muss auch dieses Meditations-Camp dein Leben lang weitergehen. Du kommst nicht darum herum, du musst es dein ganzes Leben lang praktizieren.

Morgen spreche ich dann darüber, wie man die Gefühle reinigt. Jetzt erkläre ich euch den Ablauf der Abendmeditation und danach sitzen wir in Meditation. Für die Abendmeditation fassen wir den gleichen Entschluss wie bei der Morgenmeditation und wiederholen ihn fünfmal. Danach lassen wir den Entschluss eine Weile in uns wirken, genau wie am Morgen.

Aber zuerst sollen sich alle hinlegen. Legt euch still auf euren Platz und dann können die Lichter ausgeschaltet werden. Jetzt entspannen wir den ganzen Körper. Vielleicht fällt es einigen von euch schwer, den Körper vollständig zu entspannen. Für sie schlage ich eine besondere Übung vor.

Im Yoga gibt es sieben Zentren oder Chakren. Von diesen sieben gebrauchen wir fünf in unserer Meditation. Das erste Chakra wird *Muladhar* genannt, es befindet sich in der Nähe des Sexzentrums. Das ist das erste Chakra, mit dem wir arbeiten. Das zweite Chakra heißt *Svadhisthan*. Es liegt in der Nähe des Nabels. Stell dir einfach vor, dass das erste Chakra in der Nähe vom Sexzentrum liegt, das zweite in der Nähe vom Nabel, das dritte, das *Anahat* Chakra, befindet sich in der Nähe vom Herz. Das Chakra auf der Stirn nennt man *Agya* und weiter oben auf deinem Scheitel befindet sich das *Sahasrar* Chakra. Es gibt noch mehr Chakren, insgesamt sieben, aber zur Entspannung des Körpers genügen diese fünf.

Das erste Chakra ist maßgebend für die Beine. Ich werde euch bitten eure Aufmerksamkeit auf das erste Chakra zu lenken und dann bitten wir das Chakra sich zu entspannen. Dadurch entspannen sich deine Beine. Du sollst dir vorstellen, dass sich das erste Chakra entspannt, und die Beine entspannen sich mit. Bald merkst du, dass deine Beine wie leblos werden und einfach am Körper hängen.

Wenn die Beine entspannt sind, gehen wir zum nächsten Chakra in der Nabelgegend. Ich bitte euch dann, eure Bewusstheit zum Nabel zu lenken. Du sammelst deine ganze Aufmerksamkeit am Nabel. Dann schlage ich dem zweiten Chakra und allen Organen im Unterleib vor sich zu entspannen und daraufhin werden sich diese Organe entspannen.

Danach gehen wir weiter zum Herzzentrum. Ich sage jetzt, dass sich das Herzchakra entspannt und gleichzeitig entspannst du dein Herz. Deine ganze Aufmerksamkeit sollte beim Herzchakra sein und du wirst spüren, wie es sich entspannt. Die ganze Gegend, der ganze Brustmechanismus entspannt sich. Wir gehen weiter nach oben zur Stirn. Zwischen den Augen sitzt das *Agya* Chakra, das dritte Auge. Wir konzentrieren unser Bewusstsein auf das dritte Auge und ich schlage diesem Zentrum vor sich zu entspannen. Gleichzeitig entspannt sich die Stirn, der Hals und die ganze Kopfzone. Der ganze Körper entspannt sich. Ihr empfindet eine gewisse Schwere und an der Spitze des Kopfes ein leichtes Vibrieren.

Zum Schluss leite ich euch zum *Sahasrar* Chakra, dem siebten Zentrum, dann bringt ihr das Bewusstsein zur Spitze des Kopfes. Auch dieses entspannt sich jetzt und gleichzeitig entspannt sich der ganze Kopf. Du wirst sehen, dass sich mit Hilfe dieser Suggestionen alles in dir vollständig entspannt hat. Diesen ausführlichen Prozess habe ich geschaffen, damit euer Körper genauso entspannt sein kann wie ein toter Körper.

Wenn er nach diesen Suggestionen vollständig entspannt

ist, werde ich sagen, dass ihr den Körper jetzt ganz loslassen könnt. Anschließend sage ich, dass euer Atem sich entspannt und ruhiger wird. Diese Suggestion werde ich eine Weile wiederholen. Zum Schluss fordere ich den Verstand auf, vollständig leer zu werden.

Ich werde also drei Anweisungen geben: eine für die Chakras, dann eine für den Atem und eine dritte für die Gedanken. Nach dieser Übung sind wir zehn Minuten lang ganz still. In dieser Stille wirst du nur den inneren Beobachter erfahren. Ein Licht der Bewusstheit leuchtet und du liegst ganz still da. Es gibt nur deine Bewusstheit, nur das Gewahrsein, dass du daliegst. In diesem Zustand ist es möglich, dass sich der ganze Körper wie tot anfühlt. Habe keine Angst. Wenn jemand, während er lebt, die Erfahrung macht, dass sein Körper tot ist, wird er bald die Angst vor dem Tod verlieren. Habe also keine Angst. Alle Erfahrungen, durch die du hindurchgehst – Licht, Helligkeit, Friede – beobachtest du einfach, und bleibst da, wo du bist, in vollkommener Leere. Aus diesen drei Stadien, dem Entschluss, dem Fühlen und der stillen Meditation, besteht diese Abendmeditation.

Ich glaube, ihr habt alle verstanden, was ich gesagt habe. Jetzt könnt ihr euch über den Raum verteilen. Sucht euch einen Platz, wo ihr euch hinlegt. Niemand soll sitzen. Nehmt so viel Platz ein wie möglich, nehmt den ganzen Raum ein.

Die Gefühle verstehen

Wir haben bis jetzt über zwei Phasen auf dem spirituellen Weg gesprochen: Die Reinheit des Körpers und die Reinheit der Gedanken.

Die Gefühle befinden sich auf einer tieferen Ebene als der Körper oder die Gedanken. Die Reinheit der Gefühle ist die wichtigste Eigenschaft. Auf dem spirituellen Weg und in der Meditation ist sie noch hilfreicher als die Reinheit von Körper und Gedanken, und zwar deshalb, weil der Mensch mehr nach seinen Gefühlen handelt als nach seinen Gedanken. Man sagt zwar, der Mensch sei ein vernünftiges Tier, aber das stimmt nicht. Deine Handlungen werden gar nicht so sehr von deinen Gedanken bestimmt, meistens werden sie von deinen Gefühlen beeinflusst, von deinem Hass, deinem Zorn, deiner Liebe – all das hat mit Gefühl zu tun, nicht mit Gedanken.

Die meisten Handlungen im Leben entstammen der Gefühlswelt. Sicher kennst du das an dir, dass du die eine Sache denkst und in der Situation dann etwas ganz anderes tust.

Denken und Fühlen sind nämlich zwei sehr verschiedene Dinge. Du nimmst dir zum Beispiel vor, nicht wütend zu werden. Du denkst, Wut ist etwas Schlechtes. Doch wenn die Wut dich überkommt, dann lässt du alles Denken beiseite und wirst einfach wütend.

Solange es auf der Gefühlsebene nicht zu einer Veränderung kommt, können Denken und Kontemplieren allein keinen Umbruch in deinem Leben bewirken. Deshalb sind auf dem spirituellen Weg die Gefühle der entscheidende Faktor. Wir sprechen heute darüber, wie man die Gefühle reinigen kann.

Aus dem weiten Spektrum der Gefühle möchte ich vier hervorheben. Es sind die vier Aspekte, durch die die Gefühle rein werden können. Die gleichen vier Aspekte können auch ins Gegenteil umschlagen und zur Brutstätte für unreine Gefühle werden. Der erste Aspekt ist Freundlichkeit, der zweite ist Mitgefühl, der dritte ist Heiterkeit und der vierte ist Dankbarkeit. Wenn du diese vier in dein Leben einbeziehen kannst, hast du die Reinheit der Gefühle erlangt.

Zu diesen vier Aspekten gibt es jeweils auch ein Gegenteil. Das Gegenteil von Freundlichkeit ist Hass und Feindseligkeit; das Gegenteil von Mitgefühl ist Grausamkeit, Unfreundlichkeit; das Gegenteil von Heiterkeit ist Traurigkeit, Elend, Verzweiflung und Besorgnis; das Gegenteil von Dankbarkeit ist Undankbarkeit.

Du solltest herausfinden, wodurch deine Gefühle am meisten beeinflusst werden, was sie bewegt. Stimmt es, dass in deinem Leben Feindseligkeit überwiegt, statt Freundlichkeit? Bist du von Feindseligkeit stärker beeindruckt, wird sie leichter in dir hervorgerufen als Freundlichkeit? Beziehst du daraus mehr Energie?

Wie ich gestern schon sagte, hat Wut Energie, aber auch Freundlichkeit hat Energie. Ein Mensch, der nur feindselige Energie hervorbringen kann, dem entgeht eine wesentliche Dimension des Lebens. Wer nicht gelernt hat, freundliche Energie in sich zu wecken, der ist in feindseligen Situationen stark, aber in freundlichen Situationen fühlt er sich hilflos. Wusstet ihr schon, dass alle Nationen in Friedenszeiten schwächer werden und in Kriegszeiten stärker werden? Warum? Weil sie nicht wissen, wie die Energie der Freundlichkeit geschaffen wird. Stille ist in euren Augen keine Kraft, sondern eine Schwäche. Aus diesem Grund ist Indien, ein Land, das so viel über Liebe und Gewaltlosigkeit spricht, so machtlos geworden. Denn normalerweise fühlt man sich nur dann stark, wenn man eine feindselige Gesinnung hat.

Hitler schrieb in seiner Biographie: Wenn man ein Land mächtig machen will, dann muss man so tun, als hätte es Feinde, oder man muss echte Feinde schaffen. Erzähle den Leuten, dass sie von Feinden umgeben sind, selbst wenn das nicht stimmt. Wenn die Leute glauben, sie seien von Feinden umringt, entsteht viel Kraft und Energie.

Deshalb hat Hitler so getan, als seien die Juden Feinde – es stimmte gar nicht. Zehn Jahre lang hat er dem ganzen Land gepredigt: „Die Juden sind unsere Feinde, wir müssen uns vor ihnen schützen." Das hat viel Energie entfacht. Deutschlands und Japans ganze Stärke entstanden aus dieser Feindseligkeit.

Die Geschichte der Menschheit zeigt, dass wir bis heute nur feindselige Energie erzeugen können. Wir wissen noch überhaupt nichts über die Energie der Freundlichkeit.

Mahavira, Buddha und Christus haben das Fundament für die Energie der Freundlichkeit gelegt. Sie haben alle gesagt, dass Gewaltlosigkeit eine Macht ist.

Christus hat gesagt: „Liebe ist Macht", Buddha sagt: „Mitgefühl ist Macht."

Du hörst zwar die Worte, aber verstehen tust du sie nicht. Schau dir einmal dein Leben an. In welchen Situationen fühlst du dich stark? Wenn du gegenüber jemand Feindseligkeit empfindest oder wenn du freundlich und liebevoll bist? Du wirst merken, dass du dich in der feindseligen Situation stark fühlst, und wenn du bewusst und still bist, wirst du kraftlos und schwach. Das bedeutet, dass du von niedrigen Gefühlen beherrscht bist. Und je stärker sie sind, desto weniger kannst du nach innen gehen.

Was ist das eigentlich, das dich davon abhält, nach innen zu gehen? Versuche, diesen wichtigen Punkt zu verstehen. Deine Feindseligkeit ist immer nach außen gerichtet, sie bezieht sich auf jemanden, der sich außerhalb von dir befindet. Wenn es außen niemanden gäbe, könnte keine Feindseligkeit in dir entstehen.

Doch Liebe ist nicht auf etwas Äußeres bezogen. Selbst wenn es niemand um dich herum gibt, kannst du doch im Innern voller Liebe sein. Liebe ist etwas Inneres, Freundlichkeit ist etwas Inneres. Feindseligkeit braucht den andern, sie ist auf den andern bezogen. Hass wird von außen ausgelöst, Liebe entspringt im Innern.

Die Quelle der Liebe fließt im Innern, die Hassreaktion wird von außen hervorgerufen. Unreine Gefühle werden von der Umgebung ausgelöst und reine Gefühle entspringen in dir selbst.

Versuche diesen Unterschied zwischen unreinen und reinen Gefühlen zu verstehen. Von außen hervorgerufene Gefühle sind nicht rein. Deine Liebe – die Leidenschaft, die du Liebe nennst – ist nicht rein, weil sie eine äußere Ursache hat.

Nur die Liebe, die in dir selbst fließt und durch nichts Äußeres bedingt ist, ist rein. Deshalb machen wir im Osten einen Unterschied zwischen Liebe und Leidenschaft und trennen sie voneinander. Leidenschaft wird von außen hervorgerufen. Buddhas oder Mahaviras Herz kennen keine Leidenschaft, sondern nur Liebe.

Jesus ging einmal durch eine Stadt. Es war Mittag, die Sonne schien heiß und er war müde. Also machte er in einem Garten unter einem Baum Rast. Das Haus und der Garten gehörten einer Prostituierten. Sie sah Jesus dort sitzen. Noch nie hatte ein solcher Mensch in ihrem Garten Halt gemacht. Sie hatte schon viele schöne und mächtige Menschen gesehen, aber einen solchen Menschen hatte sie noch nie gesehen. Diese Schönheit war anders, diese Harmonie war nicht von dieser Welt.

Sie spürte, wie eine magische Anziehungskraft von ihm ausging, und ehe sie sich versah, stand sie vor dem Baum.

Als sie Jesus anschaute, öffnete er die Augen und stand auf, um zu gehen. Er bedankte sich und sagte: „Danke für den Schatten, den dein Baum mir gespendet hat. Ich mache mich jetzt auf den Weg. Es ist noch weit."

Doch die Prostituierte bat: „Bleibe noch eine kleine Weile in meinem Haus. Du würdest mir weh tun, wenn du nicht hereinkämst. Es ist das erste Mal, dass ich jemand in mein Haus einlade. Gewöhnlich kommen die Leute zu mir und ich schicke sie weg. Zum ersten Mal in meinem Leben bitte ich jemanden herein."

Jesus sagte: „Wenn du mich in dein Herz eingeladen hast, bin ich bereits dein Gast geworden. Ich habe noch einen weiten Weg vor mir. Bitte lass mich gehen. Ich habe deine Gastfreundschaft schon genossen."

Aber sie antwortete: „Das kränkt mich. Kannst du mir nicht die Liebe erweisen mein Haus zu betreten?"

Jesus sagte zu ihr: „Denke daran, ich bin der einzige Mensch, der dich lieben kann. Alle andern, die zu dir kommen, können dich nicht lieben, weil sie keine Liebe in sich haben. Sie sind gekommen, weil sie sich von dir angezogen fühlten. Bei mir ist das anders, meine Liebe kommt aus mir selbst."

Liebe ist wie das Licht einer Lampe: Wenn niemand da ist, scheint das Licht ins Leere, und wenn jemand vorbeigeht, scheint es auf ihn. Doch Leidenschaft und Begierde sind nicht wie dieses Licht. Wenn ein anderer sie in dir auslöst, streben diese Energien zu ihm hin. Deshalb ist Leidenschaft eine Spannung. Liebe ist keine Spannung. In der Liebe gibt es keine Spannung. Liebe ist ein Zustand absoluter Ruhe.

Unreine Gefühle sind solche, die von außen beeinflusst werden. Der Wind, der draußen weht, verursacht unreine Gefühle in dir. Reine Gefühle sind solche, die aus deinem Innern kommen; sie werden nicht vom Wind beeinflusst. Wir stellen uns Mahavira und Buddha nicht als Menschen vor, die lieben, aber ich sage euch, sie waren die einzigen Menschen, die wirklich geliebt haben. Doch zwischen ihrer Liebe und eurer besteht ein Unterschied. Eure Liebe existiert nur in Beziehung zu jemand anderem. Ihre Liebe ist keine Beziehung, es ist eine Seinsweise. Sie lieben, weil sie keine andere Wahl haben.

Über Mahavira wird erzählt, die Leute hätten ihn beschimpft, Steine nach ihm geworfen, sogar seine Ohren mit Nägeln durchstoßen, und er habe ihnen alles verziehen. Aber ich sage euch, das stimmt nicht. Mahavira hat niemandem verziehen, denn nur Leute, die wütend werden, können verzeihen. Und Mahavira hatte auch kein Mitleid mit ihnen, denn nur wer grausam ist, kann Mitleid haben. Und er vermied auch nicht, unwirsch zu diesen Leuten zu sein, denn nur unwirsche Leute können so denken.

Was tat Mahavira also? Er war hilflos, er konnte nichts anderes geben als Liebe. Egal, was man ihm antat, seine Antwort war Liebe. Wenn du einen Stein in einen Baum wirfst, der voller Früchte hängt, bekommst du als Antwort nur Früchte. Der Baum kann nicht anders, er ist hilflos. Und wenn du einen

Eimer in einen Fluss hineinlässt – ganz gleich ob der Eimer schmutzig oder sauber ist, ob er aus Gold oder aus Eisen ist – der Fluss hat keine andere Wahl als ihm Wasser zu geben. Es ist keine große Heldentat von Seiten des Flusses, er kann einfach nicht anders. Wenn also Liebe ein Seinszustand ist, dann hat man keine andere Möglichkeit als zu lieben.

Gefühle, die von innen kommen, die nicht von außen angezogen werden, erfüllen dich mit Seligkeit. Und die Gefühlswogen, die von den äußeren Stürmen hervorgerufen werden, verursachen Ruhelosigkeit und Sorgen.

Merke dir diesen Unterschied: Reine Gefühle sind ein Seinszustand, unreine Gefühle sind eine Verfälschung des Seins. Unreine Empfindungen sind das Ergebnis äußerer Einflüsse auf das Sein, reine Empfindungen sind eine innere Expansion. Schaue dir also an, ob die Gefühle, die dich bewegen, von innen kommen oder ob andere Leute sie in dir auslösen.

Ich komme zum Beispiel die Straße entlang und du beleidigst mich: Wenn ich wütend werde, ist das ein unreines Gefühl, weil es von dir ausgelöst wurde. Wenn ich daherkomme und du erweist mir Respekt und ich bin erfreut darüber, dann ist auch das ein unreines Gefühl, weil es ebenfalls von dir ausgelöst wurde. Aber wenn meine innere Verfassung die gleiche bleibt – egal, ob du mich beschimpfst oder lobst – ist das ein reines Gefühl, denn es ist mein eigenes. Das, was mein Eigenes ist, ist rein, und das, was von außen kommt, ist unrein. Was von außen kommt, ist nur eine Reaktion, ein Echo.

Neulich war ich an einem Ort in den Bergen, wo man Echos hört. Wenn du dort rufst, hallt es von den Bergen wider. Die meisten Leute sind nur ein Echo. Alles, was du sagst, wiederholen sie. Sie haben nichts Eigenes zu sagen, sie sind wie Echoräume. Wenn du rufst, rufen sie zurück – von ihnen selbst kommt nichts. Ihr seid alle Echoräume. Ihr habt keinen eigenen Klang, kein eigenes Leben, keine eigenen Gefühle. Alle eure Gefühle sind unrein, weil sie anderen gehören, sie sind geliehen. Merke dir also diesen ersten Schlüssel: Ein Gefühl sollte dein eigenes sein. Es sollte keine Reaktion sein, es sollte ein Zustand deines Seins sein.

Ich habe diesen Seinszustand in vier Eigenschaften unterteilt. Die erste ist Freundlichkeit. Freundlichkeit ist eine Eigenschaft, die man erst entwickeln muss. Du hast zwar eine Quelle der Freundlichkeit in dir, aber das Leben gibt dir nur wenig Gelegenheit, diese Freundlichkeit auch zu entwickeln. Sie bleibt unentwickelt und liegt da wie ein Same, der nicht wachsen kann, im Boden deines Seins.

Die Saat der Feindseligkeit ist sehr stark entwickelt. Warum? Das hat natürliche Gründe – sie wird gebraucht. Es gibt Zeiten, wenn du feindselig sein musst, aber das heißt nicht, dass sie ein ständiger Gefährte sein muss. Es gibt auch Zeiten, wo man sie loslassen muss.

Wenn ein Kind zur Welt kommt, ist seine erste Erfahrung nicht Liebe. Was das Kind bei seiner Geburt erfährt, ist Angst. Es ist natürlich, denn das Baby hat sich im Mutterleib sehr wohl gefühlt. Dort gab es keine Probleme, keine Sorgen, wie man Geld verdient, wo das Essen herkommt – keinerlei Schwierigkeiten. Es schlief selig. Wenn das kleine, in jeder Beziehung schwache Baby aus dem Mutterleib herauskommt, ist seine erste Erfahrung die von Angst. Und in diesem Schock kann es für die Person, die es als Erstes zu Gesicht bekommt, keine Liebe empfinden. Es hat Angst vor ihm. Und wenn es vor jemand Angst hat, dann fängt es an ihn zu hassen.

Dies ist eine grundsätzliche Regel: Aus Angst kann niemals Liebe entstehen. Die Behauptung, ohne Angst gäbe es keine Liebe, ist völlig falsch. Wo Angst ist, gibt es keine Möglichkeit für Liebe. Selbst wenn nach außen Liebe zur Schau getragen wird, ist im Innern keine Liebe.

Die Liebe, die wir auf der Welt sehen, beruht meistens auf Angst. Und Liebe, die auf Angst beruht, ist falsch. Deshalb schaut oft unter der Oberfläche von Liebe der Hass hervor. Den Menschen, den du liebst, hasst du auch gleichzeitig. An der Oberfläche ist Liebe und darunter steckt Hass, denn du hast Angst vor Menschen.

Vergiss nicht, ein Mensch, der andern Angst macht, bringt sich um die Möglichkeit Liebe zu bekommen. Der Vater, der seinem Sohn Angst macht, wird nicht von ihm geliebt. Ein Mann, der seine Frau einschüchtert, kann von ihr keine Liebe bekommen. Statt echter Liebe bekommt er nur Liebe vorgespielt, denn Liebe gedeiht nur in Furchtlosigkeit.

Wenn das Kind zur Welt kommt, empfindet es Angst; in diesem Augenblick wird die Quelle von Hass aktiviert. Die Energiequelle der Liebe wird nicht aktiviert. Die meisten Leute sterben, ohne dass diese Quelle je in ihnen gesprudelt hat. Das Leben gab ihnen keine Gelegenheit dazu. Du glaubst, du liebst jemanden, aber in Wirklichkeit ist es keine

Liebe, sondern nur Begierde. Liebe kann nur durch Meditation wachsen.

Deshalb muss die Quelle von Liebe und Freundlichkeit in dir entwickelt werden, und zwar gegen alle primitiven Instinkte, die ihnen keine Chance geben, sich zu entfalten. Das Leben, das du führst, gibt ihnen keine Möglichkeit zu wachsen. Nur der Hass kann sich entwickeln.

Und was du Freundlichkeit nennst, ist bloß Scheinheiligkeit und Höflichkeit. Deine Freundlichkeit ist nur eine Strategie, um dem Hass zu entkommen, um ihn zu vermeiden, aber keine Freundlichkeit.

Freundlichkeit ist etwas ganz anderes. Wie kann diese Quelle zum Leben erweckt werden? Wie können sich Gefühle der Freundlichkeit in dir entwickeln? Du musst ständig eine Atmosphäre von Freundlichkeit um dich herum schaffen. Alle Leute in deiner Umgebung sollen deine freundliche Ausstrahlung spüren und du musst dieser Freundlichkeit innerlich Energie geben und sie aktivieren.

Wenn du an einem Fluss sitzt, dann gib dem Fluss deine Liebe. Ich sage mit Absicht dem Fluss, weil es dir vielleicht schwer fällt, einen Menschen zu lieben. Oder gib einem Baum deine Liebe. Schenke deine Liebe zuerst der Natur. Das *Anahat* Chakra, das Herzzentrum kann sich leichter der Natur öffnen, weil die Natur dir nicht weh tut.

In den alten Tagen gab es wunderbare Menschen. Sie konnten ihre Liebe mit der ganze Welt teilen! Wenn morgens die Sonne aufging, grüßten sie sie mit aneinander gelegten Händen: „Gepriesen sei deine Herrlichkeit. In deinem unendlichen Mitgefühl gibst du uns Licht und Helligkeit." Und das war nicht etwa heidnische Verehrung oder Unwissenheit, sondern hatte eine tiefe Bedeutung. Denn ein Mensch, der voller Liebe für die Sonne ist, der den Fluss und die Erde seine Mutter nennt und voller Liebe daran denkt, ein solcher Mensch kann anderen gegenüber kaum lieblos sein. Das ist unmöglich.

Diese wunderbaren Menschen, die ihre Liebe mit der ganzen Natur teilten, übten sich ständig in Gebet, Liebe und Hingabe. Und das ist auch nötig. Wenn du möchtest, dass die Saat der Liebe in dir aufgeht, dann richte deine Liebe zuerst an die Natur. Aber ihr habt merkwürdige Angewohnheiten: Der Mond steht die ganze Nacht am Himmel und ihr sitzt vor dem Fernseher oder rechnet aus, wie viel Geld ihr gewonnen oder verloren habt. Der Mond steht am Himmel und ihr vergeudet eine wunderbare Gelegenheit zu lieben. Der Mond hätte deine Liebe erwecken können. Wenn du ein paar verzauberte Minuten im Mondlicht sitzen kannst und deine Liebe mit ihm teilen kannst, dann können seine Strahlen dich im Innersten treffen und du wirst mit Liebe erfüllt.

Es gibt überall Gelegenheiten, überall. Die Existenz ist voller großartiger Dinge. Schenke ihnen deine Liebe. Lasse nie eine Gelegenheit liebevoll zu sein ungenutzt. Wenn du zum Beispiel über die Straße gehst und siehst einen Stein im Weg liegen, dann räume ihn beiseite. Es ist eine Gelegenheit, die dein Leben verändern kann – und dabei ist sie völlig umsonst. Diese Arbeit ist gar nicht teuer! Kannst du dir eine billigere Meditation vorstellen als diese? Du gehst über die Straße, siehst einen Stein, hebst ihn auf und trägst ihn an die Seite. Wer weiß, jemand hätte sich verletzen können. Du hast es aus Mitgefühl getan.

Mit diesem Beispiel will ich zeigen, dass es die kleinen Dinge im Leben sind, die den Samen der Liebe in euch nähren, die ganz einfachen Dinge. Ein Kind weint und du gehst vorbei – kannst du nicht einen Augenblick stehenbleiben und seine Tränen trocknen?

Abraham Lincoln war gerade in einer Senatsversammlung, als ein Schwein sich draußen in einem Zaun verfing. Er sagte: „Unterbrecht die Debatte einen Moment, ich bin gleich wieder da" und lief hinaus.

Das war schon seltsam. Wegen einer solchen Sache ist das amerikanische Parlament wahrscheinlich noch nie unterbrochen worden. Er rannte hinaus und befreite das Schwein! Sein Anzug war von oben bis unten schmutzig. Er machte das Schwein vom Zaun los und ging dann zurück ins Gebäude.

Die Leute fragten ihn: „Was war los? Warum haben Sie die Versammlung unterbrochen und sind so aufgeregt hinausgelaufen?" Er antwortete: „Ein Leben war in Gefahr."

Es war eine einfache Handlung der Liebe, aber so wunderbar. Kleine Dinge … Und ich sehe Leute, die ihr Wasser filtern, bevor sie es trinken, damit keine Organismen getötet werden. Aber in ihrem Innern sind sie lieblos. Das Wasser zu filtern ist bedeutungslos, eine rein mechanische Angewohnheit. Und auch nachts essen sie nichts, aus Angst, sie könnten im Dunkeln irgendein Lebewesen mitessen. Aber weil in ihren Herzen keine Liebe mitschwingt, ist die Handlung völlig bedeutungslos. Ein Brahmane oder ein Jaina isst kein Fleisch. Aber glaube nicht, er wäre ein so liebevoller Mensch – nein, das ist einfach so Sitte. Es ist seine Erziehung, nicht seine Liebe. Ja, wenn er aus Liebe so handeln würde, wäre das etwas ganz Besonderes.

Gewaltlosigkeit ist nur dann ein hoher religiöser Wert, wenn sie aus Liebe hervorgeht. Wenn man aber nur die heiligen Schriften gelesen hat oder der Tradition folgt, ist nichts

Religiöses daran. Es gibt so viele kleine Dinge im Leben, kleine Dinge, die ihr vergessen habt.

Wenn du jemand deine Hand auf die Schulter legst, dann lass deine ganze Liebe durch deine Hand fließen. Lass deine ganze Lebensenergie und dein Herz in der Hand zusammenströmen und durch sie hinausgehen. Du wirst überrascht sein, welche Magie das hat. Wenn du jemandem in die Augen schaust, dann lege dein ganzes Herz in die Augen. Der Zauber, der von deinen Augen ausgeht, setzt im andern etwas in Bewegung. Und nicht nur deine eigene Liebe wird dadurch lebendig, vielleicht wird sogar im andern Menschen Liebe geweckt.

Wenn ein Mensch wirklich liebt, kann er in Tausenden von Menschen Liebe wecken. Lass dir keine Gelegenheit entgehen, um dein Zentrum der Liebe und der Freundlichkeit zu wecken. Merke dir diesen Schlüssel: Tue jeden Tag ein oder zwei Dinge, für die du nichts zurückbekommen willst. Den ganzen Tag über arbeitest du nur, weil du dafür etwas bekommst. Tue regelmäßig jeden Tag auch etwas, wofür du keine Gegenleistung erwartest. Das sind die Handlungen, die aus Liebe geschehen. Sie werden deine Liebe stärken und deine Freundlichkeit wird immer mehr wachsen. Dann kannst du eines Tages auch zu einem Unbekannten freundlich sein und später sogar zu einem Feind. Dann kommt der Augenblick, wo du nicht mehr unterscheidest, wer dein Freund und wer dein Feind ist.

Mahavira hat immer gesagt: „Jeder ist mein Freund. Ich hege für niemanden Feindschaft."

Das ist kein Gedanke, sondern ein Gefühl. Es ist nichts, was dir durch den Kopf geht, sondern ein Zustand, in dem du das Gefühl hast, dass niemand dein Feind ist. Und wann entsteht dieser Niemand-ist-mein-Feind-Zustand? Er entsteht, wenn du selbst niemandes Feind bist. Es ist gut möglich, dass Mahavira noch Feinde hatte, aber er sagt, sie sind nicht seine Feinde. Was bedeutet das? Es bedeutet, dass er keine Feindseligkeit in sich trägt. Was muss das für ein glücklicher Moment sein!

Die Liebe zu einem Menschen kann so viel Freude entfachen. Dann muss die Freude eines Menschen, der fähig ist, die ganze Welt zu lieben, grenzenlos sein. Und es kostet gar nichts, du verlierst nichts dabei und gewinnst viel. Deshalb sind Buddha und Mahavira für mich keine Menschen, die der Welt entsagt haben. Sie sind diejenigen, die das Leben mehr als irgendjemand anders genossen haben. Ihr seid vielleicht Entsager, aber nicht sie. Sie haben viele Türen unendlicher, grenzenloser Seligkeit geöffnet. Sie haben das Höchste, das Schönste in dieser Welt gekostet und gekannt. Und was kennst du? Du kennst nichts anderes als Gift. Sie haben das Lebenselixier erfahren.

Du musst deinem Leben eine Disziplin geben, um dich auf den höchsten Augenblick vorzubereiten, wo du deine Liebe über die ganze Welt ausdehnen kannst. Doch dazu bedarf es einer Anstrengung. Mache also bewusst jeden Tag etwas Liebevolles. Es gibt den ganzen Tag tausende von Gelegenheiten, um deine Liebe auszudrücken.

Aber du hast so viele schlechte Angewohnheiten: Du lässt dir alle Gelegenheiten entgehen deine Liebe zu zeigen, aber keine einzige Gelegenheit, um deinen Hass auszudrücken.

Lasse die Gelegenheit zu hassen wenigstens ab und zu einmal ungenutzt. Und nutze ab und zu die Gelegenheit, bewusst zu lieben. Das wird den Prozess deiner Meditation sehr beschleunigen.

Der erste Schlüssel war also Freundlichkeit und der zweite Schlüssel ist Mitgefühl. Mitgefühl ist auch eine Form von Freundlichkeit, aber ich nenne sie gesondert, weil sie noch einige andere Elemente enthält. Wenn du die Leute um dich herum betrachtest, empfindest du Mitgefühl. Hier sitzen viele Leute: Man weiß nie, ob heute Abend nicht jemand von ihnen stirbt. An irgendeinem Abend sind wir alle einmal tot, eines Tages sind wir alle nicht mehr da. Wenn mir bewusst wird, dass ich das eine oder andere Gesicht nicht mehr wiedersehen könnte, ist mein Herz voller Mitgefühl.

Gerade eben war ich in einem Garten und die Blumen, die dort blühten, werden heute Abend verwelkt sein. Ihr Leben ist sehr kurz. Morgens erblühen sie und am Abend sind sie hinüber. Hast du nicht Mitgefühl für sie, wenn dir bewusst wird, dass diese Blumen, die jetzt lächeln, heute Abend schon verwelkt sind und im Staub liegen? Weckt nicht die Vorstellung, dass einige Sterne am Nachthimmel verlöschen, Mitgefühl für die Sterne?

Wenn wir die Dinge mit tieferem Verständnis sähen, dann empfänden wir Mitgefühl für alles, dann hätten wir große Sympathie für alles um uns herum. Unsere Begegnung ist so kurz, dieses Leben ist so schwierig und diese Gelegenheit so kostbar. Es gibt so viel Leidenschaft, so viele Wünsche, so viel Schmerz in jedem Menschen und dennoch leben und lieben wir irgendwie und erschaffen große Kunstwerke.

Buddha wurde einmal von einem Mann angespuckt. Aus lauter Wut hat dieser Mann ihn plötzlich angespuckt. Buddha wischte die Spucke ab und fragte ihn: „Willst du mir sonst noch etwas sagen?"

Sein Schüler Ananda, der bei ihm saß, meinte: „Was redest

du da? Hat er denn überhaupt etwas gesagt. Wenn du mir erlaubst, werde ich das mit ihm abmachen. Das geht doch zu weit!" Aber Buddha antwortete: „Er versucht, etwas zu sagen, aber er hat keine Worte dafür. Seine Worte sind ohnmächtig und der innere Impuls ist stark. Er konnte es nicht ausdrücken, deshalb hat er es mit einer Handlung gesagt."

Das nenne ich Mitgefühl, dass Buddha für den Mann Sympathie empfand, weil seine Sprache so machtlos war. Der Mann war wütend und fand keine Worte dafür, also sagte er es, indem er spuckte. Wenn jemand zu mir kommt und voller Liebe meine Hand hält, fühle ich mit ihm: Er versucht, etwas auszudrücken, aber die Sprache ist unzureichend. Er sagte es, indem er meine Hand hält. Wenn zwei Menschen sich umarmen, reichen die Worte nicht aus. Der Mensch ist hilflos, er möchte dem andern etwas sagen und bringt sein Herz zum Herzen des andern, weil es keine andere Ausdrucksweise gibt.

Als ich gestern hier wegging, berührten die Leute meine Füße und mein Mitgefühl mit ihnen war so groß. Wie hilflos ist doch der Mensch! Er möchte etwas sagen, aber er kann es nicht, deshalb berührt er die Füße. Einer meiner engen Freunde ging hinter mir. Er ist ein sehr rationaler Typ. Er sagte: „Nein, nein! Tu das nicht!"

In gewisser Weise hatte er Recht. Es ist so traurig, was mit der Welt geschieht. Diejenigen, die sich verneigen wollen, sind authentisch, aber jetzt gibt es Leute, die wollen, dass du dich vor ihnen verneigst. Er hatte also in der Tat Recht, wenn er sagte: „Nein, nein, tu das nicht!"

Ich fand, es war beides zugleich richtig und falsch. Insofern war es richtig, als niemand in dieser Welt zulassen sollte, dass jemand ihm die Füße berührt. Aber die Welt wäre auch nicht in Ordnung, wenn es keine Leute mehr gäbe, deren Füße man berühren möchte, und wenn es keine Herzen mehr gäbe, die sich vor jemandem verneigen wollten. Eine Welt, wo wir nicht von Gefühlen überwältigt würden, die sich nur dadurch ausdrücken lassen, dass man sich vor jemandem verneigt, wäre eine arme Welt. Die Menschen würden vertrocknen und keinen Sinn mehr spüren. Und ich finde es erstaunlich zu sehen, dass, wenn jemand meine Füße berührt, er im Grunde etwas anderes in meinen Füßen sieht. In seinen Augen berührt er die Füße des Göttlichen.

Und vergesst das nicht: Wenn immer man sich vor jemandem verneigt – außer wenn es erzwungen ist – verneigt man sich eigentlich vor dem Göttlichen. Denn was ist schon dran an den Füßen, dass man sich vor ihnen verneigen sollte. Doch es gibt im Innern Gefühle, die sich nicht anders ausdrücken lassen.

Gestern war jemand bei mir, der mich liebt. Als ich am Abend unter die Dusche gehen wollte, schaltete er das Licht an und sagte: „Jetzt wo es hell ist, lass mich deine Füße berühren." Und ich sah Tränen in seinen Augen. Es gibt nichts Schöneres auf der Welt als diese Tränen. Kein Gedicht, kein Lied kann schöner sein als diese Tränen, die in einem Augenblick der Liebe kommen. Und wenn du das verstehst, wenn du das siehst, wie könntest du da nicht voller Mitgefühl sein?

Doch was siehst du stattdessen? Was du in den Menschen siehst, ruft nicht dein Mitgefühl, sondern deine Kritik hervor. Was du in ihnen siehst, löst Härte statt Mitgefühl in dir aus. Dir fällt das Unauthentische an den Menschen auf, nicht das, was aus ihrem Herzen kommt, sondern was aus ihrer Hilflosigkeit kommt. Ein Mann verflucht mich – kommt das aus seinem Herzen? Nein, es muss Ausdruck seiner Hilflosigkeit sein. Aber selbst der schlimmste Mensch hat ein Herz und wenn du es sehen kannst, bist du voller Mitgefühl.

An jenem Morgen sagte Buddha: „Ich habe großes Mitgefühl für diesen Mann. Die Sprache ist so unzulänglich, Ananda. Das Herz möchte so vieles sagen und kann es nicht." Er fragte den Mann einfach: „Möchtest du noch etwas sagen?"

Was hätte der Mann noch sagen können? Jetzt war es fast unmöglich, noch irgendetwas zu antworten. Er ging fort. In der Nacht tat es ihm so leid, dass er am nächsten Morgen wiederkam, um sich zu entschuldigen.

Er fiel vor Buddha nieder und weinte.

Buddha sagte: „Ananda, siehst du, wie machtlos die Sprache ist? Wieder möchte er etwas sagen, und kann es nicht. Und genau wie gestern drückt er es durch sein Verhalten aus. Ananda, dieser Mann verdient großes Mitgefühl."

Das Leben ist kurz, es dauert nur ein paar Tage. Ich sage ein paar Tage, aber in Wirklichkeit sind uns nicht einmal die nächsten Minuten sicher. Und wenn wir in diesen wenigen Minuten des Lebens nicht lernen, Mitgefühl mit einander zu haben, dann sind wir nicht menschlich gewesen, dann haben wir das Leben nicht gekannt, wir haben es nicht begriffen.

Verbreite also Mitgefühl um dich herum. Sieh dich doch um: Die Leute sind so unglücklich, mache ihr Unglück nicht noch größer. Euer Mitgefühl kann ihr Unglück verringern; ein Wort des Mitgefühls kann ihr Unglück verringern. Ihr macht alle das Unglück des anderen größer, ihr helft einander, noch unglücklicher zu sein. Jeder einzelne Mensch hat viele Leute hinter sich, die ihn unglücklich machen. Wenn du einmal weißt, was Mitgefühl ist, änderst du alle Verhaltensweisen, mit denen du andere unglücklich machst.

Vergiss eins nicht: Wer andere unglücklich macht, wird am Ende selbst unglücklich; und wer andere glücklich macht, erfährt am Ende allerhöchstes Glück. Deshalb habe ich gesagt, dass jemand, der versucht Glück zu geben, sein eigenes Glückszentrum entwickelt. Die Frucht kommt nicht von außen, sie wächst in deinem Innern. Durch alles, was du tust, entsteht in dir eine innere Bereitschaft dafür. Jemand, der Liebe bekommen möchte, sollte zunächst Liebe geben. Jemand, der Seligkeit erfahren möchte, sollte andere glücklich machen. Wenn jemand möchte, dass es in seinem Haus Blumen regnet, sollte er in den Häusern der andern Blumen regnen lassen. Das ist der einzige Weg. Mitgefühl ist also ein Gefühl, das jeder Mensch entwickeln muss, wenn er in Meditation gehen will. Der dritte Schlüssel ist Freude, Glück, ein Gefühl von Seligkeit und die Abwesenheit von Unglück. In euch allen steckt eine Menge Unglück. Ihr seid traurige, müde Menschen; ihr seid geschlagene Menschen, die sich auf der Straße der Niederlage bis zum bitteren Ende dahinschleppen. Ihr geht, als wärt ihr schon tot. Euer Gang hat keine Energie, kein Leben in sich. In eurem täglichen Leben gibt es keine Lebendigkeit. Ihr seid lethargisch und traurig und gebrochen. Das ist nicht richtig, denn wie kurz auch das Leben sein mag, wie sicher uns der Tod auch ist, jemand, der nur ein klein wenig Einsicht hat, kann nicht traurig sein.

Sokrates lag im Sterben. Man hatte ihm das Gift gegeben – aber er lachte! Creto, einer seiner Schüler, sagte zu ihm: „Du hast ja Tränen in den Augen vor Lachen. Der Tod ist so nahe – du solltest traurig sein."

Sokrates sagte: „Was ist daran traurig? Wenn ich sterbe, wenn alles in mir stirbt, wo ist dann die Traurigkeit? Es wird niemand mehr geben, der Traurigkeit empfindet. Und wenn es mich nach dem Tod noch gibt, wo ist dann ein Grund für Traurigkeit? Was verloren geht, bin nicht ich. Ich bin das, was bleibt." Und er sagte: „Ich bin glücklich. Der Tod kann nur zwei Dinge bewirken: Er kann mich entweder vollkommen zerstören, dann bin ich glücklich, weil ich keine Traurigkeit spüre, oder falls etwas von mir übrig bleibt, bin ich glücklich, weil der Teil, der nicht ich war, weggenommen wurde. Ich werde bleiben. Das sind die beiden Möglichkeiten, die der Tod hat – deshalb lache ich."

Er ist selbst im Angesicht des Todes noch glücklich und hier seid ihr – lebendig und dennoch unglücklich. Ihr lebt und seid trotzdem unglücklich, und es hat Menschen gegeben, die sogar im Angesicht des Todes noch glücklich waren. Es gab Menschen, die dem Tod lachend und glücklich gegenübergetreten sind, aber ihr macht selbst mitten im Leben lange Gesichter und seid traurig und unglücklich. Das ist der falsche Weg. Ein Mensch, der voller Feindseligkeit ist, kann nicht den spirituellen Weg einschlagen. Auf dem spirituellen Weg brauchst du Fröhlichkeit und einen glücklichen Geist. Sei also bei allem fröhlich. Das sind nur Angewohnheiten – Traurigkeit ist nur eine Angewohnheit, die du dir zugelegt hast. Genauso gut kannst du dir Fröhlichkeit angewöhnen. Um die Fröhlichkeit in dir zu fördern, musst du die hellen Seiten deines Lebens betrachten, nicht die dunklen.

Wenn ich euch erzähle, ich habe einen Freund, der wunderschön singt oder Flöte spielt, dann sagt ihr: „Das mag sein. Aber wie kann der Mann Flöte spielen, wenn er immer in die Kneipe geht und sich betrinkt?" Diese Antwort unterstützt die dunkle Seite. Wenn ich sage: „Das ist mein Freund, er ist ein Trinker", und ihr sagt: „Kann sein, aber er spielt wunderschön Flöte!" dann schaut ihr auf die helle Seite des Lebens. Jemand, der glücklich sein möchte, sieht die helle Seite. Er sieht, dass es zwischen zwei Tagen eine Nacht gibt. Jemand, der unglücklich sein möchte, sieht, dass es einen Tag zwischen zwei Nächten gibt.

Die Art, wie wir das Leben sehen, hat einen unmittelbaren Einfluss darauf, was sich in uns entwickelt. Schaue also nicht auf die dunkle Seite des Lebens, schaue auf die helle Seite.

Als ich noch klein war, war mein Vater arm. Er hatte unter großen Schwierigkeiten ein Haus gebaut. Er war arm und gleichzeitig unerfahren, denn er hatte noch nie zuvor ein Haus gebaut. Wahrscheinlich hat er gar nicht gewusst, wie man das macht, denn als es fertig war, kam der Monsunregen und noch ehe wir einzogen, stürzte das Haus ein. Ich war noch klein und es machte mich sehr traurig. Mein Vater war gerade nicht im Dorf. Ich schickte ihm eine Nachricht, dass das Haus eingestürzt war und unsere Hoffnung bald einzuziehen, sich in Luft aufgelöst hätte. Als er zurückkam, verteilte er Süßigkeiten unter den Leuten im Dorf und sagte: „Ich bin Gott sehr dankbar. Wenn das Haus acht Tage später eingestürzt wäre, wäre nicht ein einziges meiner Kinder noch am Leben." Wir hatten acht Tage später einziehen wollen. Nach diesem Vorfall war er sein ganzes Leben lang glücklich darüber, dass das Haus acht Tage vorher eingestürzt war. Sonst hätte es eine Katastrophe gegeben.

So kann man das Leben auch betrachten. Und für einen Menschen, der das Leben so betrachten kann, gibt es unendlich viel Freude und Glück.

Das Leben selbst hat keine Bedeutung, es kommt nur darauf an, wie du es siehst. Deine Einstellung, deine Sichtweise, dein Verständnis ist es, was es positiv oder negativ macht.

Frage dich einmal, worauf du dein Augenmerk richtest. Bist du je einem Menschen begegnet, der so bösartig ist, dass er keine einzige gute Qualität besitzt? Und wenn du diese Qualität findest, dann konzentriere dich darauf – das ist die eigentliche Qualität des Mannes. Halte überall im Leben Ausschau nach Helligkeit, nach Licht, denn dadurch werden Helligkeit und Licht in dir geboren. Das ist es, was Fröhlichkeit bedeutet.

Das dritte Gefühl ist also Freude. Du empfindest so viel Freude, dass sie sogar Tod und Unglück aufhebt. Du bist so voller Freude, dass Tod und Unglück schrumpfen und sterben. Du merkst nicht einmal mehr, dass es Tod und Unglück gibt. Ein Mensch, der Fröhlichkeit und Glück in sich nährt, kommt in seiner Meditation voran.

Es gab einmal einen Heiligen, der immer so glücklich war, dass die Leute sich über ihn wunderten. Noch nie hatten sie ihn traurig oder unzufrieden gesehen. Als sein Tod näher kam, sagte er: „In drei Tagen werde ich nicht mehr hier sein. Und ich teile es euch jetzt schon mit, damit ihr nicht am Grab eines Mannes weint, der sein Leben lang gelacht hat. Ich sage es euch, damit sich keine Traurigkeit in dieser Hütte ausbreitet. Hier gab es immer nur Glück, hier gab es immer nur Fröhlichkeit. Deshalb macht meinen Tod zu einem Fest und nicht zu einem Trauerspiel. Jammert nicht über meinen Tod. Macht ein Fest daraus."

Aber die Leute wurden traurig, sehr traurig. Er war so ein außergewöhnlicher Mann, und je außergewöhnlicher er war, desto größer wurde ihre Trauer. Viele liebten ihn. Drei Tage lang hatten sich alle um ihn versammelt und er erzählte ihnen bis zum letzten Augenblick Witze, brachte sie zum Lachen und sprach sehr liebevoll mit ihnen. Am Morgen bevor er starb, sang er ein Lied und meinte danach: „Legt meinen Körper mitsamt den Kleidern auf den Scheiterhaufen und wascht ihn vorher nicht!"

Das waren seine letzten Anweisungen und danach starb er. So wurde er mitsamt seinen Kleidern verbrannt. Und als die Leute traurig um das Feuer herumstanden, erschraken sie plötzlich. Er hatte Feuerwerkskörper in den Kleidern versteckt, die jetzt alle anfingen zu explodieren. Sein Scheiterhaufen wurde zu einem Festplatz! Die Leute lachten und sagten: „Er hat uns zu Lebzeiten immer zum Lachen gebracht und er bringt uns auch im Tod noch zum Lachen."

Das Leben muss in Lachen verwandelt werden. Das Leben und selbst der Tod müssen zu einer Freude werden. Und ein Mensch, dem das gelingt, ist gesegnet und von Dankbarkeit erfüllt. Ein Mensch, der so in Meditation geht, wird außergewöhnlich schnell vorankommen, er wird wie ein Pfeil dahinfliegen.

Wenn jemand mit einem belasteten Verstand in Meditation geht, hat er Steine an den Pfeil gebunden. Wie kann der Pfeil da fliegen? Je schneller du fliegen willst, umso leichter und sorgloser muss dein Verstand sein. Je weiter dein Pfeil reichen soll, umso leichter muss er sein. Je höher du steigen möchtest, umso mehr Gepäck wirst du im Tal zurücklassen müssen. Und die größte Last ist dein Unglück, deine Traurigkeit, deine Feindseligkeit. Es gibt keine größere Last als das.

Hast du einmal die Leute beobachtet? Sie gehen, als würden sie eine schwere Bürde auf den Schultern tragen. Lass diese Bürde fallen und sage ja zur Freude! Brülle wie ein Löwe vor lauter Freude! Lass die Welt wissen, dass, egal wie dein Leben aussieht, es ein Lied werden kann, es voller Freude sein kann. Das Leben kann Musik sein. Vergiss das Dritte nicht: die Freude.

Und das Vierte ist Dankbarkeit. Dankbarkeit ist göttlich. Wenn in diesem Jahrhundert irgendetwas verloren gegangen ist, dann ist es die Dankbarkeit.

Weißt du eigentlich, dass nicht du es bist, der einatmet. Wenn die Luft nicht hereinkommt, kannst du sie nicht holen. Bist du sicher, dass du es warst, der geboren wurde? Nein, das warst nicht du. Du hast bei deiner Geburt keine bewusste Rolle gespielt, es war nicht deine Entscheidung. Bist du dir bewusst, wie phantastisch dieser Körper ist, den du bekommen hast? Er ist das größte Wunderwerk auf der Welt. Du isst etwas und dieser kleine Magen verdaut es – das ist ein richtiges Wunder.

Die Wissenschaft hat sich enorm weiterentwickelt, aber selbst wenn wir große Fabriken hätten und Tausende von Spezialisten beschäftigen würden, wäre es immer noch schwierig, die Verdauung eines einzigen *Chappatis* zu bewerkstelligen und ihn in Blut umzuwandeln. Und dein Körper vollbringt vierundzwanzig Stunden lang Wunder – dieser kleine Körper mit seinen Knochen und ein wenig Fleisch. Die Wissenschaftler sagen, dass der Körper aus Material besteht, das vier oder fünf Mark kosten würde. Er ist nicht aus kostbarem Material gemacht. Ein solches Wunderwerk steht den ganzen Tag zu deiner Verfügung und du bist ihm nicht einmal dankbar!

Hast du deinen Körper jemals geliebt? Hast du jemals deine Hände geküsst? Hast du jemals deine Augen geliebt? War dir jemals bewusst, was für eine außergewöhnliche Sache hier vor sich geht? Man findet nur selten einen Menschen, der seinen Körper liebt und der dafür Dankbarkeit empfindet, dass diese außergewöhnliche Angelegenheit ohne sein Wissen und sogar ohne sein Zutun abläuft.

Seid also zuallererst eurem Körper dankbar. Nur jemand, der seinem eigenen Körper dankbar ist, kann auch den Körpern anderer Leute dankbar sein. Liebe zuerst deinen eigenen Körper, denn nur dann kannst du auch die Körper anderer Menschen lieben. Die Leute, die dich lehren, gegen deinen eigenen Körper zu sein, sind unreligiös. Der Körper ist ein großes Wunder, er ist unglaublich hilfreich – sei ihm dankbar. Was ist dieser Körper? Er besteht aus fünf Elementen. Sei diesen fünf Elementen dankbar.

Was wird mit dir geschehen, wenn die Sonne eines Tages verlischt? Nach Meinung der Wissenschaftler wird die Sonne in vier Millionen Jahren verglüht sein. Sie hat genug Licht gegeben, sie brennt aus und eines Tages vergeht sie. Wir leben in dem Glauben, dass jeden Tag die Sonne aufgeht, aber es wird ein Tag kommen, wo die Leute beim Zubettgehen wie üblich denken, dass am nächsten Morgen wieder die Sonne aufgeht, aber sie wird nicht aufgehen. Und was geschieht dann? Nicht nur die Sonne stirbt, auch alles Leben stirbt, weil es von ihr genährt wird und Wärme und Energie bekommt.

Hast du, wenn du am Ozean sitzt, je daran gedacht, dass dein Körper zu siebzig Prozent aus Ozeanwasser besteht? Der Mensch ist zwar auf dem Land geboren, aber die ersten Organismen stammen aus dem Ozean. Selbst jetzt enthält das Wasser in deinem Körper noch die gleiche Menge Salz wie das Ozeanwasser. Und wenn dieses Verhältnis sich ein bisschen verschiebt, wirst du krank.

Hast du, wenn du am Ozean sitzt, schon einmal daran gedacht, dass du auch etwas vom Ozean in dir hast? Du solltest dem Ozean dankbar sein für den Ozean in dir und du solltest der Sonne dankbar sein für das Sonnenlicht in dir. Dem Wind solltest du dankbar sein, dass er deinen Atem bewegt. Du solltest dem Himmel und der Erde dankbar sein, die dich geschaffen haben. Das nenne ich Dankbarkeit, göttliche Dankbarkeit. Ohne diese Dankbarkeit kannst du nicht religiös sein.

Wie kann ein undankbarer Mensch religiös sein? Wenn dich diese Dankbarkeit durchs Leben begleitet, wirst du staunen, mit wie viel Friede, mit wie viel Geheimnisvollem sie dich erfüllt. Und dann begreifst du eins: dass du es nicht verdient hast, all diese Dinge zu bekommen. Aber weil du sie dennoch hast, bist du voller Dankbarkeit, und sie geben dir ein Gefühl der Erfüllung.

Gib deiner Dankbarkeit Ausdruck. Siehe zu, wie du mehr Dankbarkeit entwickeln kannst, dann gewinnt deine Meditation an Tiefe. Und nicht nur deine Meditation, sondern dein ganzes Leben wird sich ungeheuer verändern. Es wird eine ganz neue Qualität haben. Immer wenn du mit Menschen zu tun hast, sei dir deiner Dankbarkeit bewusst, und dein Leben wird voll Staunen sein.

Ich habe euch vier Dinge genannt, die für die Reinheit der Gefühle nötig sind: Freundlichkeit, Mitgefühl, Fröhlichkeit und Dankbarkeit. Es gibt noch viele andere, aber diese vier sind genug. Wenn du über sie meditierst, dann folgen die andern von selbst. Auf diese Weise werden die Gefühle rein.

Ich habe euch jetzt erklärt, wie man den Körper reinigt, wie man die Gedanken reinigt und wie man die Gefühle reinigt. Selbst wenn ihr nur diese drei zustande bringt, betretet ihr schon eine völlig neue Welt. Selbst wenn euch nur diese drei Schritte gelingen, wird viel geschehen.

Drei andere Prinzipien werde ich später besprechen: die Leere des Körpers, die Leere des Geistes und die Leere der

Gefühle. Und wenn Reinigung und Leere zusammenkommen, geschieht *Samadhi*, Erleuchtung.

Jetzt kommen wir zur Morgenmeditation. Wir beginnen mit dem Entschluss, den wir fünfmal wiederholen. Danach verweilen wir bei dem Gefühlszustand. Dann beobachten wir das Ein- und Ausatmen, halten die Wirbelsäule dabei aufrecht, die Augen geschlossen und beobachten bewusst die Stelle der Nase, wo der Atem ein- und ausströmt.

Alle verteilen sich über den Raum, damit niemand den andern berührt.

Körper und Seele: Wissenschaft und Religion

Ihr habt viele Fragen. Ich werde versuchen, alle auf einmal zu beantworten. Ich habe sie dazu in Kategorien aufgeteilt. Die erste Frage lautet: *Welchen Platz nimmt die Religion im wissenschaftlichen Zeitalter ein? Und was nützt Religion im nationalen und sozialen Leben?*

Wissenschaft ist die Wissensform, welche die innere, verborgene Kraft in der Materie erforscht. Religion ist die Wissensform, welche die innere, verborgene Kraft im Bewusstsein erforscht. Es gibt keinen Konflikt zwischen Religion und Wissenschaft; sie ergänzen sich vielmehr gegenseitig.

In einem rein wissenschaftlichen Zeitalter wird es mehr Annehmlichkeiten geben, aber damit geht nicht mehr Glück einher. In einem rein religiösen Zeitalter werden einige Menschen das Glück kennen, doch die meisten leiden unter Armut. Wissenschaft erzeugt Komfort, Religion bringt Frieden. Wenn es keinen Komfort gibt, können nur sehr wenige Menschen Frieden erfahren. Wenn kein Friede da ist, können zwar viele Menschen Komfort erwerben, doch sie werden nicht wissen, wie sie ihn genießen sollen. Bis jetzt waren alle Zivilisationen, die der Mensch ins Leben gerufen hat, unvollständig, fragmentiert.

Die Kultur, die der Osten hervorgebracht hat, hing ganz von der Religion ab. Sie war nicht an Wissenschaft interessiert. Als Folge davon wurde der Osten geknechtet, er verarmte und richtete sich zugrunde. Die Kultur, die im Westen entstanden ist, bildet das andere Extrem: Sie gründet auf Wissenschaft und hat mit Religion nichts am Hut. Demzufolge hat der Westen alle überflügelt und Reichtum, Wohlstand und Komfort akkumuliert – doch er hat seine Seele verloren.

Die Kultur der Zukunft, wenn sie wirklich der Evolution des Menschen dienen soll, wird ein Gleichgewicht von Wissenschaft und Religion aufweisen.

Diese Kultur wird eine Synthese von Religion und Wissenschaft sein, weder rein religiös noch rein wissenschaftlich, sondern wissenschaftlich-religiös oder religiös-wissenschaftlich. Bis jetzt haben beide Experimente versagt, das östliche ebenso wie das westliche. Doch nun haben wir die Möglichkeit, ein universelles Experiment zu entwickeln, das weder dem Osten noch dem Westen angehört und in dem Religion und Wissenschaft miteinander verbunden sind.

Ich sage euch, es besteht kein Konflikt zwischen Religion und Wissenschaft, ebenso wenig wie es einen Konflikt zwischen Körper und Seele gibt. Wer nur auf der Körperebene lebt, wird seine Seele verlieren, und wer nur in der spirituellen Dimension zu leben versucht, wird auch nicht richtig leben können, denn er verliert den Kontakt zu seinem Körper.

So wie das Menschenleben ein Gleichgewicht, eine Synthese von Körper und Seele ist, so müsste eine reife Kultur ein Gleichgewicht, eine Synthese zwischen Wissenschaft und

Religion sein. Die Wissenschaft wäre ihr Körper, die Religion ihre Seele. Aber wenn mich jemand fragte, wofür wir uns denn entscheiden sollten, wenn wir die Wahl zwischen Religion und Wissenschaft hätten, würde ich der Religion den Vorzug geben. Wenn nur eins von beiden möglich wäre, solltet ihr euch für die Religion entscheiden. Es ist weit besser, arm und in Unannehmlichkeiten zu leben, als seine Seele zu verlieren. Was sind alle Annehmlichkeiten wert, wenn sie uns unser Selbst kosten? Was ist all der Wohlstand wert, wenn er uns unser wahres Wesen raubt? In Wirklichkeit sind das weder Annehmlichkeiten noch Wohlstand.

Ich möchte euch eine kleine Geschichte erzählen. Sie war seit jeher eine meiner Lieblingsgeschichten: Es gab einmal einen König in Griechenland, der krank wurde. So krank, dass die Ärzte meinten, er werde es nicht überleben. Es bestand keine Hoffnung mehr. Seine Minister und alle, die ihn liebten, waren voller Angst und Sorge.

Gerade an dem Tag kam ein Fakir in die Stadt und jemand sagte: „Es wird erzählt, dass dieser Fakir Kranke heilen kann. Er gibt ihnen seinen Segen und sie werden wieder gesund." Sie suchten also den Fakir auf und er kam.

Kaum war er eingetreten, sagte er zum König: „Bist du nicht ganz bei Trost? Das nennst du eine Krankheit? Das ist keine Krankheit. Dagegen gibt es ein ganz einfaches Mittel."

Der König, der schon Monate im Bett gelegen hatte, setzte sich auf: „Was für ein Mittel?" fragte er. „Ich glaubte, es sei aus mit mir. Ich habe keine Hoffnung auf Genesung mehr."

Der Fakir sagte: „Es ist ein ganz einfaches Mittel. Bringt mir den Mantel eines Mannes in der Stadt, der wohlhabend und zugleich voller Frieden ist. Den soll der König tragen, dann wird er wieder gesund und munter." Die Minister eilten davon. Es gab viele wohlhabende Leute in der Stadt. Sie gingen von Haus zu Haus und sagten: „Wir möchten den Mantel eines Mannes, der zugleich wohlhabend und voller Frieden ist."

Doch die Reichen erwiderten: „Aber wir sind unglücklich! Wir würden sogar unser Leben geben, wenn der König damit gerettet werden könnte; wir würden alles hergeben, nicht bloß einen Mantel. Aber unsere Mäntel nützen nichts. Wir haben zwar alles, aber wir sind nicht in Frieden."

Sie gingen in jedes Haus, sie suchten den ganzen Tag. Und als es Abend wurde, hatten sie alle Hoffnung aufgegeben. Sie erkannten, wie schwierig es war, den König zu retten. Das gesuchte Mittel war nicht zu finden. Am Morgen hatten sie noch geglaubt, es sei leicht zu finden, doch jetzt sahen sie, dass es unmöglich war. Sie waren bei allen reichen Leuten gewesen. Am Abend kehrten sie müde und traurig zurück. Die Sonne ging gerade unter. Vor der Stadt, nahe beim Fluss, saß jemand auf einem Stein und spielte auf einer Flöte. Sie klang so süß – Wellen von Seligkeit entstiegen ihr.

Da sagte der Minister: „Lasst uns als Letztes auch diesen Mann fragen, vielleicht ist er in Frieden."

Sie gingen zu ihm hin: „Das Lied deiner Flöte klingt so selig, so voller Frieden, dass wir dich etwas fragen möchten. Der König ist krank, und wir brauchen den Mantel eines Mannes, der voller Frieden ist und wohlhabend."

Der Mann sagte: „Ich gebe euch gern mein Leben, aber schaut mich doch an – ich habe keinen Mantel." Sie sahen genau hin, es war schon dunkel. Der Mann mit der Flöte war nackt. Der König konnte also keine Rettung finden, denn der Mann, der in Frieden lebte, war nicht reich, und die Reichen kannten keinen inneren Frieden. Genauso wenig kann diese

Welt gerettet werden, denn die Kulturen, die ein Erbe des Friedens bewahren, kennen keinen Wohlstand, und die Kulturen, die materiellen Wohlstand besitzen, kümmern sich keinen Deut um inneren Frieden. Der König starb.

Die Menschheit wird ebenfalls sterben. Sie benötigt dasselbe Heilmittel wie der König. Wir brauchen den Mantel und wir brauchen auch Frieden. Bis jetzt war unsere Ideologie unvollständig. Bis jetzt haben wir auf sehr unvollkommene Weise über den Menschen nachgedacht und bewegen uns gewohnheitsmäßig zu den Extremen hin. Die schlimmste Krankheit des menschlichen Verstandes ist sein Hang zu Extremen.

Konfuzius weilte in einem Dorf. Jemand sagte zu ihm: „Es gibt hier einen sehr gelehrten und achtsamen Mann. Möchtest du ihn kennen lernen?"

Konfuzius sagte: „Sagt mir zuerst, warum ihr ihn so achtsam findet, dann werde ich ganz sicher zu ihm gehen."

„Er ist achtsam, weil er immer dreimal überlegt, bevor er etwas tut", meinten sie.

Konfuzius sagte: „Dieser Mann ist nicht achtsam. Dreimal ist eindeutig zu viel. Einmal ist zu wenig, zweimal ist genau richtig. Ein intelligenter Mensch hält in der Mitte an, ein Unwissender geht bis ins Extrem."

Wenn jemand glaubt, er sei nur sein Körper, so ist das ein Zeichen von Unwissenheit. Und es ist ebenso ein Zeichen von Unwissenheit, wenn jemand glaubt, er sei nur seine Seele. Die Individualität des Menschen ist eine Synthese und die Kultur des Menschen wird ebenfalls eine Synthese sein. Es wird Zeit, dass wir unsere Lektion lernen. Indiens historische Armut und Misserfolge und der desolate Zustand aller Länder des Ostens sind nicht unbegründet – der Grund ist religiöser Extremismus. Und die Tatsache, dass die westlichen Länder innerlich verarmt sind, ist ebenfalls nicht unbegründet – der Grund ist wissenschaftlicher Extremismus.

Wir gehen erst dann einer schöneren Zukunft entgegen, wenn Wissenschaft und Religion integriert sind. Doch eins ist sicher: Bei dieser Integration von Religion und Wissenschaft wird Religion das Zentrum und Wissenschaft die Peripherie bilden. In diesem Zusammenspiel vertritt Religion notwendigerweise die Intelligenz und die Wissenschaft wird ihr folgen. Der Körper kann nicht der Meister sein; Wissenschaft kann nicht der Meister sein. Die Religion wird der Meister sein. Und dann werden wir eine bessere Welt erschaffen können.

Die Frage nach dem Nutzen der Religion im wissenschaftlichen Zeitalter ist also unnötig. Religion ist von echtem Nutzen, weil die Wissenschaft ein Extrem bildet, ein gefährliches Extrem. Religion wird einen Ausgleich schaffen und den Menschen vor der Gefahr dieses Extrems bewahren können.

Deshalb steht die Religion überall auf der Welt kurz vor ihrer Wiederauferstehung. Das ist nur natürlich – es muss so sein. Es braucht diese Wiederauferstehung der Religion, andernfalls führt uns die Wissenschaft geradewegs in den Tod. Die Frage, was die Bedeutung der Religion im wissenschaftlichen Zeitalter ist, bringt also nichts; Religion ist hier am allerwichtigsten. Eng damit verbunden ist auch die Frage, welchen Nutzen denn die Religion im nationalen und sozialen Leben haben soll. Ich glaube, ich habe diese Frage schon mitbeantwortet, denn was für das Individuum von Nutzen ist, wird ganz bestimmt auch der Nation und der Gesellschaft als Ganzes nützen. Was ist denn eine Nation und eine Gesellschaft anderes als eine Ansammlung von Individuen?

Gebt euch also nicht der Illusion hin, eine Nation könne ohne Religion leben. Genau dies war unglücklicherweise in Indien der Fall. Wir haben bestimmte Begriffe missverstanden und begonnen, über einen religionslosen Staat zu sprechen. Dabei hätten wir von einem konfessionslosen Staat sprechen müssen. Ein konfessionsloser Staat ist etwas völlig anderes als ein religionsloser Staat. Jeder intelligente Mensch wird einem konfessionslosen Staat zustimmen, aber nur ein Narr kann für einen religionslosen Staat sein. Konfessionslos zu sein heißt, sich nicht um Jainismus, Hinduismus, Buddhismus oder Islam zu kümmern. Genau das ist mit „konfessionslos" gemeint.

Ein religionsloser Staat hingegen heißt, sich nicht um die Wahrheit, nicht um Gewaltlosigkeit, um Liebe oder um Mitgefühl zu kümmern. Keine Nation kann in diesem Sinn religionslos sein, und wenn sie es doch ist, ist das ihr Unglück. Die Nation muss Religion zu ihrer wahren Lebensenergie machen, sie darf nicht religionslos sein. Konfessionslos zu sein ist dagegen eine absolute Notwendigkeit. Die Atheisten dieser Welt haben der Religion nicht sehr viel Schaden zugefügt, genauso wenig wie die Wissenschaftler. Wer der Religion am meisten geschadet hat, sind die religiösen Führer. Sie sind es, die nicht so sehr Wert auf Religion legen als vielmehr darauf ein Jaina zu sein, ein Hindu zu sein oder ein Mohammedaner. Dies sind die Leute, die der Welt die Religion geraubt haben.

Konfessionen, welche im Grunde die Religion hätten verkörpern sollen, haben sich als ihre Totengräber erwiesen. Religion ist äußerst wertvoll, Konfessionen hingegen haben keinen Wert. Je weniger Konfessionen und Sektierer es gibt, desto besser. Es ist für jede Rasse, jede Nation oder jede Gesellschaft unmöglich, ohne das Fundament der Religion fortzubestehen. Wie sollte das möglich sein?

Können wir denn ohne die Grundlage der Liebe weiterbestehen? Wie kann eine Nation eine Nation sein ohne die Grundlagen der Liebe und der Wahrheit? Wie kann sie ohne die Grundlage der Selbstlosigkeit, der Genügsamkeit, der Gewaltlosigkeit und Furchtlosigkeit eine Nation sein?

Dies sind die fundamentalen Qualitäten der Seele. Wenn sie fehlen, gibt es keine Nation, keine Gesellschaft. Und wenn es doch eine gäbe, brauchte es nicht viel Intelligenz, um zu sehen, dass es sich nur um eine Masse von Robotern handelt, die man unmöglich eine Nation nennen kann. Eine Nation wird von Wechselbeziehungen geformt – von meiner Beziehung zu euch, von euren Beziehungen zu euren Nächsten. All diese Wechselbeziehungen zusammen werden zu einer Nation.

Je mehr diese Beziehungen auf Wahrheit, auf Liebe, auf Gewaltlosigkeit und auf Religiosität beruhen, desto mehr Duft wird das Leben der Nation verströmen, desto mehr Licht wird es in ihrem Leben geben und desto weniger Dunkelheit. Für mich kann das Leben einer Nation und einer Gesellschaft nur existieren, wenn es auf Religion gegründet ist. Gebt Acht, wie ihr den Begriff der Säkularisierung verwendet, geht vorsichtig damit um. Unter dem Deckmantel dieses Begriffs lauert eine große Gefahr – man könnte glauben, Religion sei nicht mehr nötig.

Aber Religion ist das Einzige, was ein Mensch nötig hat. Alles andere ist zweitrangig und verzichtbar. Religion ist etwas Unverzichtbares.

Ein anderer Freund hat gefragt: *Worüber sollten wir meditieren?*

Es kursieren viele Vorstellungen über Meditation. Im Allgemeinen versteht ihr unter Meditation, über etwas zu meditieren – über jemanden oder über etwas. Von daher stellt sich natürlich die Frage: Worüber denn? Zu wem soll man beten? Wem soll man Andacht entgegenbringen? Wen soll man lieben? Ich habe heute Morgen gesagt, dass es eine Form von Liebe gibt, wo ich dich fragen würde, wen du liebst; und dass es eine andere Form von Liebe gibt, wo ich dich fragen würde, ob in dir selbst Liebe ist oder nicht. Sie hat nichts mit der ersten Form zu tun.

Es gibt zwei Arten von Liebe: Liebe als eine Beziehung und Liebe als ein Zustand. Würde ich euch sagen, dass ich Liebe empfinde, so würdet ihr gemäß der ersten Form von Liebe fragen: „Für wen denn?" Und wenn ich euch erklärte, es gehe nicht um jemand Bestimmten, ich würde einfach nur Liebe empfinden, so hättet ihr Mühe, mich zu verstehen. Aber genau um diesen zweiten Zustand geht es mir.

Nur wer liebt, ohne auf jemand bezogen zu sein, liebt wirklich. Was macht jemand, der nur eine bestimmte Person liebt, mit all den anderen Menschen? Er wird alle anderen hassen. Und was tut jemand, der nur über einen bestimmten Menschen meditiert, mit all den anderen? Er wird sich allen anderen gegenüber unbewusst verhalten.

Die Meditation, von der ich rede, ist kein Meditieren über etwas, sondern vielmehr ein Zustand der Meditation. Das meine ich, wenn ich über Meditation als einen Zustand spreche. Meditation bedeutet nicht, sich an jemand zu erinnern. Meditation bedeutet, alles loszulassen, was im Gedächtnis ist und einen Zustand zu erreichen, wo nur Bewusstheit bleibt, wo nur Gewahrsein bleibt. Wenn ihr eine Lampe anzündet und alle Gegenstände rund um sie herum wegrückt, so strahlt die Lampe erst richtig ihr Licht aus. Und genau das Gleiche geschieht, wenn ihr alle Objekte von eurem Bewusstsein wegrückt, alle Gedanken, alle Vorstellungen – dann bleibt nur Bewusstheit übrig. Dieser reine Zustand von Bewusstheit ist Meditation. Ihr meditiert nicht über etwas oder über jemanden; Meditation ist ein Zustand, wo nur Bewusstheit übrig bleibt – Bewusstheit ohne ein Objekt.

Das Wort „Meditation" verwende ich in dieser Bedeutung.

Was ihr hier übt, ist noch nicht Meditation im eigentlichen Sinn, es ist nur ein Konzept. Aber dadurch wird sich Meditation von selber einstellen. Versucht zu verstehen, dass das, was ihr in der Nacht übt – die Übungen, welche die Chakras einbeziehen –, und das, was ihr am Morgen übt – die Übungen, die den Atem einbeziehen –, nicht Meditation ist, sondern eine Disziplin. Durch diese Disziplin wird der Augenblick kommen, wo der Atem scheinbar verschwunden ist. Durch diese Disziplin wird der Augenblick kommen, da der Körper scheinbar verschwunden ist und ebenso die Gedanken. Und was bleibt, wenn alles verschwunden ist? Das, was bleibt, ist Meditation.

Wenn alles verschwunden ist, wird das, was übrig bleibt, Meditation genannt. Eine Disziplin richtet sich auf etwas, Meditation richtet sich auf nichts Spezielles. Was wir da also in Wirklichkeit tun, ist die Disziplin der Chakras und des Atems üben.

Ihr werdet jetzt fragen, ob wir nicht besser eine Disziplin üben sollten, welche die Vorstellung von Gott verwendet. Das wäre gefährlich. Es ist gefährlich, weil sich der Zustand, den ich Meditation nenne, beim Üben einer Disziplin mit einer bestimmten Gottesvorstellung nicht einstellen würde. Es wäre stets nur der Gott da und nichts anderes, und je tiefer die Disziplin reicht, desto mehr wird der Gott gegenwärtig sein. Genauso erging es Ramakrishna. Er meditierte über die Muttergöttin Kali – das war seine Disziplin. Und ganz langsam begann er Kali in seinem Innern zu sehen. Wenn er die Augen schloss, wurde das Idol lebendig und Ramakrishna war voller Freude und Glückseligkeit. Eines Tages jedoch besuchte ihn ein Weiser. Der Weise sagte zu ihm: „Was du da tust, ist bloße Einbildung, es ist keine Begegnung mit Gott." „Keine Begegnung mit Gott? Aber ich sehe Kali doch lebendig vor mit."

Der Weise erwiderte: „Kali lebendig zu sehen ist keine Begegnung mit Gott."

Einige sehen Kali, andere sehen Jesus oder Krishna – das sind alles Hirngespinste. Gott hat keine sichtbare Form. Das Göttliche hat kein Gesicht, keine Beschaffenheit, keine Gestalt. Sobald die Bewusstheit ins Formlose eintritt, tritt sie ins Göttliche ein.

Man begegnet dem Göttlichen nicht, man wird eins mit ihm. Du stehst Gott nicht von Angesicht zu Angesicht gegenüber, du auf der einen Seite, Gott auf der anderen. Es kommt der Augenblick, da du mit der unendlichen Existenz verschmilzt, so wie ein Tropfen ins Meer feilt. Diesen Augenblick zu erfahren heißt das Göttliche erfahren. Du begegnest Gott nicht, du siehst ihn nicht; du spürst das Verschmelzen mit der Existenz, so wie sich ein Tropfen fühlt, wenn er ins Meer fällt.

Der Weise sagte daher zu Ramakrishna: „Du irrst dich. Es ist alles nur Phantasie." Und dann schlug er vor: „Genauso, wie du dieses Idol in dir geschaffen hast, so zerschneide es jetzt in zwei Teile. Zücke ein imaginäres Schwert und zerhaue das Idol in zwei Stücke."

Ramakrishna sagte: „Ein Schwert? Wo soll ich ein Schwert hernehmen?"

Der Weise sagte: „Das Idol entstammt deiner Vorstellungskraft. Du kannst dir genauso gut ein Schwert vorstellen und es damit zerstückeln. Lass die Phantasie die Phantasie zerstören. Wenn das Idol fällt, bleibt nichts mehr übrig. Die Welt ist bereits verschwunden, nur ein Idol ist geblieben – lasse auch das los! Und wenn nur leerer Raum da ist, wirst du dem Göttlichen begegnen. Was du für das Göttliche hältst, ist nicht das Göttliche. Es ist ein letztes Hindernis. Zerstöre auch das!" Es war sehr schwierig für Ramakrishna. Er hatte jahrelang über dieses Gottesbild meditiert und es mit so viel Liebe genährt, dass es begonnen hatte, ihm lebendig zu erscheinen. Es war sehr schwierig, es zu zerstören. Immer wieder schloss er die Augen, öffnete sie wieder und sagte: „Ich kann so etwas Brutales nicht tun."

Doch der Weise sagte: „Wenn du es nicht tun kannst, kannst du auch nicht eins mit dem Göttlichen werden. Dann ist deine Liebe zum Göttlichen geringer als deine Liebe zu deinem Idol. Bist du nicht bereit, um des Göttlichen willen ein Idol zu zerstören? Deine Liebe zum Göttlichen ist unzureichend, du bist nicht bereit, dafür ein Idol loszuwerden." Auch ihr habt nicht viel Liebe zum Göttlichen. Auch ihr habt Gottesvorstellungen, die zwischen euch und dem Göttlichen stehen, ihr klammert euch an Konfessionen, ihr klammert euch an religiöse Schriften und seid nicht bereit, sie loszulassen.

Der Weise sagte: „Setze dich hin und meditiere und ich werde mit einem Stück Glas deine Stirn ritzen. Wenn du spürst, wie ich dir mit dem Glas die Stirn ritze, fasse Mut und zerschneide Kali."

Ramakrishna nahm allen Mut zusammen und dann war das Idol in zwei Teile zerschnitten. Als er aus der Meditation zurückkam, sagte er: „Heute habe ich zum ersten Mal *Samadhi* erlangt. Heute habe ich zum ersten Mal erkannt, was Wahrheit ist. Zum ersten Mal bin ich frei von Vorstellungen und bin in die Wahrheit eingetreten."

Aus diesem Grund möchte ich nicht, dass ihr euch etwas vorstellt, weil diese Vorstellung für euch zum Hindernis wird. Das Wenige, was ich über die Chakras und über den Atem gesagt habe, ist kein Hindernis, denn ihr werdet nicht davon verblendet. Es braucht euch nicht zu kümmern; das sind nur Mittel, um nach innen zu gehen. Sie können nicht zum Hindernis werden. Verwendet die Vorstellungskraft also nur auf solche Weise, dass sie nicht zum Hindernis für eure Meditation wird. Deshalb habe ich euch nicht aufgetragen, über etwas zu meditieren. Ich habe euch nur gebeten, in Meditation zu gehen – nicht Meditation auszuüben, sondern in Meditation hineinzugehen.

Ihr sollt nicht über etwas meditieren. Ihr müsst den meditativen Zustand in euch selber finden. Wenn ihr euch daran haltet, wird sich vieles klären.

Ein Freund hat gefragt: *Weshalb wird die Spiritualität von weltlichen Interessen erdrückt, obwohl sie höher steht?*

Bis heute wurde das Spirituelle noch nie von weltlichen Interessen überwältigt. Ihr werdet sagen, ich irre mich, denn ihr müsst euch jeden Tag innerlich erdrückt vorkommen. Aber ich frage euch: Habt ihr tatsächlich ein echtes spirituelles

Interesse? In Wirklichkeit sagt ihr damit, dass das, was da erdrückt wird, in euch nicht wirklich existiert, dass es nur eine Vorstellung über Spiritualität ist, die ihr irgendwo aufgeschnappt habt. Wenn jemand behauptet, dass Diamanten von Kieseln an Glanz übertroffen werden, was würdet ihr dann sagen. Ihr würdet einwenden, es könnten keine echten Diamanten sein, es sei eine Einbildung und die Kiesel seien echt. So tragen die Kieselsteine natürlich den Sieg über die Diamanten davon. Wenn aber die Diamanten echt sind, wie können sie dann von Kieseln übertroffen werden?

Ihr glaubt fest daran, dass eure spirituellen Qualitäten in eurem Leben von euren weltlichen Interessen erdrückt werden. Doch wo sind diese spirituellen Qualitäten? Was eurer Meinung nach erdrückt wird, existiert nur in eurer Phantasie. Jener andere Teil ist einfach nicht vorhanden. Ihr glaubt fest daran, dass der Hass gewinnt und die Liebe besiegt wird. Doch wo ist die Liebe? Ihr glaubt, dass der Wunsch, Geld zu verdienen, siegt und den Wunsch, das Göttliche zu kennen, erdrückt. Doch wo ist denn dieser Wunsch, das Göttliche zu kennen? Wenn er wirklich da ist, kann ihn kein anderer Wunsch erdrücken. Wenn er wirklich da ist, kann kein anderer Wunsch daneben existieren. Erdrückt zu werden kommt nicht in Frage.

Wenn jemand sagen würde, da ist ein Licht, das von Dunkelheit erdrückt wird, dann würdet ihr ihn für verrückt erklären. Wenn Licht da ist, kann es keine Dunkelheit geben. Bis jetzt hat noch nie ein Krieg zwischen Licht und Dunkelheit stattgefunden. Bis jetzt hat es noch nie einen Konflikt zwischen Licht und Dunkelheit gegeben, denn sobald Licht da ist, existiert die Dunkelheit nicht mehr. Es ist gar kein Gegner da, es geht also nicht darum, wer gewinnt. Die Dunkelheit kann nur gewinnen, wenn gar kein Licht vorhanden ist, sie ist nur in Abwesenheit von Licht siegreich. Wo Licht ist, ist keine Dunkelheit; sie ist verschwunden, sie ist nicht mehr da.

Was ihr „weltliche Interessen" nennt, wird verschwinden, wenn spirituelle Interessen in euch erwachen. Mein ganzes Bemühen richtet sich deshalb in erster Linie darauf, ein spirituelles Interesse in euch zu erwecken und nicht so sehr darauf, dass ihr eure weltlichen Interessen loswerdet. Mein Schwergewicht liegt auf dem Positiven.

Wenn ein positives spirituelles Interesse in euch erwacht, werden eure weltlichen Interessen schwach. Wenn Liebe in jemandem erwacht, verschwindet der Hass aus seinem Inneren. Es hat noch nie eine Kollision zwischen Liebe und Hass gegeben, bis jetzt war das noch nie der Fall. Wenn die Wahrheit im Inneren erwacht, verschwinden die Lügen von innen heraus. Wahrheit und Unwahrheit haben nie in Konflikt gestanden. Wenn Gewaltlosigkeit im Innern erwacht, verschwindet die Gewalttätigkeit. Gewaltlosigkeit und Gewalttätigkeit sind bis jetzt noch nie in Konflikt geraten. Es geht nicht darum, wer verliert – es gibt gar keinen Wettstreit! Gewalttätigkeit ist so schwach, dass sie augenblicklich verschwindet, sobald Gewaltlosigkeit erwacht. Das Nichtspirituelle ist sehr schwach; die Welt ist schwach, sehr schwach. Deshalb wurde in Indien die Welt als *Maya*, als Illusion bezeichnet.

Unter *Maya* versteht man etwas, das so schwach ist, dass es bei der kleinsten Berührung verschwindet. Es hat etwas Magisches. Es ist, als zeigte dir jemand einen gerade herbeigezauberten Mangobaum, und wenn du ihm näher kommst, merkst du, dass er gar nicht da ist. Oder du siehst in einer dunklen Nacht ein Seil hängen und hältst es für eine Schlange, doch beim Näherkommen merkst du, dass gar keine

Schlange da ist. Die Schlange, die du im Seil gesehen hast, war eine Illusion; sie schien dort zu sein, war es aber nicht.

Deshalb also gilt in Indien die Welt als Illusion, denn wenn irgendjemand nahe genug herankommt, wird er in dem Augenblick, wo er die Wahrheit sieht, merken, dass es keine Welt als solche gibt. Was ihr die Welt nennt, hat der Wahrheit nie entgegengewirkt. Wenn ihr daher das Gefühl habt, eure spirituellen Interessen würden besiegt, merkt euch eins: Diese Interessen von euch müssen imaginär sein. Ihr habt sie euch sicher durch Bücherwissen angeeignet, sie sind nicht in euch drin.

Jemand kam zu mir und sagte: *Früher erfuhr ich Gott immer wieder, aber jetzt nicht mehr.*

Ich antwortete ihm: „Dann war es wohl noch nie wirklich der Fall. Wie wäre das möglich, dass man das Göttliche erfährt und dann hört es auf einmal auf?"

Viele Leute kommen zu mir und sagen: *Ich habe früher Meditation erfahren, doch jetzt bringe ich es nicht mehr fertig.*

Ich antworte ihnen: „Das läuft nie so. Denn es ist unmöglich, Meditation zu erfahren und sie danach wieder zu verlieren."

Merkt euch das! Man kann im Leben höhere Zustände erreichen, aber man kann sie nicht verlieren. Ihr könnt einen höheren Zustand auf keine Art wieder verlieren. Ihr könnt weise werden, aber wenn ihr es einmal erlangt habt, könnt ihr es nicht wieder verlieren. Das ist unmöglich.

Durch Erziehung und Konditionierung steigen ein paar so genannte religiöse Gefühle in euch hoch. Ihr glaubt, sie seien religiös, das sind sie aber nicht, es ist bloß Konditionierung. Religiosität ist etwas ganz anderes als Konditionierung. Von

Kindheit an lehrt man euch, dass es eine Seele gibt. Ihr lernt es, ihr stopft euch voll damit, ihr speichert es ab, es wird Teil eures Gedächtnissystems. Und später plappert ihr immer wieder nach, dass es eine Seele gibt und glaubt genau zu wissen, dass das so ist.

Ihr wisst überhaupt nichts. Es ist nur eine Vorstellung, die ihr irgendwann irgendwo aufgeschnappt habt, etwas Falsches, das andere euch beigebracht haben. Ihr wisst rein gar nichts darüber. Und wenn diese sogenannte Seele dann von euren Leidenschaften besiegt wird, sagt ihr: „Die Seele ist so schwach, dass sie von meinen Begierden besiegt wird." Ihr habt keine Seele, ihr habt bloß eine Vorstellung davon, und diese Vorstellung wurde von der Gesellschaft erzeugt, sie kommt nicht von euch. Wenn die Energie des spirituellen Interesses durch eure eigene Erfahrung erwacht, verschwinden die weltlichen Interessen. Sie halten euch nicht länger im Griff.

Vergesst nicht: Wenn ihr euch besiegt fühlt, war das, was ihr für Religion hieltet, nicht eure eigene Erfahrung, sondern eure Vorstellung von Religion. Jemand muss es euch beigebracht haben, ihr habt es nicht selbst erlebt. Ihr habt es wohl von euren Eltern gehört, ihr habt es aus der Tradition, es kommt nicht von innen. Ihr glaubt, da sei Licht, doch da ist keins – nur deshalb gewinnt die Dunkelheit. Wenn Licht da ist, besiegt seine bloße Gegenwart die Dunkelheit. Das Licht kämpft nicht mit der Dunkelheit; allein seine Gegenwart, seine Existenz hat die Dunkelheit bereits überwunden. Merkt euch das und befreit euch von diesen leeren sogenannten spirituellen Interessen und religiösen Gefühlen, die da angeblich besiegt werden. Sobald ihr seht, dass sie keine Substanz haben, haben sie ihre Bedeutung verloren. Ihr werdet erst verstehen können, wie man ein authentisches spirituelles Interesse erzeugt, wenn ihr verstanden habt, wie man solche falschen Interessen loswird.

Viele von euch schleppen eine Last völlig imaginärer Dinge herum, Dinge, die nicht wirklich existieren. Ihr seid wie jene Bettler, die sich reich vorkommen, obwohl sie nichts in der Tasche haben. Dann steckt ihr die Hand hinein, findet kein Geld und verkündet: „Welch ein Reichtum!". Von Reichtum kann keine Rede sein. Bettler vertreiben sich die Zeit am liebsten damit zu träumen, sie seien reich. Alle Bettler träumen davon, reich zu werden. Je weltlicher ihr seid, desto mehr werdet ihr träumen, religiös zu sein.

Es gibt viele Arten zu träumen. Geht morgens in den Tempel oder in die Kirche, spendet eine Kleinigkeit, führt ein paar Rituale aus, lest manchmal sogar ein bisschen in der Gita, im Koran oder in der Bibel, um die Illusion zu erzeugen, religiös zu sein. Solche Handlungen wecken die Illusion, dass ihr religiös seid. Und wenn diese sogenannten religiösen Interessen dann von weltlichen Gelüsten besiegt werden, werdet ihr todtraurig und denkt voller Bedauern: „Wie schwach sind doch spirituelle Interessen und wie stark die weltlichen!" Aber ihr habt ja gar keine spirituellen Interessen. Ihr täuscht euch selbst, wenn ihr religiös zu sein glaubt.

Es ist also wichtig zu verstehen, dass ein spirituelles Interesse, das von sexuellen Gelüsten besiegt werden kann, falsch ist. Dies ist das Kriterium: Ein spirituelles Interesse, das von weltlichen Interessen besiegt werden kann, ist falsch.

Wenn eines Tages ein Interesse in euch erweckt wird, in dessen Gegenwart eure weltlichen Interessen verschwinden und ihr sie nicht mehr finden könnt, selbst wenn ihr danach sucht, dann wird etwas Wichtiges mit euch geschehen sein.

Dann habt ihr einen flüchtigen Blick auf das Religiöse erhascht.

Wenn morgens die Sonne aufgeht und es weiterhin dunkel bleibt, dann seid gewiss, dass ihr nur träumt. Wenn die Sonne aufgeht, verschwindet die Dunkelheit von selber. Die Sonne ist der Dunkelheit nie begegnet, die Sonne weiß nicht, dass so etwas wie Dunkelheit existiert. Und sie wird es nie wissen können. Bis jetzt weiß die Seele nichts davon, dass es so etwas wie weltliche Gelüste gibt. Wenn die Seele erwacht, sind nirgendwo Gelüste zu finden. Die zwei sind sich nie begegnet. Denkt an dieses Kriterium, es wird nützlich für euch sein.

Ein Freund hat gefragt: *Ist bei der Meditation Askese nötig?*

Was ich euch hier beschreibe – den Körper zu reinigen, die Gedanken zu reinigen, die Gefühle zu reinigen; die Leere des Körpers, die Leere des Denkens, die Leere der Gefühle genau das ist Askese.

Was halten die Leute eigentlich für Askese? Wenn jemand lange in der Sonne steht, glauben sie, er übe sich in Askese. Wenn jemand auf einem Bett voller Dornen liegt, denken sie, es sei Askese. Wenn jemand hungert, dann gilt er als Asket. Unsere Vorstellungen von Askese sind sehr materialistisch, sehr körperbezogen. Für die meisten Leute bedeutet Askese, den Körper zu martern. Wenn jemand seinen Körper quält, dann praktiziert er Askese. In Wirklichkeit hat Askese damit überhaupt nichts zu tun. Askese ist etwas ganz anderes, etwas völlig Einzigartiges. Wenn jemand fastet, so glaubt ihr, er praktiziere Askese; aber er stirbt bloß vor Hunger. Genau gesehen fastet er gar nicht wirklich, er nimmt nur kein Essen zu sich. Keine Nahrung zu sich zu nehmen ist eins, Fasten ist etwas ganz anderes.

Ein *Upvaas*, ein Fasten, bedeutet, in der Gegenwart des Göttlichen zu leben, seiner eigenen Seele nahe zu sein, ganz nahe. Und was bedeutet es, keine Nahrung zu sich zu nehmen? Nichts zu essen bedeutet, dem Körper nahe zu sein. Das sind zwei völlig gegensätzliche Dinge.

Ein hungriger Mensch steht dem Körper näher als der Seele. Im Vergleich dazu ist jemand mit einem vollen Bauch weniger auf den Körper fixiert. Wer hungert, denkt immerzu an seinen Hunger, seinen Bauch, seinen Körper. Seine Gedanken kreisen um den Körper, er befasst sich nur noch mit seinem Körper und mit dem Essen. Wenn es eine Tugend wäre, hungrig zu sein, so könnte man stolz auf die Armut werden. Wenn es spirituell wäre, Hunger zu leiden, so wären alle armen Länder spirituell. Aber wisst ihr, dass kein armes Land wirklich spirituell sein kann? Bis jetzt war dies wenigstens nie der Fall. Ein Land kann nur religiös werden, wenn es reich ist.

Ihr erinnert euch vielleicht an vergangene Zeiten, als die Länder des Ostens religiös waren, als Indien religiös war, doch dies waren Zeiten voller Reichtum, voller Glück und Überfluss. Mahavira und Buddha waren Königssöhne; alle vierundzwanzig Tirthankaras der Jaina waren Königssöhne. Das ist kein Zufall. Weshalb wurde ein Tirthankara nie in einer ärmlichen Hütte geboren? Dafür gibt es einen guten Grund: Askese beginnt stets mitten im Überfluss. Ein Armer steht dem Körper näher, ein Reicher beginnt freier vom Körper zu werden, weil seine körperlichen Bedürfnisse erfüllt worden sind und er sich erstmals neuer Bedürfnisse bewusst wird – seelischer Bedürfnisse.

Deshalb halte ich nichts davon, wenn ihr hungert oder jemand anderen zum Hungern anregt oder wenn ihr Armut spirituell findet. Wer das vertritt, ist von einer Illusion befangen und täuscht auch andere. Damit unterstützt er bloß die Armut und findet eine falsche Befriedigung. Hungrig zu sein hat keinen Wert; Fasten hat Wert. Es ist durchaus möglich, dass ihr im Zustand des Fastens nicht mehr ans Essen denkt und nichts zu euch nehmt, doch das ist etwas ganz anderes. Mahavira übte Askese. Er hungerte nicht, er fastete. Durch Fasten versuchte er der Seele immer näher zu kommen. Zu gewissen Zeiten, als er der Seele ganz nahe war, vergaß er den Körper. Diese Zeiten können ausgedehnt werden, es können ein, zwei Tage, ja sogar ein ganzer Monat vergehen.

Man erzählt von Mahavira, er habe in den zwölf Jahren, da er Askese übte, nur an dreihundertfünfzig Tagen gegessen. Ein oder zwei Monate vergingen, ohne dass er etwas zu sich nahm. Glaubt ihr, zwei Monate wären einfach so verstrichen, wenn er hungrig gewesen wäre? Ein hungriger Mensch wäre gestorben. Doch Mahavira starb nicht, denn er war sich während dieser Perioden seines Körpers nicht bewusst. Da war eine solch unmittelbare Nähe zu seiner Seele, dass er sich der Anwesenheit seines Körpers nicht bewusst war.

Es ist etwas sehr Seltsames. Wenn man sich der Gegenwart des Körpers nicht mehr bewusst ist, beginnt er nach einem völlig anderen System zu funktionieren und braucht keine Nahrung mehr. Heute ist es wissenschaftlich bewiesen, dass der Körper nach einem völlig anderen System zu funktionieren beginnt und nicht viel Nahrung benötigt, wenn man sich seiner nicht mehr bewusst ist. Und je mehr jemand die spirituelle Welt betritt, desto mehr wird es ihm möglich, subtile, sehr subtile Energie aus der Nahrung zu ziehen, was für einen gewöhnlichen Menschen nicht möglich ist. Mahavira fastete nur, weil er der Seele so nahe war, dass er nicht mehr an Nahrung dachte. Das wäre eine mögliche Erklärung dafür.

Einmal war ein religiöser Mann bei mir und sagte: „Heute faste ich."

Ich erwiderte: „Du meinst wohl, dass du heute nichts isst und nicht, dass du fastest."

Er fragte: „Was ist denn der Unterschied?"

Ich sagte: „Wenn man nichts isst, dann nimmt man keine Nahrung zu sich und beginnt dafür über das Essen zu meditieren. Fasten hingegen bedeutet, sich nicht mehr mit Essen zu befassen. Du bist eins mit der Seele und vergisst das Essen."

Fasten ist echte Askese. Nichts zu essen bedeutet, den Körper zu peinigen, den Körper zu unterdrücken. Menschen mit einem Ego essen nichts; Menschen ohne Ego fasten. Nichts zu essen, befriedigt das Ego: „So viele Tage habe ich nun schon nichts gegessen!" Alle um dich herum sind voller Lob und Freude. Die Nachricht, dass du sehr religiös bist, verbreitet sich in Windeseile. Schon ein wenig körperliche Pein erfüllt das Ego ungemein, daher lassen sich Leute mit einem großen Ego gern darauf ein.

Ich sage euch ganz klar, dass das Belange des Egos sind. Das sind keine religiösen Interessen. Religiöse Menschen fasten ganz gewiss, doch sie verzichten nicht auf Nahrung. Fasten bedeutet, völlig in dem Bemühen aufzugehen, der Seele nahe zu kommen. Und wenn man beginnt, sich der Seele zu nähern, kann es geschehen, dass man das Essen völlig vergisst. Ich möchte betonen, dass das für jeden Lebensaspekt gilt, nicht nur für diesen einen.

Gestern habe ich zu euch über Sex und Liebe gesprochen hier ist es genauso. Wer sich bemüht den Sex zu unterdrücken, wird euch sehr religiös vorkommen, doch in Wirklichkeit ist er keine Spur religiös. Ein religiöser Mensch ist jemand, der sich mit der Entwicklung von Liebe befasst, denn wenn man liebevoller wird, verschwindet Sex von selbst. Während ihr dem Göttlichen näher kommt, werden im Körper viele Veränderungen stattfinden. Die Art und Weise, wie ihr den Körper seht, wird sich ändern, es wird anders werden. Askese ist die Wissenschaft, durch die jemand vergisst, dass er der Körper ist, und erkennt, dass er die Seele ist. Askese ist eine Technik, eine Brücke, ein Weg, durch den ein Mensch vergisst, dass er der Körper ist – in ihm dämmert die Erkenntnis, die Seele zu sein.

Aber falsche Formen der Askese finden überall auf der Welt statt und haben viele Gefahren mit sich gebracht. Sie befriedigen das Ego von ein paar Egoisten, doch sie sind sehr schädlich für das Verständnis der Massen, denn die Massen glauben dann, dies sei wahre Askese, dies sei wahre Meditation, dies sei wahres Yoga. Dabei hat das weder mit Meditation noch mit Yoga zu tun.

Und noch etwas: Menschen, die daran interessiert sind, den Körper auf solche Weise zu unterdrücken, sind schlicht neurotisch. Der Genuss, den eigenen Körper zu peinigen, ist dasselbe wie der Genuss, dem Körper eines anderen Menschen Schmerz zuzufügen. Der einzige Unterschied besteht darin, dass die Freude anderen Schmerz zuzufügen, stellvertretend am eigenen Leib erfahren wird. Solche Leute sind gewalttätig. Das ist Masochismus, das ist Gewalt gegen sich selbst.

Ich möchte euch auch daran erinnern, dass es zwei Arten von Instinkt im Menschen gibt. Der eine ist der Instinkt zu leben, der Überlebenstrieb; doch es ist euch vielleicht nicht bewusst, dass im Menschen auch noch ein anderer Instinkt existiert, der Todestrieb.

Gäbe es keinen Todestrieb im Menschen, könnte es nicht überall auf der Welt so viele Selbstmorde geben. Ein latenter Todestrieb ist in jedem Menschen gegenwärtig – in euch sind also beide Triebe vorhanden.

Der Todestrieb kann einen Menschen dazu provozieren, sich selbst zu töten. Er beginnt es auszukosten und sich daran zu berauschen. Einige begehen in einem einzigen Versuch Selbstmord, andere tun es sehr langsam, sozusagen in Raten. Wer es in einem Versuch schafft, hat Selbstmord begangen, doch wer es langsam tut, scheint Askese zu üben und gilt bei euch als ein Asket. Wirkliche Askese ist kein Selbstmord.

Askese hat nichts mit Tod gemein, sie ist mit unendlichem Leben verbunden. Askese hat kein Interesse am Tod, sondern ist darauf aus, ein totaleres Leben zu erlangen.

Meine Vision von Askese ist also in den drei Schlüsseln enthalten, von denen ich soeben gesprochen habe, und später werden wir drei weitere Schlüssel besprechen. Diese sechs Schlüssel erklären, was Askese in meiner Vision bedeutet. Wer sich auf diese sechs Sutras einlässt, übt Askese. Habt ihr euch je gefragt, ob das wirklich Askese sei, wenn jemand einfach wegrennt und seine Frau zurücklässt? Die Leute nennen das Askese – sie bezeichnen ihn sogar als Sannyasin. Es ist jedoch gut möglich, dass er von seiner Frau weggerannt ist, aber noch immer an sie denkt. Echte Askese ist, wenn deine Frau neben dir sitzt und du von ihr nicht abgelenkt wirst. Wegzurennen und trotzdem ständig an sie zu denken, ist nicht Askese.

Wer wegrennt und etwas zurücklässt, denkt weiterhin daran. Es ist ihm unmöglich, es sich aus dem Kopf zu schlagen. Sonst könnte er ja ebenso gut dableiben und nicht daran denken, statt davonzurennen. Und noch etwas: Das, was da ist, beachtet man meistens nicht, aber wenn es nicht mehr da ist, beginnt man daran zu denken. Habt ihr das nicht schon selbst erlebt? Ihr denkt nicht an das, was ihr vor der Nase habt, ihr denkt an das, was nicht da ist. Wenn die Menschen, die ihr liebt, euch nahe sind, vergesst ihr sie; sind sie weit weg, beginnt ihr euch an sie zu erinnern. Je weiter weg sie sind, desto intensiver erinnert ihr euch an sie. Ihr habt keine Ahnung, wie sehr diese sogenannten Sannyasins leiden.

Wenn all diese religiösen Leute auf der ganzen Welt ehrlich wären, würde die Illusion dieser sogenannten Religiosität wie eine Seifenblase zerplatzen. Wenn sie aufrichtig zeigen würden, was in ihnen vorgeht, den inneren Tumult, die Qualen, die sie durchmachen, die Sehnsüchte, unter denen sie leiden, die Begierden, die sie peinigen, der Teufel, der sie zu martern scheint –, wenn sie euch all das offenbaren müssten, würdet ihr sofort erkennen, dass die Hölle hier auf Erden ist. Ich sage das mit allem Nachdruck: Die Hölle kann nirgendwo anders sein. Das Leben eines Menschen ist die Hölle, wenn er seine Begierden nicht transformiert hat, sondern vor ihnen weggelaufen ist.

Askese bedeutet nicht vor irgendetwas wegzurennen. Sie ist eine Transformation. Askese ist nicht Verzicht, sondern Verwandlung. Askese ist kein Opfer, sie ist Transformation. Was immer auch in dieser Transformation geschieht, ist richtig; was beim Wegrennen, beim Verzichten geschieht, ist nicht richtig. Tausende von Menschen leiden. Sie kennen nur eine einzige Freude: das Ego zu befriedigen – und auch das gelingt nur ein paar wenigen, längst nicht allen. Das Ego von sehr intelligenten Menschen wird aus gewissen Gründen leichter befriedigt. Der Rest leidet und hofft, eines Tages in den Himmel zu kommen, dem Gang zur Hölle zu entrinnen und vielleicht Nirvana zu erfahren. Diese Gier, die euch anhaftet, haftet auch ihnen an. Und Gier ermöglicht euch, viel Mühsal zu ertragen. Selbst ein Durchschnittsmensch kann in seiner Gier viel Pein aushalten. Wer geldgierig ist, nimmt viel Mühsal auf sich, um Geld anzuhäufen, und wer gierig danach ist, in den Himmel zu kommen, lädt sich ebenfalls viel auf den Buckel.

Als man Christus zur Kreuzigung wegführte, fragte einer seiner Anhänger: „Wir haben alles für dich aufgegeben. Sag uns, welchen Platz wir im Reich Gottes einnehmen werden."

Christus muss ihn mit viel Erbarmen angesehen haben. Er erwiderte – ich weiß nicht, ob aus Mitleid oder im Scherz: „Auch auf dich wartet ein Platz neben Gott."

Der Mann war glücklich. Er sagte: „Dann ist ja alles gut."

Meint ihr wirklich, dieser Mann hätte alles aufgegeben? Es ist schwierig, einen noch gierigeren Menschen zu finden als den, der fragt: „Ich habe alles aufgegeben. Was werde ich jetzt als Gegenleistung erhalten?" Wer eine Gegenleistung erwartet, hat nichts wirklich aufgegeben.

Askese, hinter welcher der Wunsch steht, etwas zurückzubekommen, ist falsch, ist nicht Askese, sondern eine Form von Gier. Deshalb versprechen euch alle gängigen Formen der Askese eine Gegenleistung. Sie behaupten, dass alle, die diese oder jene Form von Askese praktizierten, irgendetwas damit erreicht haben. Das alles sind Spielarten von Gier.

Die einzige Askese ist die, zu versuchen sich selbst zu erkennen. Und dadurch ergatterst du keinen Platz im Himmel, sondern du wirst eine große Freude erfahren. Sein eigenes Selbst nicht zu kennen, heißt das Leben nicht zu kennen. Es ist unmöglich, dass in jemandem, der auch nur ein bisschen Intelligenz hat, keine Sehnsucht entsteht, sich selbst zu kennen. Er wird alles daran setzen, zu erfahren, wer er ist, und mit der Lebensenergie in seinem Innern bekannt zu werden.

Askese ist der Weg, die Wahrheit des Lebens zu erkennen. Askese ist kein Unterdrücken des Körpers. Es ist gut möglich, dass beim Meditieren manches geschieht, was euch wie Unterdrückung des Körpers vorkommt, obwohl nichts dergleichen stattfindet.

Habt ihr je eine Statue von Mahavira angeschaut? Empfindet ihr beim Anblick dieser Statue, dass dieser Mann seinen Körper unterdrückt hat? Wo habt ihr je einen Körper wie diesen gesehen? Und habt ihr euch auch die Heiligen im Gefolge von Mahavira angeschaut? Schon beim ersten Blick auf sie wird klar, dass sie ihren Körper unterdrückt haben. Ihre Vitalquellen sind alle ausgetrocknet. Ihr Körper wirkt traurig und schlapp und ihr Bewusstseinszustand ist ebenfalls träge. Sie sind ganz im Bann der Gier: „Wo ist sie, die Seligkeit? Wo ist der Friede, den wir in Mahaviras Statue sehen können?"

Denkt darüber nach. Mahavira legte seine Kleider ab. Meint ihr, dass er sie ablegte, weil er glaubte, man müsse auf Kleider verzichten? Gewiss nicht. Er lernte die Freude kennen, nackt zu sein. Ich möchte klar festhalten, dass Mahavira seine Kleider nicht ablegte, weil ihm der Verzicht Freude bereitet hätte, sondern wegen der Freude am Nacktsein. Nackt zu sein machte ihn so glückselig, dass es ihm lästig wurde, Kleider zu tragen. Daher warf er sie einfach weg.

Wenn ein Mönch, der ihm nachfolgt, seine Kleider ablegt, verspürt er dabei keine Freude. In Wirklichkeit fällt es ihm schwer, sich zu entblößen. Und diese Schwierigkeit zu überwinden ist für ihn eine Übung in Askese. Wenn er seine Kleider ablegt, denkt er, er praktiziere Askese. Für Mahavira war das keine Askese, es geschah aus Freude. Wenn jemand Mahavira nachfolgt, ohne ihn zu verstehen, ohne seine Seele zu verstehen, legt er nur seine Kleider ab, und weil ihm das Mühe bereitet, nennt er es Askese. Askese ist nicht schmerzhaft. Es gibt keine größere Freude als Askese. Aber wer sie nur oberflächlich ausübt, wird sie als schwierig und schmerzhaft empfinden. Und als Gegenleistung dafür, wird er sein Ego hier auf Erden befriedigen und ebenso seine Gier nach der jenseitigen Welt. Das nenne ich nicht Askese. Askese meint den Prozess, mit Hilfe von Kopf und Körper dein Inneres zu betreten. Und sein Inneres zu betreten ist schwierig und anstrengend – es erfordert viel Entschlossenheit.

Denkt darüber nach. Worin liegt mehr Askese? Wenn ich ständig im Regen und in der heißen Sonne stehe oder wenn ich nicht wütend werde, wenn mich jemand beleidigt? Wenn ich auf einem Nagelbett liege oder wenn jemand einen Stein nach mir wirft und in meinem Herzen nicht einmal ein Impuls aufkommt, ihm das mit gleicher Münze heimzuzahlen?

Jeder Zirkusartist vermag auf einem Nagelbett zu liegen. Und in der heißen Sonne zu stehen ist bloß Übungssache, nach ein paar Tagen verliert es jede Bedeutung. Es ist ganz einfach. Nackt herumzugehen ist nur eine Frage der Gewohnheit. Alle primitiven Völker auf der Welt leben nackt, doch wir nennen das nicht Askese, wir rennen nicht zu ihnen und werfen uns vor ihnen nieder, als hätten sie etwas Großartiges geleistet. Wir wissen, dass es bei ihnen so Sitte ist. Es ist etwas ganz Natürliches für sie, es fällt ihnen nicht schwer.

Askese ist nur echt, wenn sie die Frucht von Freude ist. Steht sie jedoch im Dienst des Leidens, ist sie nichts anderes als eine Form von Masochismus, ist sie nicht religiös, sondern neurotisch. Wenn dieses Verständnis auf der Welt wächst, werden wir einen solchen pseudoreligiösen Menschen in eine psychiatrische Klinik schicken, nicht in einen Tempel. Die

Zeit ist nicht mehr fern, wo jemand, der Vergnügen daran hat, seinen Körper zu peinigen, psychiatrisch behandelt werden muss. Und wenn jemand nur auf körperlichen Genuss aus ist, ist er ebenso krank wie einer, der Freude empfindet seinen Körper zu peinigen. Das ist nur das andere Extrem. Wenn jemand nur auf körperliches Vergnügen aus ist, dann ist das ebenso krank, wie wenn jemand seine körperlichen Gelüste unterdrückt und Freude daran hat, den Körper zu peinigen. Wer seinen Körper richtig gebraucht, wird frei von dieser Krankheit. Er ist nicht mit seinem Körper identifiziert, weder durch Schwelgen noch durch Unterdrückung. Der Körper ist bloß ein Gefährt.

Es gibt zwei Typen von Menschen, deren Freude vom Körper abhängt: Der eine empfindet Freude, wenn er zu viel zu sich nimmt, der andere, wenn er nichts zu sich nimmt. Beide genießen es, den Körper zu peinigen. Die Freude, die sie empfinden, ist auf den Körper beschränkt. Aus diesem Grund bezeichne ich sowohl die schwelgerischen Menschen als auch jene Art von religiösen Menschen als materialistisch. Sie befassen sich nur mit dem Körper. Ihrer Religiosität schadet das sehr. Die spirituellen Qualitäten der Religion müssen wieder zu ihrem Recht kommen.

Eine weitere Frage zu diesem Thema: „*Was ist der Unterschied zwischen Rag – Begierde, Virag – Ankämpfen gegen Begierde und Veetrag – jenseits von Begierde?*"

Rag bedeutet Verhaftetsein, *Virag* bedeutet, gegen dieses Verhaftetsein anzugehen, und *Veetrag* bedeutet, das Verhaftetsein überwunden zu haben. Versucht zu verstehen, was ich da gesagt habe. *Rag* bedeutet, an etwas zu haften, und *Virag*, dieses Anhaften zu vermeiden. Wenn jemand Geld anhäuft, ist das *Rag*, wenn jemand auf Geld verzichtet und wegrennt, ist das *Virag*. In beiden Fällen steht das Geld im Mittelpunkt. Wer es anhäuft, denkt daran, und wer es hinter sich lässt, denkt auch daran. Der eine zieht Freude daraus, so viel angehäuft zu haben – so viel Besitz befriedigt sein Ego! – während der andere sein Ego damit befriedigt, daran zu denken, auf wie viel er doch verzichtet hat.

Ihr werdet staunen: Leute, die Geld haben, führen Buch darüber, wie viel sie besitzen, und Leute, die auf Geld verzichtet haben, rühren ebenfalls Buch darüber, auf welche Summe sie verzichtet haben. Jene Mönche und religiösen Männer haben ganz genau aufgelistet, wie oft sie gefastet haben und sind auf dem Laufenden über die verschiedenen Arten ihres Fastens. Über das Schwelgen wird ebenso Buch geführt wie über das Verzichten. *Rag* führt Buch, und auch *Virag* führt Buch, denn sie haben denselben Fokus. *Veetrag* – jenseits von Verhaftetsein – ist nicht dasselbe wie *Virag*, das Negieren von Verhaftetsein. *Veetrag* ist ein Bewusstseinszustand, der frei ist vom Verhaftetsein und auch frei vom Ankämpfen dagegen. Er ist neutral. Du hast Geld, bleibst jedoch davon unberührt.

Kabir hatte einen Sohn, Kamaal. Kabir war im Zustand von *Virag*, Verhaftetsein, dem Ablehnen von *Veetrag*. Er mochte Kamaals Art nicht, denn wenn jemand ihm etwas anbot, behielt er es. Kabir sagte ihm oft: „Nimm von niemandem Geschenke an. Wir brauchen kein Geld."

Doch Kamaal erwiderte immer: „Wenn Geld nutzlos ist, weshalb sollte man da nein sagen? Wir bitten nicht darum, denn es ist ja nutzlos. Doch wenn jemand hierher kommt, um sich zu erleichtern, wieso soll ich nein zu ihm sagen? Geld ist ja sowieso nutzlos."

Kabir gefiel das nicht. Er sagte: „Ich möchte, dass du von jetzt an für dich allein wohnst."

Sein *Virag*, sein Ablehnen von Verhaftetsein, lief Gefahr, in die Brüche zu gehen. Deshalb forderte er Kamaal auf allein zu leben und Kamaal bezog eine eigene Hütte.

Der König von Kashi war hin und wieder zu Besuch bei Kabir. Er fragte: „Wo ist denn Kamaal geblieben?"

Kabir sagte: „Ich mag seine Art nicht. Sein Benehmen ist oberflächlich. Ich habe mich von ihm getrennt. Er lebt für sich allein."

Der König fragte: „Warum denn?"

Kabir meinte: „Er ist geldgierig. Jemand bietet ihm etwas an und er nimmt es."

Der König suchte Kamaal auf, verbeugte sich und legte ihm einen sehr kostbaren Diamanten zu Füßen. Kamaal sagte: „Was hast du da gebracht? Ach, bloß einen Stein."

Der König dachte: „Kabir hat doch behauptet, Kamaal sei dem Reichtum verhaftet, und jetzt sagt er, ich hätte ihm nur einen Stein mitgebracht." Er hob ihn auf und wollte ihn in seine Tasche stecken.

Kamaal sagte: „Wenn das ein Stein ist, brauchst du dir nicht die Mühe zu machen, ihn wieder heimzutragen; sonst glaubst du am Ende immer noch, es sei wirklich ein Diamant."

Der König dachte: „Da ist etwas faul." Und er fragte Kamaal: „Wohin soll ich ihn denn legen?"

Kamaal erwiderte: „Wenn du fragst, wohin du ihn legen sollst, hältst du ihn nicht wirklich für einen Stein. Wirf ihn doch einfach weg. Wozu ihn aufbewahren?" Der König legte den Diamanten in einen Winkel im Strohdach der Hütte und ging weg. Dabei dachte er: „Das riecht nach Betrug. Sobald ich ihm den Rücken kehre, schnappt er ihn sich."

Nach sechs Monaten kehrte er zurück. Er sagte zu Kamaal: „Vor einiger Zeit habe ich dir etwas angeboten."

Kamaal erwiderte: „Viele Leute bieten mir etwas an. Wenn diese Geschenke mich wirklich interessierten, würde ich sie entweder behalten oder sie zurückgeben. Aber sie interessieren mich nicht. Warum sollte ich mich also daran erinnern? Doch wenn du sagst, du hättest mir etwas mitgebracht, ist es wohl so."

Der König sagte: „Mein Geschenk war nicht gerade billig. Es war sehr wertvoll. Wo ist der Stein, den ich dir gab?"

Kamaal meinte: „Schwer zu sagen! Wohin hast du ihn gelegt?" Der König schaute in den Winkel des Daches, wo er ihn hineingesteckt hatte. Der Diamant lag noch da. Er war verblüfft. Der Vorfall hatte ihm die Augen geöffnet.

Kamaal war ein einzigartiger Mensch. Für ihn war es nur ein Stein. Das nenne ich *Veetrag*, mit nichts mehr verhaftet zu sein. Es ist nicht mehr nur *Virag*, das Ablehnen des Verhaftetseins, es transzendiert das Verhaftetsein. *Rag* ist das Bestreben, an etwas festzuhalten; *Virag* meint das Bestreben, darauf zu verzichten. *Veetrag* bedeutet, dass es jede Bedeutung verloren hat. Dieses Transzendieren des Begehrens ist das Ziel. Wer es erreicht, kennt die höchste Glückseligkeit, denn all sein Verhaftetsein an Äußeres hat sich verflüchtigt.

Und jetzt zur letzten Frage: *Ist Meditation unmöglich ohne das, was du die Grundlage für Meditation genannt hast: Reinheit des Körpers, Reinheit der Gedanken, Reinheit der Gefühle?*

Nein, Meditation ist auch ohne dies möglich, aber nur für ganz wenige Menschen. Wenn du mit totaler Entschiedenheit in Meditation eintrittst, dann kannst du das auch ohne jede vorherige Reinigung tun, denn sobald man in Meditation eintritt, werden Körper, Gedanken und Gefühle rein. Wenn es dir jedoch nicht leicht fällt, so viel Entschlusskraft aufzubringen – und es ist tatsächlich sehr schwierig –, dann wirst du eins nach dem andern reinigen müssen.

Du wirst mit dieser Reinigung keinen Zustand der Meditation erlangen, aber du wirst mehr Entschlossenheit gewinnen. Durch das Reinigen wird die Energie, die vorher durch Unreinheit vergeudet wurde, aufgespart, und wird sich in Entschlossenheit umwandeln. Dann kannst du in Meditation eintreten. Die drei zu reinigen ist also sehr hilfreich, aber nicht ausnahmslos notwendig.

Es ist für jeden unerlässlich, dem es nicht gelingt, direkt in Meditation einzutreten, und der sonst nicht zur Meditation finden würde. Absolut notwendig ist es jedoch nicht. Wenn auch nur einen Moment lang eine totale Entschlossenheit in dir da ist, kannst du direkt in Meditation eintreten. Wenn jemand auch nur einen Moment lang seine ganze Energie sammelt und den Sprung wagt, dann kann ihn nichts aufhalten keine Unreinheit, nichts. Doch nur sehr wenige Menschen hatten das Glück, so viel Energie zu sammeln; nur sehr wenige fassen so viel Mut. Nur Menschen wie die, von denen ich euch in folgender Geschichte erzähle:Es gab einmal einen Mann, der dachte, die Welt müsse irgendwo zu Ende sein. Also machte er sich auf, um den Ort zu finden, wo die Welt aufhört. Er reiste tausende von Meilen und fragte überall nach: „Ich muss die Stelle finden, an der die Welt zu Ende ist."

Schließlich kam er zu einem Tempel mit einem Schild, auf dem geschrieben stand: „Hier endet die Welt." Er bekam Angst. Das Schild war aufgetaucht – ein wenig weiter noch und die Welt war zu Ende! Darunter stand noch: „Nicht weitergehen!" Doch er wollte dieses Ende der Welt sehen, also ging er weiter. Kurz dahinter war die Welt zu Ende. Es gab einen Rand und darunter war ein unendlicher Abgrund. Er schaute kurz hinunter und war zu Tode erschrocken. Er rannte zurück.

Er wagte nicht einmal, sich umzusehen, der Abgrund war so schrecklich tief. Auch Klüfte, die nicht so tief sind, machen Angst, aber sie haben wenigstens einen Grund; dieser Abgrund jedoch war unendlich – es war das Ende der Welt, dahinter war nichts mehr. In seiner Angst rannte er in den Tempel und sagte zum Priester: „Dieser Punkt da am Ende ist sehr gefährlich." Der Priester erwiderte: „Wenn du gesprungen wärst, hättest du gesehen, dass das Ende der Welt der Anfang der Göttlichkeit ist. Ein Sprung in den Abgrund und du hättest das Göttliche gefunden."

Um genügend Mut zu fassen und in den Abgrund zu springen, braucht es eine gewisse Vorbereitung zur Meditation, es sei denn, man hat bereits genug Mut gesammelt. Nur wer bereit ist, in den Abgrund zu springen, braucht keine Vorbereitung. Wie könnte es auch eine Vorbereitung geben? Es gibt keine und deshalb habe ich diese Vorübungen die äußeren Disziplinen genannt. Sie sind ein äußeres Hilfsmittel und werden euch bis zu einem gewissen Punkt helfen. Wer den Mut aufbringt, kann direkt hineinspringen; wer nicht so viel Mut hat, kann diese Übungsschritte verwenden.

Genug für heute. Morgen werden wir die übrigen Fragen diskutieren.

Das Licht des Bewusstseins

Ich habe über die äußeren Aspekte gesprochen, welche die Grundlage der Meditation bilden. Jetzt werde ich über das innerste Wesen von Meditation sprechen.

Die eigentliche Grundlage von Meditation ist den Körper, die Gedanken und die Gefühle zu reinigen und ihr wahres Wesen zu erfahren. Das allein genügt schon und euer Leben wird glückselig werden, euer Leben wird göttlich, ihr verbindet euch mit dem Jenseitigen. Doch es wird vorerst nur eine Begegnung mit dem Jenseitigen sein, ihr seid noch nicht mit ihm verschmolzen. Ihr seid mit dem Jenseitigen in Verbindung getreten, aber ihr seid nicht mit ihm eins geworden. Die Grundlage der Reinigung wird euch zum Göttlichen hinwenden und euer Augenmerk darauf richten; doch allein der Zustand der Leere erlaubt euch mit dem Göttlichen zu verschmelzen und mit ihm eins zu werden.

Am Anfang, an der Peripherie lernt ihr Wahrheit kennen; im Zentrum werdet ihr zu Wahrheit. Deshalb will ich jetzt von dieser zweiten Phase sprechen. Ich habe die erste Phase die der Reinigung genannt; die zweite Phase nenne ich die der Leere. Dieses Sich-Leeren erfolgt ebenfalls in drei Schritten: auf der Ebene des Körpers, der Ebene des Denkens und auf der Ebene der Gefühle.

Körperlosigkeit ist das Gegenteil der Identifikation mit dem Körper. Ihr seid noch ganz mit dem Körper identifiziert. Ihr empfindet nicht: „Das ist mein Körper", ganz im Gegenteil. In gewisser Weise habt ihr immer das Gefühl: „Ich bin der Körper." Wenn das Gefühl euer Körper zu sein verschwindet, werdet ihr körperlos. Wenn sich eure Identifikation mit dem Körper auflöst, folgt Körperlosigkeit.

Als Alexander aus Indien zurückkehrte, wollte er einen Sannyasin mitnehmen, damit er den Griechen zeigen konnte, wie ein indischer Sannyasin aussieht. Viele Sannyasins hätten sofort eingewilligt – kein Wunder, wenn die Einladung von Alexander stammte und königliche Ehren winkten. Doch Alexander wollte keinen, der allzu bereitwillig mitkam, denn das wäre kein wirklicher Sannyasin gewesen. Er suchte einen mit einer gewissen Authentizität.

Als er die Grenzregionen durchquerte, hörte er von einem bestimmten Sannyasin. Man berichtete ihm, er lebe am Ufer des Flusses in den Wäldern und sei genau der Richtige.

Alexander schickte seine Soldaten aus, um den Sannyasin zu ihm zu bringen. Sie fanden ihn und sagten zu ihm: „Du hast Glück. Tausend andere Sannyasins vor dir haben Alexander gebeten sie mitzunehmen, doch er hat keinen von ihnen ausgewählt. Jetzt hat dir der große Alexander seine Gunst erwiesen und möchte, dass du mit ihm gehst. Man wird dich wie einen König behandeln und nach Griechenland bringen."

Der Sannyasin erwiderte: „Niemand hat so viel Macht oder

Mut einen Sannyasin zu zwingen, irgendwohin zu gehen."

Die Soldaten waren schockiert. Ein nackter Sannyasin wagte es, so mit Soldaten des mächtigen Alexander zu sprechen! Sie sagten zu ihm: „Sag das nicht noch einmal, sonst verlierst du dein Leben."

Doch der Sannyasin sagte: „Niemand kann mir ein Leben nehmen, das ich bereits selber hingegeben habe. Geht und sagt eurem Alexander, dass seine Macht alles überwinden kann, nur den nicht, der sich schon selbst überwunden hat."

Alexander war überrascht. Seltsame Worte waren das – und doch bedeutsam. Er fühlte, dass er den gesuchten Sannyasin gefunden hatte. Alexander ging selber mit gezücktem Schwert hin und sagte zu ihm: „Wenn du nicht mitkommst, schlage ich dir den Kopf ab."

Der Sannyasin lachte: „Nur zu! Genauso wie du sehen wirst, wie der Kopf von diesem Körper abfällt, so werde auch ich sehen, wie der Kopf vom Körper getrennt wurde. Ich werde es auch sehen, ich werde das Geschehen genauso beobachten wie du. Du wirst mich nicht töten können, denn ich bin der Beobachter. Glaube also ja nicht, dass du mich auf irgendeine Weise verletzen kannst. Ich bin über den Punkt hinaus, wo mich jemand verletzen kann."

Darum hat Krishna gesagt: „Das, was kein Feuer verbrennen, kein Pfeil durchbohren, kein Schwert zerschneiden kann, diese Ist-heit, dieses Sein ist in uns. Das integrierte Sein, das kein Feuer verbrennen und kein Pfeil durchbohren kann, ist in uns." Körperlosigkeit meint, sich dieses Seins bewusst zu sein und die Identifikation mit dem Körper, das Gefühl, der Körper zu sein, aufzugeben. Doch um die Identifikation aufzugeben, müsst ihr etwas tun. Ihr müsst lernen, wie man sie aufgibt. Und je reiner der Körper ist, desto leichter wird es sein, die Identifikation mit dem Körper aufzugeben. Je mehr der Körper sich in einem Zustand der Reinheit befindet, desto schneller kann euch bewusst werden, dass ihr nicht der Körper seid. Daher ist Reinheit des Körpers die Grundlage und Körperlosigkeit ihre höchste Frucht.

Wie könnt ihr lernen, dass ihr nicht der Körper seid? Ihr müsst es selber erfahren. Wenn ihr versucht, euch im Stehen, im Sitzen, im Schlafen und Wachen daran zu erinnern, wenn ein wenig Aufmerksamkeit da ist, wenn ein wenig Bewusstheit über die Funktionen des Körpers da ist, habt ihr schon den ersten Schritt getan, Leere zu schaffen.

Wenn ihr einen Weg entlanggeht, schaut tief in euch hinein, und ihr werdet sehen, dass da jemand ist, der nicht geht. Du gehst zwar, deine Hände und Füße bewegen sich, aber in dir gibt es etwas, das nicht geht, das einfach nur beobachtet, wie du gehst. Wenn dich deine Hand oder dein Fuß schmerzt, wenn du dich am Fuß verletzt hast, dann schaue bewusst nach innen. Bist du verletzt? Oder ist dein Körper verletzt und du beginnst dich mit dem Schmerz zu identifizieren? Wenn dich dein Körper schmerzt, so werde dir bewusst, ob der Schmerz dich trifft oder ob du einfach Zeuge des Schmerzes bist. Wenn du hungrig bist, so schaue ganz bewusst hin, um herauszufinden, ob du hungrig bist oder ob dein Körper hungrig ist und du bloß Zeuge bist. Und wenn du dich glücklich fühlst, so beobachte ebenfalls und spüre, wo dieses Glück in Wirklichkeit stattfindet. Bei allem, was in deinem Leben geschieht, im Stehen, Sitzen, Gehen, Schlafen und Wachen, musst du dich daran erinnern und dich ganz bewusst bemühen, zu sehen, wo sich die Dinge wirklich abspielen. Geschieht es tatsächlich mit dir oder bist du bloß ein Zeuge?

Deine Gewohnheit dich zu identifizieren sitzt tief. Vielleicht beginnst du sogar zu weinen, während du dir einen Film oder ein Theaterstück ansiehst, oder du fängst an zu lachen. Wenn die Lichter im Saal angehen, wischst du dir heimlich die Tränen weg, damit niemand sie bemerkt. Du hast geweint, du hast dich mit dem Helden identifiziert, mit seiner Rolle. Etwas Schmerzliches ist ihm zugestoßen und du hast dich mit diesem Schmerz identifiziert und zu weinen begonnen.

Wer glaubt, dass alles, was mit seinem Körper passiert, ihm selber passiert, ist in Elend und Pein befangen. Es gibt nur eine einzige Ursache für all euer Elend und das ist eure Identifikation mit dem Körper. Genauso gibt es nur eine einzige Ursache für Glück: wenn eure Identifikation mit dem Körper aufbricht und ihr gewahr werdet, dass ihr nicht der Körper seid.

Dafür ist richtiges Erinnern nötig, Bewusstheit und Beobachten der körperlichen Aktivitäten. Es ist ein Prozess. Körperlosigkeit wird sich durch richtiges Beobachten des Körpers einstellen. Es ist nötig, den Körper zu beobachten. Wenn ihr abends zu Bett geht, ist es wichtig, euch bewusst zu sein, dass euer Körper zu Bett geht, nicht ihr selbst. Und wenn ihr morgens aufsteht, ist es wichtig, euch bewusst zu sein, dass euer Körper aufsteht, nicht ihr selbst. Nicht ihr habt geschlafen, nur euer Körper schlief. Wenn ihr esst, seid euch bewusst, dass euer Körper isst, und wenn ihr Kleider tragt, seid euch bewusst, dass die Kleider nur den Körper bedecken, nicht euch selbst. Dann werdet ihr euch, wenn euch jemand verletzt, mit dieser Bewusstheit erinnern können, dass der Körper verletzt wird, nicht ihr selbst. Mit Hilfe dieses ständigen Erinnerns wird zu einem gewissen Zeitpunkt eine Explosion geschehen und die Identifikation zerbricht.

Wisst ihr, dass ihr euren Körper nicht wahrnehmt, wenn ihr träumt? Und wisst ihr, dass ihr auch im Tiefschlaf euren Körper nicht bewusst wahrnehmt? Erinnert ihr euch etwa an euer Gesicht? Je tiefer ihr in euch selber hineingeht, desto mehr vergesst ihr euren Körper. In einem Traum seid ihr euch eures Körpers nicht bewusst, und im sehr tiefen Schlaf, in einem Zustand des Unbewussten, schon gar nicht. Wenn das Bewusstsein zurückzukehren beginnt, kehrt allmählich auch eure Identifikation mit dem Körper zurück. Schaut, wenn ihr am Morgen plötzlich aufwacht, nach innen und ihr werdet klar erkennen können, dass auch eure Identifikation mit dem Körper aufwacht.

Es gibt ein Experiment, um diese Identifikation mit dem Körper zu brechen. Wenn du es ein-, zweimal im Monat ausführst, wird es dir helfen, die Identifikation zu durchbrechen. Versuche zuerst, dieses Experiment zu verstehen.

Entspanne den Körper auf dieselbe Art, wie wir es vor der Nachtmeditation getan haben: Verdunkle das Zimmer, gib jedem Chakra Suggestionen, entspanne den Körper und gehe in Meditation hinein. Wenn der Körper entspannt ist, wenn dein Atem sich entspannt hat und dein Wesen still geworden ist, dann fühle dich, als wärst du gestorben. Werde dir im Inneren bewusst, wer von deinen Lieben sich um dich versammelt, weil du ja gestorben bist. Stelle dir bildlich vor, wie sie dich umgeben – was sie tun, wer von ihnen weint, wer schluchzt, wer trauert. Beobachte sie mit größter Klarsicht. Sie werden sichtbar für dich sein.

Dann schaue, wie alle Leute aus der Nachbarschaft, aus deinem Wohnort, sich zusammen mit deinen Lieben versammeln und deinen Leichnam auf der Totenbahre festgebunden haben. Beobachte auch dies. Sieh, wie die Bahrenträger die

Verbrennungsstätte erreichen. Und dann lasse sie die Bahre auf den Scheiterhaufen legen.

Beobachte alle genau. Es ist alles nur Imagination, aber wenn du damit in deiner Phantasie experimentierst, wirst du es dir sehr klar vorstellen können. Und dann siehst du, dass man deinen Leichnam auf den Scheiterhaufen gelegt hat; die Flammen sind hochgestiegen und dein Leichnam ist verschwunden.

Wenn deine Vorstellung an den Punkt gelangt, wo der Leichnam verschwunden und der Rauch zum Himmel gestiegen ist, wo die Flammen sich in Luft aufgelöst haben und nur noch Asche übrig geblieben ist, dann schaue unverzüglich mit totaler Aufmerksamkeit in dich hinein, was nun geschieht. In diesem Augenblick wirst du plötzlich merken, dass du nicht der Körper bist, in diesem Augenblick wird die Identifikation völlig durchbrochen sein.

Wenn du dieses Experiment viele Male durchgeführt hast und danach aufstehst, herumgehst und sprichst, wirst du wissen, dass du nicht der Körper bist. Wir haben diesen Zustand den körperlosen Zustand genannt. Wer sich durch diesen Prozess kennen lernt, wird körperlos.

Wenn ihr die ganze Zeit, vierundzwanzig Stunden am Tag, herumgeht, aufsteht, euch setzt, sprecht und dabei bewusst bleibt, nicht der Körper zu sein, wird euer Körper nur noch eine Leere sein. Doch das Wissen, dass wir nicht der Körper sind, ist rar. Es ist äußerst rar, nichts ist kostbarer als das. Sich vom Körper zu desidentifizieren ist etwas absolut Rares.

Wenn ihr dieses Experiment der Körperlosigkeit ausführt, werden nach dem Körper auch eure Gedanken und eure Gefühle gereinigt sein. Und vieles beginnt sich in eurem Leben zu ändern. All eure Fehler, all eure unbewussten Handlungen sind mit dem Körper verbunden. Alles Falsche, was ihr getan habt, ist mit dem Körper verbunden. Wenn euch bewusst wird, dass ihr nicht der Körper seid, kann es kein Elend in eurem Leben mehr geben.

Wenn euch dann jemand mit einem Schwert ersticht, werdet ihr sehen, dass er euren Körper mit dem Schwert zerteilt hat, und ihr werdet euch bewusst sein, dass euch dabei nichts geschehen ist. Ihr bleibt davon unberührt. In diesem Augenblick seid ihr wie ein Lotusblatt im Wasser. Sobald ihr eurer Körperlosigkeit gewahr werdet, wird euer Leben friedlich und ungestört. Dann werden keine äußeren Geschehnisse, kein Donnerschlag, kein Sturm euch berühren, denn sie können nur euren Körper berühren, sie wirken sich nur auf den Körper aus. Ihr glaubt jedoch irrtümlicherweise, dass sie sich auf euch selbst auswirken; deshalb leidet ihr und fühlt Schmerz oder Freude.

Dies ist die erste Phase der spirituellen Disziplin: Ihr lernt, wie ihr euch vom Körper befreit. Es ist nicht schwierig und wer sich die Mühe macht, wird es mit Sicherheit erfahren.

Das zweite Element der spirituellen Disziplin ist die Freiheit von Gedanken. Genauso wie Körperlosigkeit durch richtiges Beobachten des Körpers erfolgt, so kann auch die Freiheit von Gedanken durch richtiges Beobachten eurer Gedanken erfolgen. Das Grundelement der spirituellen Disziplin ist Beobachten. In diesen drei Phasen müsst ihr mit Bewusstheit und Beobachten dem Körper, den Gedanken und den Gefühlen gegenübertreten.

Werdet zum Beobachter der Gedankenströme, die durch euer Bewusstsein fließen. Sitzt an der Seite eures Verstandes und beobachtet ihn, so wie jemand, der am Ufer eines Flusses sitzt und zuschaut, wie er vorbeifließt, oder wie einer, der im

Wald sitzt und zuschaut, wie die Vögel vorbeiziehen. Sitzt einfach da und seht zu. So wie ihr den Regenhimmel und die wandernden Wolken anschaut, so beobachtet ihr die Wolken der Gedanken, die über den Himmel eures Verstandes ziehen. Die fliegenden Vögel der Gedanken, der fließende Strom der Gedanken … Steht still am Ufer und schaut zu, wie sie vorbeifließen. Tut nichts, greift nicht ein, haltet sie in keiner Weise auf. Unterdrückt sie in keiner Weise. Wenn ein Gedanke kommt, so haltet ihn nicht an, und wenn er nicht kommt, versucht ihn nicht herbeizuzwingen. Seid einfach nur ein Beobachter.

In diesem einfachen Betrachten werdet ihr erfahren, dass eure Gedanken und ihr selbst voneinander getrennt seid. Ihr könnt sehen, dass der, der die Gedanken beobachtet, von ihnen getrennt ist, anders ist als sie. Und sobald ihr dessen gewahr werdet, wird euch ein unbekannter Friede einhüllen, denn ihr selbst werdet keine Sorgen mehr haben. Ihr könnt euch inmitten verschiedenster Sorgen befinden, doch es sind nicht eure Sorgen. Ihr könnt euch inmitten vieler Probleme befinden, doch es sind nicht eure Probleme. Ihr könnt von Gedanken umringt sein, doch ihr werdet die Gedanken nicht sein. Und wenn ihr gewahr werdet, dass ihr nicht eure Gedanken seid, wird sich die Kraft dieser Gedanken abschwächen, sie werden immer lebloser. Die Macht eurer Gedanken liegt darin begründet, dass ihr denkt, sie seien eure eigenen. Wenn ihr mit jemand diskutiert, sagt ihr: „Meiner Meinung nach …" Aber kein Gedanke ist euch eigen. Alle Gedanken sind verschieden von euch, getrennt von euch. Seid einfach nur Zeuge von ihnen.

Ich werde euch eine Geschichte erzählen, damit ihr das besser versteht. Sie passierte zu Buddhas Zeiten.

Ein Prinz war initiiert worden und schon am ersten Tag ging er um Almosen betteln. An einer Tür, die ihm Buddha bezeichnet hatte, bat er um Nahrung. Er erhielt sie auch, aß und kehrte zurück. Doch bei seiner Rückkehr sagte er zu Buddha: „Vergib mir, aber ich kann dort nicht mehr hingehen."

Buddha fragte: „Was ist geschehen?"

Er sagte: „Ich hatte zwei Meilen zu gehen und auf dem Weg dachte ich daran, was ich gern essen würde. Und als ich bei der Tür ankam, hatte die *Shravika*, eine Laienanhängerin Buddhas, genau diese Speisen zubereitet. Ich war überrascht, doch ich glaubte noch immer an einen bloßen Zufall. Aber als ich mich setzte, um zu essen, kam mir in den Sinn, dass ich mich zu Hause jeden Tag eine Weile ausgeruht hatte, und ich dachte: ‚Wer fragt mich jetzt wohl, ob ich mich heute ein wenig ausruhen möchte?' Und noch während ich das dachte, sagte die Shravika: ‚Bruder, wenn du nach dem Essen noch eine Weile hier bleiben und dich ausruhen möchtest, wäre ich dir sehr verbunden und dankbar und mein Haus wäre gereinigt.' Ich war wirklich überrascht, doch dann dachte ich wieder, es müsse wohl ein Zufall sein, dass mir ein Gedanke in den Sinn kommt und sie ihn ebenfalls erwähnt. Ich legte mich also hin und wollte mich ausruhen, als mir der Gedanke kam: ‚Heute habe ich kein eigenes Bett mehr und kein eigenes Obdach; heute bin ich unter dem Dach von jemand anderem und liege auf der Matte von jemand anderem.' Und im gleichen Augenblick sagte die Shravika hinter mir: ‚Ach, Mönch, das Bett gehört weder dir noch mir und das Obdach ist weder deins noch meins.' Da bekam ich Angst.

Ich konnte kaum glauben, dass es immer wieder solche Zufälle geben konnte, deshalb fragte ich die Shravika: ‚Erreichen dich denn meine Gedanken? Bist du dir der Gedankenwellen in mir bewusst?' Und sie antwortete: ‚Durch ständiges Meditieren sind meine Gedanken verschwunden und jetzt kann ich die Gedanken von anderen Leuten sehen.' Da bekam ich wirklich Angst und rannte zu dir zurück. Bitte vergib mir, aber morgen kann ich unmöglich noch einmal dorthin."

Buddha fragte: „Warum denn nicht?"

Und er antwortete: „Weil … wie soll ich sagen? Vergib mir, aber schicke mich bitte nicht noch einmal dort hin."

Doch Buddha ließ nicht locker und so musste er mit der Sprache herausrücken: „Als ich diese schöne Frau sah, stiegen wollüstige Gedanken in mir auf – sie muss auch diese Gedanken gelesen haben. Wie kann ich ihr wieder unter die Augen treten? Wie kann ich vor ihrer Tür stehen? Ich kann da nicht mehr hin."

Doch Buddha sagte: „Das musst du aber, es ist Teil deiner Meditation. Nur so wirst du dir deiner Gedanken bewusst werden."

Er war hilflos. Kneifen konnte er nicht. Doch am nächsten Tag ging ein ganz anderer Mensch dorthin. Das erste Mal war er den Weg im Schlaf gegangen, er war sich nicht bewusst gewesen, welche Gedanken ihm durch den Kopf gingen. Diesmal ging er mit aller Achtsamkeit, denn jetzt hatte er Angst. Er ging ganz bewusst hin. Und als er bei ihrer Tür ankam, wartete er eine Weile, bevor er die Treppe hochstieg. Er sammelte sein Bewusstsein und richtete es nach innen. Buddha hatte gesagt: „Schaue einfach nur nach innen, tue gar nichts. Achte nur darauf, dass kein Gedanke unbemerkt bleibt. Achte nur darauf, dass kein Gedanke vorbeizieht, ohne dass du ihn siehst."

Er stieg die Stufen hoch und beobachtete sich innerlich. Er

konnte beinahe seinen Atem sehen, er nahm die kleinsten Bewegungen seiner Hände und Füße wahr. Und beim Essen war er sich jedes einzelnen Bissens bewusst. Es war, als äße jemand anderes die Speisen und er würde nur zuschauen.

Wenn du beginnst, dich selbst zu beobachten, wird es zwei Strömungen in dir geben: Einer tut etwas, der andere schaut einfach nur zu. Es wird zwei Teile in euch geben, den Handelnden und den Beobachter.

Er verzehrte also sein Essen, doch da war einer, der aß, und ein anderer, der beobachtete. In Indien und überall auf der Welt, wo Menschen Wissende sind, sagt man: „Wer beobachtet, bist du, und wer etwas tut, bist nicht du."

Er beobachtete. Er war erstaunt. Er kehrte tanzend zu Buddha zurück und sagte: „Großartig! Ich habe etwas herausgefunden. Ich habe zwei Erfahrungen gemacht: Die erste ist, dass die Gedanken aufhören, wenn ich völlig achtsam bin, wenn ich völlig bewusst nach innen schaue. Die zweite Erfahrung ist, dass ich, sobald die Gedanken aufhören, sehen kann, dass der Handelnde ein anderer ist als der Beobachter."

Buddha meinte: „Genau das ist der Schlüssel. Und wer ihn gefunden hat, der hat alles gefunden."

Werdet zum Beobachter eurer Gedanken, aber werdet nicht zu einem Denker. Deshalb nennen wir unsere Weisen Seher, nicht Denker. Mahavira ist kein Denker, Buddha ist kein Denker, sie sind Seher, Beobachter. Ein Denker ist ein kranker Mensch. Wer nicht weiß, der denkt. Wer weiß, denkt nicht, er beobachtet. Er kann es sehen, es ist sichtbar für ihn. Und der Weg zum Sehen führt über das Beobachten der Gedanken in euch. Im Stehen, im Sitzen, im Schlafen und im Wachen beobachtet ihr den Strom von Gedanken, der durch euch fließt, und ihr identifiziert euch mit keinem von ihnen. Lasst eure Gedanken getrennt von euch fließen und lasst euch selber getrennt von ihnen sein.

In euch sollte es zwei Ströme geben. Ein gewöhnlicher Mensch, der bloß denkt, hat nur den einen Strom. Wer meditiert, hat zwei Ströme, Gedanken und Beobachten, zwei parallele Ströme.

Ein gewöhnlicher Mensch hat also nur einen Strom in sich, den der Gedanken. Und auch ein Erleuchteter hat nur einen Strom in sich, den des Beobachtens. Versucht das zu verstehen. Ein gewöhnlicher Mensch hat nur einen Gedankenstrom in sich, der Beobachter schläft. Wer meditiert, hat zwei parallele Ströme in sich, Gedanken und Beobachten. In einem Erleuchteten dagegen bleibt nur ein einziger Strom zurück, der des Beobachtens. Das Denken ist verebbt.

Doch weil ihr das Beobachten aus einem Zustand des Denkens lernen müsst, müsst ihr gleichzeitig über Gedanken und Beobachten meditieren. Wenn wir uns vom Denken zum Beobachten bewegen wollen, müssen wir über beide meditieren. Das nenne ich richtiges Beobachten oder richtiges Erinnern. Mahavira nannte es „wache Intelligenz" – Achtsamkeit und wache Intelligenz. Das, was eure Gedanken beobachtet, ist eure wache Intelligenz. Es ist kinderleicht, Denker zu finden, aber es ist schwierig, jemanden zu finden, dessen Intelligenz wach ist.

Weckt eure Intelligenz. Ich habe euch gezeigt, wie man sie weckt – indem ihr mit Bewusstheit eure Gedanken beobachtet. Wenn ihr die Handlungen des Körpers beobachtet, wird der Körper verschwinden; wenn ihr eure rasenden Gedanken beobachtet, den Denkprozess, dann werden die Gedanken verschwinden; und wenn ihr eure Gefühle genau beobachtet, dann verschwinden auch die Gefühle. Zur Reinigung der Gefühle ist es wichtig, dass Liebe den Platz des Hasses einnimmt und Freundschaft den Platz der Feindschaft. Doch achtet immer auch darauf, dass es noch eine tiefere Wahrheit gibt: Hinter dem, der liebt, und dem, der hasst, liegt eine weitere Dimension: und zwar Bewusstheit. Sie liebt nicht, sie hasst nicht. Sie ist einfach nur Zeuge. Sie sieht manchmal Hass auftreten und manchmal sieht sie Liebe, doch sie ist einfach nur Zeuge, sie beobachtet nur.

Wenn ich jemanden hasse, werde ich mir da nicht an einem gewissen Punkt der Tatsache bewusst, dass ich hasse? Und wenn ich jemanden liebe, weiß ich da nicht irgendwie im Innern, dass ich liebe? Das, was sich dessen bewusst ist, steht hinter der Liebe und dem Hass.

Es ist euer Bewusstsein, das hinter eurem Körper, euren Gedanken und euren Gefühlen steht – hinter allem. Daher nennen es die alten Schriften *Neti-Neti*, weder dies noch das. Es ist weder der Körper noch die Gedanken noch die Gefühle, es gehört zu keinem von ihnen. Und wo nichts ist, da ist der Beobachter, der Seher, da ist Bewusstsein als Zeuge, da ist die Seele.

Denkt also daran, auch eure Gefühle zu beobachten. Mit der Zeit müsst ihr dahin gelangen, wo nur noch reines Sehen ist. Dieses reine Sehen müsst ihr euch bewahren. Dieses reine Sehen ist Intelligenz. Wir haben dieses reine Sehen Weisheit genannt oder Bewusstsein. Das ist das höchste Ziel von Yoga und von allen Religionen. Die Grundqualität der inneren spirituellen Disziplin ist richtiges Beobachten – Beobachten der körperlichen Aktivitäten, des Denkprozesses und der inneren Gefühlsströme. Wer durch diese drei Schichten gedrungen ist und zum Zeugen wird, wird das andere Ufer erreichen. Wer das andere Ufer erreicht hat, ist schon fast am Ziel. Wer in eine der drei Schichten verstrickt bleibt, ist noch immer an dieses Ufer gefesselt, er hat das Ziel noch nicht erreicht.

Dazu eine Geschichte. Es war eine Vollmondnacht so wie heute. Der Mond stand voll am Himmel, es war eine wunderschöne Nacht. Ein paar Freunde hatten Lust, mitten in der Nacht rudern zu gehen. Sie wollten ihren Spaß haben, deshalb tranken sie eine Menge, ehe sie ins Boot stiegen. Dann kletterten sie hinein, packten die Ruder und legten sich ins Zeug. Sie ruderten lange Zeit.

Als der Morgen dämmerte und ein kalter Wind zu wehen begann, kamen sie wieder zu Sinnen: „Wie weit sind wir eigentlich gekommen?", fragten sie sich. „Wir haben die ganze Nacht gerudert."

Doch als sie genau hinschauten, sahen sie, dass sie noch immer am selben Uferstück waren wie in der Nacht zuvor. Dann merkten sie, was geschehen war. Sie hatten ganz vergessen, das Boot loszubinden. In diesem unendlichen Meer des Göttlichen kann einer, der sein Boot nicht vom Ufer losgebunden hat, noch so sehr leiden und jammern, er wird nirgendwohin gelangen.

Woran ist euer Boot des Bewusstseins angekettet? Es ist an euren Körper, an eure Gedanken und an eure Gefühle gekettet. Der Körper, die Gedanken und die Gefühle – das ist euer Ufer. In betrunkenem Zustand könnt ihr endlos weiterrudern, ein Leben lang. Und wenn euch nach dieser endlosen Zeit eine kühle Brise von wachem Denken, von Weisheit anweht, wenn ein Lichtstrahl euch berührt und ihr aufwacht und euch umseht, werdet ihr merken, dass ihr ein ganzes

Leben damit vergeudet habt, euer Boot zu rudern und immer noch am gleichen Ufer festgebunden seid, wo ihr losgefahren seid. Dann werdet ihr wirklich sehen, dass ihr vergessen habt, das Boot loszubinden.

Lernt, wie man das Boot losbindet. Rudern ist sehr leicht, aber das Boot losbinden ist sehr schwierig. Eigentlich ist es gerade umgekehrt, es ist schwieriger zu rudern, als das Boot loszubinden. Was jedoch den Fluss des Lebens betrifft, fällt das Losbinden schwer und das Rudern leicht. Ramakrishna hat einmal gesagt: „Bindet euer Boot los, hisst die Segel und die Winde des Göttlichen werden euch erfassen – ihr braucht nicht einmal zu rudern."

Was er sagt stimmt. Wenn ihr euer Boot losbindet, werdet ihr sehen, dass die Winde des Göttlichen bereits wehen und euch zu fernen Ufern führen. Und bevor ihr nicht die anderen Ufer erreicht, wisst ihr nicht, was Glückseligkeit ist. Doch zuerst müsst ihr euer Boot losbinden. Meditation bedeutet, das Boot loszubinden. Warum waren jene Leute nicht fähig, ihr Boot loszubinden? Sie waren betrunken, sie waren unbewusst. Erst am Morgen, als sie den kalten Wind spürten und wieder zu Sinnen kamen, bemerkten sie, dass das Boot noch immer am Flussufer festgebunden war.

Ich habe von Bewusstheit gesprochen. Richtiges Beobachten ist das Gegenteil von Unbewusstheit. Ihr seid in einem unbewussten Zustand und deshalb habt ihr euer Boot an euren Körper, an eure Gedanken und an eure Gefühle gekettet. Wenn ihr den kalten Wind des Beobachtern spürt und achtsam werdet, ist es nicht schwierig, das Boot loszubinden. Unbewusstheit ist Festhalten, Bewusstheit befreit das Boot. Richtiges Beobachten jeder Handlung ist der Weg, der zu Bewusstheit führt. Es gibt nur eine einzige innere spirituelle

Disziplin und das ist Beobachten oder richtige Intelligenz oder Bewusstheit. Denkt daran, denn es ist sehr wichtig, es ständig und kontinuierlich anzuwenden.

Wenn die drei Leeren erfahren werden, wobei die Phasen der Reinigung zur Vorbereitung der Leere dienen – dann geschieht *Samadhi*, Erleuchtung. *Samadhi* ist das Tor zur Wahrheit, zum Selbst, zum Göttlichen. Wem *Samadhi* zuteil wird, für den verschwindet die Welt. Verschwinden bedeutet nicht, dass diese Mauern verschwinden oder dass ihr verschwinden werdet; verschwinden meint, dass diese Mauern nicht mehr Mauern sind und ihr nicht mehr ihr. Wenn sich ein Blatt bewegt, werdet ihr nicht nur das Blatt sehen, sondern auch die Lebenskraft, die es bewegt. Und wenn der Wind weht, werdet ihr nicht nur den Wind spüren, sondern auch die Kräfte, die ihn wehen lassen. Dann werdet ihr in jedem kleinsten Schmutzpartikel nicht nur das Sterbliche, sondern auch das Unsterbliche sehen. Die Welt ist insofern verschwunden, als das Göttliche erschienen ist. Gott ist nicht der Schöpfer der Welt.

Heute hat mich jemand gefragt: *Wer hat die Welt erschaffen?* Ihr seid hier mitten in den Bergen, in den Tälern und ihr fragt: „Wer hat diese Täler und diese Bäume erschaffen? Wer ist ihr Schöpfer?" Ihr werdet das immer wieder fragen, bis ihr es selbst erfahrt. Sobald ihr wissend geworden seid, werdet ihr nicht länger fragen, wer sie erschaffen hat, ihr werdet es wissen – es ist die Existenz selber. Es gibt keinen Schöpfer. Die Existenz selbst ist der Schöpfer. Wenn ihr Augen habt, werdet ihr sehen können; ihr werdet sehen, dass die Schöpfung selber der Schöpfer ist. Und diese weite Welt, die euch umgibt, wird zum Göttlichen werden. Das Göttliche wird nicht im Gegensatz zur Welt erlebt. Wenn die weltliche Einstellung verschwindet, erscheint das Göttliche.

In diesem Zustand von *Samadhi* werdet ihr die Wahrheit erkennen – jene verschleierte Wahrheit, die normalerweise verborgen ist. Und wodurch ist sie verborgen? Sie ist nur durch eure Unachtsamkeit verborgen. Es gibt keine Schleier, die die Wahrheit verdecken, die Schleier liegen auf euren eigenen Augen. Daher wird jemand, der die Schleier von seinen Augen fallen lässt, die Wahrheit erkennen.

Ich habe euch gesagt, wie das geht – die Reinigung und die Leere werden euch helfen, jene Schleier von euren Augen zu lüften. Wenn die Augen ohne jeden Schleier sind – diese reine Sicht ist *Samadhi*. *Samadhi* ist das höchste Ziel der Religion, von allen Religionen, von allen Yogas. Ich habe darüber gesprochen. Sinnt darüber nach, meditiert darüber. Denkt daran, gebt ihm Platz in euren Gedanken und lasst es in euer Wesen sinken. Wer Samen aussät, so wie ein Gärtner, wird eines Tages sehen, dass daraus Blumen erblüht sind. Wer hart arbeitet und in den Minen gräbt, wird eines Tages Diamanten und andere kostbare Steine finden. Wer rief hinunter ins Wasser taucht, wird eines Tages Perlen heraufbringen.

Wer Sehnsucht hat und mutig ist, wird sehen, wie sich sein Leben verwandelt. Er wird Fortschritte machen. Einen Berg zu erklettern ist keine so große Herausforderung wie sich selbst zu kennen. Und für einen intelligenten Menschen, der die nötige Kraft und Energie besitzt, ist es demütigend, sich selbst nicht zu kennen. Jeder Einzelne kann die Entschlusskraft aufbringen, die Wahrheit zu erkennen, sich selbst zu kennen, die Erleuchtung zu kennen. Mit diesem Vorsatz und auf diesen Grundlagen kann es jedem gelingen.

Denkt darüber nach.

Nun ist es Zeit für unsere Nachtmeditation.

Ich möchte euch dazu nochmals etwas sagen. Gestern sprach ich über die fünf Chakras im Körper. Es gibt Körperteile, die mit diesen Chakras in Beziehung stehen. Wenn ihr diese Chakras entspannt, wenn ihr ihnen immer wieder suggeriert, sich zu entspannen, werden sich gleichzeitig auch diese Teile eures Körpers entspannen.

Das erste Chakra ist das *Muladhar*. Das erste Chakra kann nahe bei den Genitalien gespürt werden. Ihr werdet dieses Chakra auffordern sich ganz zu entspannen. Richtet eure ganze Aufmerksamkeit darauf, sagt ihm, es solle sich entspannen. Ihr werdet denken: „Was wird denn allein dadurch, dass man etwas sagt, schon groß geschehen? Wie sollen sich meine Beine entspannen, nur weil ich sie auffordere, sich zu entspannen? Wenn ich dem Körper befehle zu erstarren, wie könnte er da erstarren?"

Es braucht nicht viel Intelligenz, um so etwas Triviales zu verstehen. Wenn ihr zu euch selbst sagt: „Hand, hebe das Taschentuch auf!" – wie hebt dann die Hand das Taschentuch auf? Wenn ihr euren Füßen zu laufen befehlt, wie laufen sie? Und wenn ihr ihnen sagt, damit aufzuhören, wie halten sie an? Jedes einzelne Atom eures Körpers folgt euren Befehlen. Wenn es ihnen nicht folgte, könnte der Körper nicht funktionieren. Ihr befehlt den Augen, sich zu schließen und sie schließen sich. In euch ist ein Gedanke und die Augen schließen sich. Warum? Glaubt ihr, es gebe keine Verbindung zwischen dem Gedanken und den Augen? Wenn es keine gäbe, könntet ihr dasitzen und denken, dass eure Augen sich schließen sollten, aber sie schließen sich vielleicht nicht. Ihr könntet denken, dass eure Füße laufen sollten, aber sie bewegen sich vielleicht gar nicht.

Was immer der Verstand sagt, erreicht gleichzeitig den Körper. Wenn ihr nur ein wenig intelligent seid, könnt ihr euren Körper zu allem veranlassen. Was ihr ihn jeden Tag tun lasst, ist nur natürlich. Doch wisst ihr, dass nicht einmal das völlig natürlich ist? Sogar dort wirkt die Macht der Suggestion. Wisst ihr, dass ein Menschenkind, wenn es unter Tieren aufwächst, nicht aufrecht stehen kann? Solche Fälle sind tatsächlich vorgekommen.

Vor einiger Zeit trug sich so ein Fall in den Wäldern bei Lucknow zu. Man fand einen Jungen, der von Wölfen großgezogen worden war. Wölfe tragen gerne Kinder aus den Dörfern weg und hin und wieder haben die Wölfe sie auch aufgezogen. Es hat viele solche Vorfälle gegeben. Vor etwa vier Jahren also wurde ein vierzehnjähriger Junge aus den Wäldern geholt. Die Wölfe hatten ihn als kleines Kind aus dem Dorf weggetragen, ihn gesäugt und großgezogen.

Dieser vierzehnjährige Junge war in jeder Beziehung ein Wolf. Er ging auf allen Vieren, er konnte nicht aufrecht stehen. Er gab wolfsartige Töne von sich und er war wild und gefährlich. Hätte er einen Menschen zu fassen gekriegt, so hätte er ihn bei lebendigem Leib gefressen. Sprechen konnte er nicht. Aber wieso kann ein vierzehnjähriger Junge nicht sprechen? Wenn ihr ihn dazu auffordern würdet, es wenigstens zu versuchen, was würde er da tun? Und weshalb kann ein vierzehnjähriger Junge nicht aufrecht stehen? Weil ihm nie suggeriert wurde aufrecht zu stehen kam ihm nie in den Sinn es zu versuchen. Wenn ein kleines Kind bei euch zu Hause geboren wird und euch alle gehen sieht, gibt ihm das eine Vorstellung vom Gehen. Wenn es alle Leute überall gehen sieht, wächst sein Mut, und langsam, langsam wächst die Vorstellung in ihm, dass es möglich ist, sich aufzurichten und auf zwei Beinen zu gehen. Es erhält also eine Vorstellung davon und diese dringt tiefer in sein Bewusstsein ein. Dann wächst sein Mut und es versucht zu gehen und es gibt sich alle erdenkliche Mühe. Wenn es andere sprechen sieht und hört, erhält es eine Vorstellung davon, dass es möglich ist zu sprechen und gibt sich dann Mühe zu sprechen. Die Stimmbänder, die ihm das Sprechen ermöglichen, werden aktiviert.

In uns gibt es viele Drüsen, die nicht aktiv sind. Vergesst nicht, dass die vollständige Entwicklung des Menschen noch nicht stattgefunden hat. Die Wissenschaftler, die den menschlichen Körper untersucht haben, sagen, dass nur ein sehr kleiner Teil des Gehirns aktiv ist. Der verbleibende Teil ist völlig inaktiv, er scheint keine Funktion zu haben. Bis jetzt wenigstens hat man noch keine nachweisen können. Ein großer Teil eures Hirns liegt völlig unbenutzt brach. Doch Yoga sagt, dass alle diese Teile aktiv werden können. Wenn man vom Menschen zu den Tieren hinuntersteigt, wird ein noch kleinerer Teil benutzt, der größere Teil eines Tierhirns bleibt ungenutzt. Und je weiter man die Leiter hinuntersteigt, desto größer wird der brachliegende Teil bei den niederen Tieren.

Wenn wir das Hirn von Mahavira oder von Buddha hätten untersuchen können, so hätten wir herausgefunden, dass sie ihr gesamtes Hirn benutzt hatten. Kein Teil lag brach. Ihre ganze Hirnkapazität wurde aktiviert, während in euch nur ein kleiner Teil benutzt wird.

Damit jener unbenutzte Teil aktiv wird, werdet ihr euch Suggestionen geben müssen. Ihr werdet euch Mühe geben müssen. Yoga hat versucht, diese Teile des Hirns durch Arbeit an den Chakras zu aktivieren. Yoga ist eine Wissenschaft und die Zeit wird kommen, da Yoga die höchste Wissenschaft auf der Welt werden wird.

Wie ich gesagt habe, werden sich diese fünf Chakras sofort entspannen, wenn ihr eure Aufmerksamkeit darauf richtet und den damit verbundenen Körperteilen Suggestionen gebt. Ihr suggeriert dem ersten Chakra sich zu entspannen und stellt euch gleichzeitig vor, dass die Füße sich entspannen – und die Füße werden entspannt sein. Dann bewegt ihr euch aufwärts. Ihr suggeriert dem zweiten Chakra in der Nähe des Bauchnabels sich zu entspannen und alle Organe rund um den Nabel werden entspannt. Dann geht ihr noch weiter hoch und suggeriert dem dritten Chakra in der Nähe des Herzens, dass es sich entspannen soll, und der ganze Herzkomplex wird sich entspannen. Dann geht weiter hoch und suggeriert dem vierten Chakra zwischen den Augen sich zu entspannen und alle eure Gesichtsmuskeln werden entspannt. Geht noch weiter hoch und suggeriert dem fünften Chakra sich zu entspannen und alles im Innern des Hirns wird entspannt und still werden. Je totaler ihr diese Suggestionen gebt, desto stärker wird der Erfolg sein. Wenn ihr es ein paar Tage lang ständig geübt habt, werdet ihr Resultate fühlen können.

Habt keine Angst, wenn ihr nicht gleich Resultate spürt. Wenn so schnell nichts passiert, braucht man sich nicht zu sorgen. Selbst wenn jemand, der danach dürstet die Seele zu entdecken, viele Leben dafür braucht, ist das nicht viel Zeit. Wir brauchen Jahre, um ganz gewöhnliche Dinge zu lernen. Wenn ihr dieses Experiment mit totaler Entschlossenheit, Geduld und Stille ausführt, ist euch das Ergebnis sicher.

Ihr werdet zuerst den Körper entspannen, indem ihr den fünf Chakras Suggestionen gebt. Wenn ich euch danach auffordere den Atem zu entspannen, so lasst ihn ganz entspannt werden. Dann werde ich euch sagen, dass euer Atem ganz still wird, und ihr gebt ihm diese Suggestion weiter. Und zuletzt sage ich dann, dass eure Gedanken verschwinden und der Verstand leer wird.

So verläuft unser Meditationsexperiment. Doch vor der Meditation werden wir zwei Minuten lang diese Suggestionen geben und vor den Suggestionen werden wir fünfmal den Beschluss fassen.

Nun beginnen wir die Nachtmeditation. Alle sollen sich hinlegen. Die Meditation soll nur im Liegen gemacht werden. Schafft euch also Platz. Wir werden zuerst sitzen, den festen Entschluss fassen und uns die Suggestionen geben und dann legen wir uns hin.

Wahrheit, dein Geburtsrecht

Was ist Wahrheit? Ist es möglich, nur einen Teil der Wahrheit zu erkennen? Und wenn nicht, was kann man tun, um zur Wahrheit zu gelangen? Denn es kann ja nicht jeder Mensch ein Weiser sein.

Zunächst einmal: Jeder Mensch hat das Potenzial, ein Weiser zu werden. Wenn er dieses Potenzial nicht verwirklicht, so ist das eine andere Sache. Wenn aus einem Samen kein Baum wird, hat das andere Gründe, aber jeder Same hat von Natur aus die Fähigkeit, ein Baum zu werden. Jeder hat dieses Potenzial. Dass er es nicht entfaltet, ist eine ganz andere Geschichte. Wenn er nicht gedüngt wird, keine gute Erde findet, nicht genug Wasser oder Licht bekommt, dann stirbt der Same – das ist möglich –, aber das Potenzial hat er.

Jeder einzelne Mensch hat das Potenzial, ein Weiser zu werden. Deshalb musst du diese Vorstellung, dass die Fähigkeit, erleuchtet zu werden, nur das besondere Privileg weniger Menschen ist, von vornherein aus deinem Kopf streichen. Erleuchtet zu werden ist nicht das Vorrecht irgendwelcher besonderer Menschen. Und die Leute, die diese Vorstellung verbreiten, wollen damit lediglich ihr Ego stärken. Wenn jemand behauptet, es sei sehr schwierig, erleuchtet zu werden, ist das Nahrung für sein Ego. Auf diese Weise füttern manche Leute ihr Ego. Ansonsten hat jeder das Potenzial, ein Weiser zu werden, denn es gibt genug Platz und Gelegenheit für jeden, die Wahrheit zu erfahren.

Wenn du sie nicht erfährst, ist das eine andere Sache. Aber dafür bist nur du verantwortlich, nicht dein Potenzial. Alle, die wir hier sitzen, haben das Potenzial, aufzustehen und zu gehen, aber wenn wir nicht gehen, sondern sitzen bleiben, was dann? Man entdeckt seine Kräfte nur, indem man sie aktiviert. Man kennt sie erst, wenn man sie gebraucht.

Jetzt gerade sitzt ihr hier und niemand kann ahnen, dass ihr fähig seid zu gehen. Wenn du in dich hineinschaust, kannst selbst du diese Fähigkeit nirgends ausfindig machen. Du wirst sie nicht lokalisieren können. Erst wenn du es ausprobiert hast, weißt du, ob du gehen kannst. Und nur wenn du den Versuch unternommen hast, erleuchtet zu werden, kannst du wissen, ob du das Potenzial dazu hast oder nicht. Diejenigen, die es nie versucht haben, glauben sicherlich, dass nur wenige Menschen diese Fähigkeit haben. Aber das stimmt nicht.

Als Erstes musst du also verstehen, dass es jedermanns Recht ist, die Wahrheit zu erlangen, es ist jedermanns Geburtsrecht. In dieser Hinsicht hat niemand besondere Rechte.

Und der andere Teil der Frage lautet: Was ist Wahrheit? Kann man auch nur einen Teil von der Wahrheit erkennen?

Man kann die Wahrheit nicht nur zum Teil erkennen, denn die Wahrheit ist eins. Sie kann nicht auseinander genommen werden. Das würde bedeuten, dass man jetzt nur ein klein wenig Wahrheit erkennt, danach ein wenig mehr und dann noch etwas mehr. So läuft das nicht. Die Wahrheit wird als Ganzes erfahren, es ist kein gradueller Vorgang. Sie wird total erfahren, sie wird explosionsartig erfahren. Aber wenn ich sage, dass man sie nur total erfahren kann, dann beunruhigt euch das, weil ihr euch so schwach fühlt. Wie kann so jemand wie ihr die ganze Wahrheit erfahren?

Wenn ein Mann auf das Dach eines Hauses klettert, dann ist er mit einem Mal oben, obwohl er doch Schritt für Schritt nach oben geklettert ist. Er kommt nicht mit einem Schritt aufs Dach. Mit dem ersten Schritt ist er noch nicht oben und mit dem letzten Schritt auch noch nicht. Er nähert sich dem Dach, aber er ist nicht sofort oben.

Genauso kann man sich der Wahrheit allmählich nahem. Aber wenn man die Wahrheit erreicht hat, ist es die ganze Wahrheit. Mit andern Worten, du kannst ihr schrittweise näher kommen, aber die letztendliche Erfahrung der Wahrheit ist total, niemals teilweise, niemals fragmentär. Denke daran.

Diese Einführung in Meditation, die ich euch gegeben habe, besteht also aus einer Reihe von Schritten. Dadurch werdet ihr zwar nicht die Wahrheit erfahren, aber ihr könnt der Wahrheit damit näher kommen. Und wenn ihr beim letzten Schritt, den ich „die Leere der Gefühle" genannt habe, ankommt und auch über diesen Punkt hinausspringt, erfahrt ihr die Wahrheit. Aber dann wird die Wahrheit als Ganzheit erfahren.

Denke also nicht: „Wie kann ein schwacher Mensch wie ich die Wahrheit erfahren? Das gelingt mir nur, wenn man sie in kleine Portionen unterteilen kann."

Nein, auch du kannst sie erfahren, denn du brauchst immer nur ein kleines Stück Weg zu gehen. Man kann nicht die ganze Entfernung auf einmal zurücklegen, sondern immer nur kleine Abschnitte. Aber das Ziel erreicht man immer im Ganzen, du kannst nicht teilweise dort ankommen, denke daran.

Jemand anders hat gefragt: „Was ist Wahrheit?"

Es ist unmöglich, die Wahrheit in Worte zu fassen. Bis auf den heutigen Tag ist es nicht gelungen, sie in menschlicher Sprache auszudrücken – und das wird auch in Zukunft nicht möglich sein. Nicht, dass es unserer Sprache in der Vergangenheit an Reichtum gefehlt hätte und wir es in Zukunft sagen könnten. Nein, die Wahrheit ist unsagbar.

Das hat einen Grund. Die Sprache ist zum Zweck der Kommunikation mit anderen Menschen entwickelt worden. Sie wurde geschaffen, um sich mit andern zu verständigen, nicht, um Wahrheit auszudrücken. Und es ist unwahrscheinlich, dass diejenigen, die die Sprache entwickelt haben, die Wahrheit kannten. Deshalb gibt es für die höchste Wahrheit keine Worte. Und die Leute, die die Wahrheit kannten, haben sie nicht durch Sprache erfahren, sie haben sie durch Stille erfahren. Als sie die Wahrheit erkannt haben, waren sie vollkommen still, da gab es keine Worte. Doch als sie danach anfingen, über die Erfahrung zu sprechen, wurde es schwierig. Sie merkten, dass sie die Wahrheit unmöglich beschreiben konnten. Es gibt keine Worte dafür. Wenn sie dennoch Worte gebraucht haben, dann waren diese Worte unzureichend, sie blieben hinter der Erfahrung zurück. Und weil man nur ihre Worte zugrunde legte, kam es zu Streitereien – auf Grund eben dieser Worte! Denn alle Worte sind unzureichend, sie können die Wahrheit nicht ausdrücken. Sie sind nur Hinweise. Es ist, wie wenn jemand mit dem Finger auf den Mond zeigt.

Der Finger ist nur ein Hinweis, und wenn wir nach dem Hinweis greifen und denken, es sei der Mond, dann sind wir in Schwierigkeiten. Der Finger ist nicht der Mond. Du musst den Finger loslassen, damit das sichtbar wird, worauf er zeigt. Du musst die Worte fallen lassen, nur dann kannst du einen Schimmer der Wahrheit erkennen. Aber wenn du dich an Worten festhältst, entgeht dir die Erfahrung.

Deshalb kann ich euch einfach nicht sagen, was Wahrheit ist. Und wenn jemand behauptet, er könne es, dann täuscht er sich. Er täuscht sich selbst und auch euch. Man kann die Wahrheit nicht beschreiben, aber man kann sagen, wie ihr sie erfahren könnt. Die Methode, der Prozess können beschrieben werden, aber nicht die Wahrheit selbst.

Es gibt Methoden, um die Wahrheit zu erlangen, aber Definitionen der Wahrheit gibt es nicht. Während dieser drei Tage habe ich über diese Methoden gesprochen und vielleicht hattest du das Gefühl, dass wir die Wahrheit selbst überhaupt nicht beachtet haben. Ich habe zwar über die Wahrheit gesprochen, aber nie gesagt, was Wahrheit eigentlich ist.

Nein, man kann es nicht sagen, sondern nur erfahren – und dann wird es deine eigene Erfahrung sein. Die Methode kann dir jemand geben, aber die Erfahrung ist deine eigene. Es ist immer eine individuelle Erfahrung, die man nicht weitergeben kann.

Aus diesem Grund kann ich dir nicht sagen, was Wahrheit ist. Nicht weil ich dir etwas vorenthalten will, sondern weil es unsagbar ist.

Immer wenn früher, in der Zeit der Upanishaden, jemand zu einem Weisen ging und ihn fragte: „Was ist Wahrheit?", schaute der Weise den Mann durchdringend an.

Und wieder fragte der Mann: „Was ist Wahrheit?“ und dann zum dritten Mal: „Was ist Wahrheit?“

Und der Weise sagte: „Ich beantworte es dir immer wieder, aber du verstehst nicht.“

Der andere sagte: „Wie meinst du das? Ich habe dich dreimal gefragt und jedes Mal warst du still. Wie kannst du sagen, du hättest es mir immer wieder erklärt?“

Der Weise antwortete: „Ich wünschte, du könntest meine Stille verstehen, dann würdest du begreifen, was Wahrheit ist.“

Stille ist der einzige Weg, sie auszudrücken. Diejenigen, die die Wahrheit erfahren haben, sind still geworden. Wenn die Rede von Wahrheit ist, werden sie still.

Wenn du still bist, kannst du sie erfahren. Wenn du nicht still sein kannst, kannst du sie nicht erfahren. Man selbst kann die Wahrheit kennen, aber man kann nichts daran tun, dass der andere sie erfährt. Deshalb kann ich euch nicht sagen, was Wahrheit ist.

Ein anderer Freund hat gefragt: „Werden die Handlungen eines Menschen durch seine Handlungen aus früheren Leben bestimmt? Wenn ja, welchen Spielraum hat man dann in diesem Leben noch?“

Die Frage lautet: Wenn wir durch die Handlungen unserer Vergangenheit und durch Wertvorstellungen aus vergangenen Leben bestimmt werden, was können wir dann jetzt überhaupt noch tun? Es ist eine berechtigte Frage. Wenn ein Mensch durch seine vergangenen Handlungen vollkommen gebunden ist, was ist ihm dann noch selbst überlassen? Was kann er in der Gegenwart tun? Und wenn es stimmt, dass vergangene Handlungen keinerlei Einfluss haben, warum sollte man dann überhaupt etwas tun? Denn dann haben auch die kommenden Handlungen keinen Einfluss. Wenn man also heute etwas Gutes tut, dann gibt es keine Möglichkeit, morgen davon zu profitieren. Und wenn man vollständig durch vergangene Handlungen festgelegt ist, dann ist alles, was man tut, sinnlos, weil man total gebunden ist und nichts Neues mehr tun kann. Andererseits macht es auch keinen Sinn, wenn der Mensch vollkommen frei ist, denn dann ist er von allem, was er tut, morgen wieder frei und seine Handlungen haben keinerlei Auswirkung auf ihn. Deshalb ist der Mensch weder vollkommen gebunden noch vollkommen frei: Sein eines Bein ist angebunden, das andere ist frei.

Hasrat Ali wurde einmal gefragt: „Ist der Mensch frei oder durch frühere Handlungen gebunden?"

Ali antwortete: „Hebe ein Bein."

Der Mann konnte nun entweder das rechte oder das linke Bein heben. Er hob das linke Bein. Dann sagte Ali: „Jetzt hebe das andere Bein."

Und der Mann antwortete: „Ich kann immer nur ein Bein heben."

Ali sagte: „Genauso ist es im Leben. Du hast immer zwei Beine, aber du kannst nur eins davon heben, das andere ist immer gebunden. Deshalb kannst du das gebundene Bein mit Hilfe des andern, das sich bewegen kann, befreien. Aber du kannst auch das Bein, das frei ist, mit Hilfe des gebundenen Beines binden."

Was immer du in der Vergangenheit getan hast, hast du getan. Du hattest die Freiheit es zu tun und hast es getan. Ein Teil von dir ist eingefroren und gebunden, aber der andere

Teil ist frei. Du bist frei, jetzt das Gegenteil von dem zu machen, was du getan hast. Du kannst das, was du getan hast, auslöschen. Du kannst es zunichte machen, indem du etwas anderes tust. Du kannst es aufgeben, indem du etwas besseres tust. Es bleibt jedem Einzelnen überlassen, all seine alten Konditionierungen wegzuwaschen.

Bis gestern hattest du zum Beispiel immer die Angewohnheit wütend zu werden; du hattest die Freiheit, wütend zu werden. Jemand, der zwanzig Jahre lang jeden Tag wütend war, ist mit Sicherheit durch Wut geprägt. Da sind zwei Leute: der eine, der seit zwanzig Jahren ein Choleriker ist, steht morgens auf und findet seine Pantoffeln nicht vor dem Bett, der andere, der zwanzig Jahre lang nicht wütend war, steht auch morgens auf und findet seine Pantoffeln nicht. Bei welchem von beiden ist die Wahrscheinlichkeit größer, dass er in dieser Situation wütend wird? Sicherlich wird der erste Mann wütend, der schon seit zwanzig Jahren wütend wird.

In diesem Sinne ist er gebunden. Die alte Gewohnheit, wütend zu werden, kommt sofort durch, wenn etwas nicht so geschieht, wie er es gern möchte. Insofern ist er an zwanzig Jahre Konditionierung gebunden, die ihn dazu neigen lässt, das Gleiche zu tun, was er immer getan hat. Aber ist er so sehr gebunden, dass er nicht die Möglichkeit hätte, sich auch anders zu verhalten?

Nein, niemand ist jemals so sehr gebunden. Wenn es ihm bewusst wird, kann er augenblicklich damit aufhören. Es ist möglich, die Wut nicht zuzulassen, es ist möglich, sie zu transformieren. Dabei mag die alte Gewohnheit zwar eine Schwierigkeit darstellen, aber sie kann ihn nicht gänzlich hindern, denn der, der die Gewohnheit geschaffen hat, hat auch die Freiheit, sie ganz auszulöschen. Einfach indem man ein

Dutzend Mal damit experimentiert, kann man davon frei werden. Die Handlungen der Vergangenheit binden dich zwar, aber sie binden dich nicht vollständig. Sie haben zwar Ketten, aber alle Ketten können zerbrochen werden. Das Bewusstsein ist immer frei. Du bist immer frei, die Stufen, die du genommen hast und den Weg, den du eingeschlagen hast, zurückzugehen.

Die Vergangenheit schränkt dich also ein, aber deine Zukunft ist vollkommen offen. Das Bein der Vergangenheit ist gebunden und das Bein der Zukunft ist frei. Wenn du willst, kannst du das Bein der Zukunft in dieselbe Richtung heben, in der das Bein der Vergangenheit festgebunden ist. Dann bist du weiterhin gebunden. Aber du kannst auch das Bein der Zukunft in die entgegengesetzte Richtung heben und frei werden – es bleibt dir überlassen. Das Stadium, in dem beide Beine frei sind, wird *Moksha*, Erleuchtung genannt. Und die absolute Hölle ist der Zustand, wo beide Beine angebunden sind. Deshalb braucht man keine Angst vor der Vergangenheit oder vergangenen Leben zu haben, denn der Mensch, der die Handlungen begangen hat, hat immer noch die Freiheit, anders zu handeln.

Jemand hat gefragt: *Wer ist das, der denkt, nachdem er zum Beobachter geworden ist?*

Wenn du ein Beobachter bist, gibt es keine Gedanken. In dem Moment, wo du etwas denkst, bist du kein Beobachter mehr. Ich stehe im Garten und ich beobachte eine Blume. Ich schaue sie an. Wenn ich nur schaue, bin ich ein Beobachter, aber wenn ich anfange zu denken, bin ich kein Beobachter. Im Moment, wo ich anfange zu denken, ist die Blume nicht mehr hier vor meinen Augen – die Gedanken schieben sich zwischen mich und die Blume. Wenn ich sie anschaue und sage: „Diese Blume ist schön", sehe ich die Blume nicht, denn der Verstand kann nicht zwei Dinge auf einmal tun – ein dünner Schleier legt sich dazwischen. Wenn ich denke: „Diese Blume habe ich schon einmal gesehen, sie kommt mir bekannt vor", dann ist die Blume von meinen Augen verschwunden. Jetzt bilde ich mir nur ein, sie zu sehen.

Einmal ging ich mit einem Freund zu einer Bootsfahrt auf dem Fluss. Er war gerade von einer langen Auslandsreise zurückgekommen. Er hatte viele Flüsse und Seen gesehen und war in Gedanken noch ganz damit beschäftigt. Als ich ihn in dieser Vollmondnacht mit aufs Boot nahm, erzählte er von Seen in der Schweiz und in Kashmir. Nach einer Stunde kamen wir zurück und er sagte: „Der Platz, zu dem du mich geführt hast, war wirklich wunderschön!"

Ich sagte: „Du lügst. Du hast den Platz nicht einmal gesehen. Ich hatte die ganze Zeit das Gefühl, du könntest genauso gut noch in der Schweiz oder in Kashmir sein. Jedenfalls in dem Boot, in dem wir saßen warst du nicht. Und außerdem möchte ich dir sagen: Als du in der Schweiz und in Kashmir warst, musst du auch woanders gewesen sein, nicht auf den Seen, von denen du erzählt hast. Du hast keinen von diesen Seen gesehen."

Die Wand deiner Gedanken verhindert, dass du ein Beobachter bist. Nur wenn du die Gedanken loslässt, wenn du dich von ihnen trennst, wirst du zum Beobachter. Die Abwesenheit von Gedanken macht dich zum Beobachter. Aber wenn ich dich auffordere, ein Beobachter zu sein, fragst du mich: „Wer denkt dann?"

Es gibt niemand, der denkt, es gibt nur den Beobachter, und dieser Beobachter ist dein Inneres. Wenn du in einem Zustand des Beobachtens bist, wo kein Gedanke aufkommt, nicht die Schwingung eines Gedankens, dann trittst du in dich selbst ein. Es ist wie bei einem Ozean: Wenn es keine Wellen und keinerlei Bewegung gibt, dann ist die Oberfläche ruhig und du kannst in die Tiefe schauen. Gedanken sind Wellen, Gedanken sind eine Krankheit und eine Unruhe. Du gelangst zum Beobachten, wenn die Unruhe der Gedanken verschwunden ist. Wenn du Beobachter bist, ist niemand da, der denkt. Und wenn du denkst, bist du kein Beobachter mehr. Denken und Beobachten widersprechen sich. Deshalb haben wir so große Anstrengungen unternommen, diese Methode der Meditation zu verstehen. Im Grunde haben wir damit experimentiert, das Denken loszulassen.

In den Meditationsexperimenten, die wir hier unternehmen, lassen wir die Gedanken verschwinden, um schließlich einen Zustand zu erreichen, wo es keine Gedanken mehr gibt, sondern nur den Denker, nur er ist anwesend, aber er denkt nicht. Und wenn er nicht denkt, dann kann er sehen.

Versuche das zu verstehen: Denken und Beobachten sind zwei verschiedene Dinge. Deshalb habe ich gestern gesagt, dass nur blinde Menschen denken. Diejenigen, die Augen haben, denken nicht. Wenn ich keine Augen habe und aus dem Haus gehen will, dann denke ich: „Wo ist die Tür?" Aber wenn ich Augen habe, was gibt es dann zu denken? Dann sehe ich den Ausgang und gehe aus dem Haus.

Je weniger die Leute sehen können, desto mehr denken sie. Die Welt nennt sie Denker, aber ich sage, sie sind blind. Und je mehr die Leute sehen können, desto weniger denken sie. Mahavira und Buddha waren keine großen Denker. Ich habe sehr kluge Leute sagen hören, sie seien große Denker gewesen. Das ist vollkommen falsch. Sie waren absolut keine Denker, denn sie waren nicht blind. In Indien nennen wir diese Menschen Seher, Beobachter. Daher heißt in Indien die Wissenschaft dieser Methode *Darshan*, Sehen. Darshan bedeutet sehen. Wir nennen es nicht Philosophie. Philosophie und *Darshan* sind nicht das Gleiche. Es ist falsch den indischen *Darshan* indische Philosophie zu nennen, es hat nichts mit Philosophie zu tun. Philosophie bedeutet denken, kontemplieren, reflektieren. Und *Darshan* bedeutet, alles Denken, Kontemplieren und Reflektieren fallen zu lassen. Im Westen hat es Denker gegeben, der Westen hat seine Philosophie. Sie haben sich Gedanken darüber gemacht, was Wahrheit ist – sie haben darüber nachgedacht. In Indien denken wir nicht darüber nach, was Wahrheit ist, sondern wie wir sie erfahren können. Mit andern Worten: Wir denken darüber nach, wie man die Augen öffnet.

Daher ist unser ganzer Prozess und unsere ganze Arbeit darauf angelegt, die Augen zu öffnen. Logik kann sich nur entwickeln, wo es Gedanken gibt. Die Verbindung der Gedanken untereinander, ihre Beziehung zueinander ist durch Logik bestimmt, während die innere Verbindung von *Darshan*, vom Sehen durch Meditation bestimmt ist.

Im Osten hat sich keine Logik entwickelt. Wir haben die Logik überhaupt nie gemocht. Wir halten sie für ein Spielzeug, für Kinderei. Wir haben nach etwas anderem gesucht, wir haben nach *Darshan*, nach Sehen gesucht. Und um das zu erreichen, haben wir uns zur Meditation hin orientiert. Meditation ist ein Prozess, durch den du deine Augen öffnen und sehen kannst. Experimentiert also mit dem Beobachten! So werden die Gedanken schwächer und Momente des Nicht-Denkens tauchen auf. Damit meine ich nicht den Mangel an Gedanken, sondern Nicht-Denken.

Es gibt einen großen Unterschied zwischen Mangel an Gedanken und Nicht-Denken. Jemand, dem es an Gedanken fehlt, steht unter dem Denker, und jemand, der sich im Zustand des Nicht-Denkens befindet, steht viel höher als der Denker. Nicht-Denken ist ein Zustand, wo es keinen Strom von Gedanken mehr im Kopf gibt. Der Kopf ist still und aus dieser Stille entspringt die Fähigkeit, Beobachter zu sein. Ein Mangel an Gedanken ist ein Zustand, wo man nicht weiß, was man tun soll. Ihr sollt den Zustand des Nicht-Denkens erreichen, nicht den mangelnder Gedanken. Ein Mensch, dem die Gedanken fehlen, ist jemand, der nicht versteht. Ein Mensch, der in einem Zustand des Nicht-Denkens ist, versteht nicht nur, sondern kann auch Beobachter sein. Und der Beobachter führt dich zum Erkennen, zu deiner innersten Seele.

Die Experimente, die wir unternommen haben, um den Atem zu beobachten oder zu meditieren, helfen dir ganz einfach den Augenblick zu erfahren, wo du anwesend bist, aber nicht die Gedanken. Wenn du nur einen Moment lang diesen reinen Augenblick erfahren kannst, wo du da bist, aber es keine Gedanken gibt, dann hast du einen sehr kostbaren Schatz entdeckt.

Arbeite in dieser Richtung weiter und bemühe dich, ihn zu erlangen, mache diesen Augenblick, wo keine Gedanken existieren, nur Bewusstheit, zu deiner größten Sehnsucht.

Wenn das Bewusstsein frei ist von Gedanken, erfährst du Wahrheit. Und wenn das Bewusstsein von Gedanken überlagert ist, wenn die Bewusstheit unterdrückt ist, dann erfährst du keine Wahrheit. Es ist so, wie wenn der Himmel mit Wolken bedeckt ist und die Sonne nicht sichtbar ist. Genauso wenig ist dein inneres Sein sichtbar, wenn der Geist mit Gedanken bedeckt ist. Wenn du die Sonne sehen willst, musst du die Wolken zerstreuen, damit sie hervorkommen kann. Genauso musst du auch die Gedanken loswerden, damit du das innere Königreich spüren und erfahren kannst.

Als ich heute Morgen aus dem Haus kam, fragte mich jemand: *Kann es in unserem Zeitalter noch Erleuchtung geben?*

Ich bejahte. Daraufhin fragte er: *Wenn es sie gibt, kannst du dann voraussagen, welche Frage ich dir stellen will?*

Wenn du meinst, Erleuchtung sei lediglich die Fähigkeit, deine nächste Frage vorauszusagen, dann machst du einen großen Fehler. Du wirst dich von jedem Schlangenbeschwörer verdummen lassen, von jedem Jongleur, der für ein paar Pfennige auf der Straße seine Künste zeigt. Für ein paar Pfennige wird er dir sagen, was du denkst. Und wenn ein Erleuchteter dieser Idee jemals zustimmen sollte, ist er nicht erleuchtet.

Die Bedeutung von Erleuchtung ist nicht, dass du sehen kannst, was im Kopf eines anderen Menschen vor sich geht. Du hast die Bedeutung einfach nicht verstanden. Erleuchtung ist ein Bewusstseinszustand, wo es nichts zu wissen gibt, wo es keinen gibt, der weiß, sondern nur ein reines Gewahrsein.

Wenn du etwas weißt, sind daran drei Dinge beteiligt: zuerst der Wissende, der, der etwas weiß; dann das, was er weiß, das Objekt und als drittes gibt es die Beziehung zwischen beiden, das Wissen. Dieser Zustand reinen Wissens, die Erleuchtung, wird durch den Wissenden und das Objekt unterdrückt. Erleuchtung bedeutet, dass das Objekt verschwunden ist. Und wenn das Objekt verschwunden ist, wie kann es dann einen Wissenden geben? Wenn das Objekt verschwindet, verschwindet auch der Wissende. Was bleibt dann übrig? Dann bleibt nur reine Bewusstheit übrig. In diesem Augenblick der Bewusstheit erfährst du höchste Befreiung. Was ich Erleuchtung nenne, ist die Erfahrung reiner Bewusstheit. Das ist die Wahrheit, von der alle Religionen sprechen. Verschiedene Religionen haben unterschiedliche Ausdrücke für Wahrheit. Was Patanjali *Samadhi* genannt hat, haben die Jains *Kevalgyan*, das höchste Wissen genannt, und Buddha hat es *Pragya* genannt.

Erleuchtung bedeutet nicht, dass du weißt, was einem andern durch den Kopf geht. Das ist eine ganz einfache Angelegenheit, das ist ganz gewöhnliche Telepathie, Gedankenlesen. Mit Erleuchtung hat das nichts zu tun. Es gibt im Westen viele spiritistische Gesellschaften, die mit Telepathie und Gedankenlesen experimentieren und ein wissenschaftliches System entwickelt haben. Innerhalb eines Jahrhunderts oder sogar eines halben Jahrhunderts wird jeder Arzt, jeder Lehrer davon Gebrauch machen können. Jeder Geschäftsmann wird es benutzen, um die Wünsche seiner Kunden zu erfahren. Man wird das alles dazu gebrauchen, um die Leute auszunutzen. Es hat nicht das Geringste mit dem höchsten Wissen zu tun, es ist bloß eine Technik. Aber nur wenige Leute kennen diese Technik, deshalb meinst du, sie sei etwas Außergewöhnliches.

Erleuchtung bedeutet, den höchsten Zustand reinen Wissens zu erfahren. In diesem Zustand erfährst du das Unsterbliche, das, was ich *Satchitanand*, Wahrheit-Bewusstheit-Seligkeit, genannt habe.

Ein Freund hat gefragt: *Ist es möglich, einen Schimmer des Höchsten zu erblicken, ohne vollständig erleuchtet zu sein?*

Nein, das ist nicht möglich. Erleuchtung ist nur eine Tür. Es ist, als ob jemand fragen würde, ob man das Haus betreten kann, ohne durch die Tür zu gehen. Was würdest du darauf sagen? Du würdest sagen, das geht nicht. Und selbst wenn er ein Loch in die Wand brechen würde, um hineinzukommen, dann würdest du das Loch einen Eingang, eine Tür nennen. Wie immer du auch hineinkommst, es muss durch eine Tür sein. Wenn du intelligent bist, gehst du durch die Türe. Wenn du unintelligent bist, brichst du irgendwo ein Loch in die Wand. Es gibt keine andere Möglichkeit als die Erleuchtung. Erleuchtung ist die Tür zum Höchsten, zur Wahrheit, und ich kann nicht sehen, wie du ohne eine Tür eintreten willst – niemand ist je eingetreten, ohne durch die Tür hindurchzugehen. Vergiss das nicht und glaube nicht, dass das Höchste ohne *Samadhi* möglich sei. Aber so ist der Verstand: Er hofft, es gäbe einen billigeren Weg. Er redet dir ein, dass es einen Weg gibt, den du nicht selbst gehen musst. Aber du musst ihn gehen. Das ist ja die Bedeutung von Weg, dass du ihn erschaffst, während du ihn gehst. Du möchtest, dass es eine Tür gibt, durch die du nicht hindurch musst und dennoch dein Ziel erreichst. Aber es gibt keine Tür, die dich irgendwo hinführt, ohne dass du durch sie hindurchgehst.

Der Verstand hat viele Schwächen. Und eine seiner Schwächen ist, dass er etwas umsonst haben möchte. Besonders wenn es um die Erfahrung des Höchsten geht, hast du die Vorstellung, dass sie nur für dich in Frage kommt, wenn du nichts dafür zu tun brauchst. Aber selbst dann: Auch wenn sie dir jemand umsonst geben wollte, würdest du dir gründlich überlegen, ob du es annimmst.

Es gab einmal einen Mönch in Sri Lanka, der sprach jeden Tag über Erleuchtung, über *Nirvana*, über *Samadhi*, und manche Leute haben ihm jahrelang zugehört.

Eines Tages stand ein Mann auf und sagte zu ihm: „Ich möchte dich etwas fragen. So viele Leute hier hören dir seit Jahren zu, ist schon irgendjemand erleuchtet worden?"

Der Mönch antwortete: „Wenn es das ist, worum es dir geht, dann wollen wir dich gleich heute erleuchtet machen. Bist du bereit?"

Aber der Mann sagte: „Heute? Lass mich erst ein wenig nachdenken. Irgendwann einmal … Aber heute? Einfach so? Lass mich erst darüber nachdenken, ich komme noch mal wieder und sage dir Bescheid."

Wenn jemand dir vorschlagen würde, dich jetzt in diesem Moment Gott vorzustellen, ich glaube nicht, dass dein Verstand sofort ja sagen würde. Er würde darüber nachdenken. Auch ich spreche zu euch von Wahrheit und euer Kopf rängt an zu überlegen, ob er sie kennen will oder nicht. Selbst wenn du Gott umsonst bekämst, würdest du es dir überlegen.

Wenn du für etwas bezahlst, ist es ganz natürlich, dass du darüber nachdenkst – aber der Verstand will immer etwas umsonst. Was keinen Nutzen zu haben scheint, will er umsonst haben. Und was ihm wertvoll erscheint, dafür bezahlt er auch. Wenn dir nur ein wenig daran liegt, das Göttliche zu erfahren, spürst du, dass du alles dafür aufgeben könntest. Wenn du für einen kleinen Schimmer des Göttlichen alles aufgeben müsstest, würdest du es gerne tun.

Die Frage war: *Ist es möglich, einen Schimmer des Höchsten zu erblicken, ohne vollständig erleuchtet zu sein?*

Nein, es ist nicht möglich. Es ist nicht möglich, ohne eine Anstrengung zu unternehmen. Ohne deine Entschlossenheit und dein totales Engagement geht es nicht. Aber diese Art

220

von schwachen Menschen geben den Schwindlern Gelegenheit sie auszunutzen.

Auf der ganzen Welt ist eine Art religiöse Ausbeutung im Gange, bloß weil ihr etwas umsonst haben möchtet. Einige Leute erzählen euch, dass ihr durch ihren Segen alles bekommen könnt, was ihr wollt: „Verehrt mich, verneigt euch vor mir, ehrt meinen Namen, glaubt an mich und ihr werdet alles erreichen." Und weil die Leute schwach sind, glauben sie daran und vergeuden ihr Leben damit, diesen Leuten die Füße zu berühren. Auf diese Art werdet ihr gar nichts gewinnen. Es ist reine Ausbeutung.

Kein Guru kann euch die Erleuchtung geben. Er kann euch den Weg dorthin zeigen, aber gehen müsst ihr ihn selbst. Kein Guru kann ihn für euch gehen. Kein Mensch auf dieser Welt kann für einen anderen gehen. Es sind eure Beine, die euch zum Gehen verhelfen und ihr müsst selbst mit ihnen gehen. Und wenn jemand sagt – und davon gibt es viele – „Wir wollen nur eins von euch: dass ihr an uns glaubt, dann erledigen wir alles für euch" – dann beuten sie euch nur aus. Und weil ihr schwach seid, erlaubt ihr es ihnen.

Alle religiöse Heuchelei, die es auf der Welt gibt, ist mehr eurer Schwäche als den Heuchlern zuzuschreiben. Wenn ihr nicht schwach wärt, hätten die religiösen Heuchler keine Chance. Wenn ein Mensch nur ein klein wenig Stärke und Mut besitzt, wenn er nur ein klein wenig Stolz und Selbstachtung hat und ihm jemand sagt: „Ich lasse dich durch meinen Segen das Göttliche erfahren", wird er antworten: „Verzeih mir, aber das wäre eine große Beleidigung."

Wahrscheinlich würde er sogar sagen: „Ich kann mir nichts Beleidigenderes vorstellen, als dass ich mit Hilfe deines Segens das Allerhöchste erreichen soll?"

Und was euch jemand aus Gefallen gibt, kann er euch genauso leicht wieder wegnehmen. Eine Erleuchtung, die euch gegeben und genommen werden kann, wäre einfach eine Täuschung.

Niemand auf dieser Welt kann jemand anderem Wahrheit und Erleuchtung geben. Man kann sie nur durch eigenes Bemühen und Hingabe erfahren. Streicht das also völlig aus eurem Kopf, denn es wäre fatal für euch. Und nicht nur, dass es euch zugrunde richten würde, es gäbe auf diese Weise auch immer mehr Heuchler, Betrüger und falsche Gurus. Sie sind nicht ehrlich, sie sind wertlos und was noch schlimmer ist: Sie sind gefährlich und destruktiv.

Jemand hat gefragt: *In was sollte die Energie des Egos verwandelt werden?*

Ich habe euch erklärt, wie ihr mit der Energie der Wut kreativ umgehen könnt. Ich habe euch auch erklärt, dass die Sexenergie transformiert werden kann. Das Ego ist keine Energie wie Wut, Sex oder Habgier. In diesem Sinne ist das Ego gar keine Energie. Wut kommt gelegentlich auf, das Bedürfnis nach Sex ist nur manchmal da, Habgier ergreift auch nur manchmal Besitz von dir. Aber das Ego ist nicht nur manchmal da; solange du nicht erleuchtet bist, ist es immer da. Es ist keine Energie, es ist dein Zustand. Viele Dinge werden durch das Ego verursacht, aber das Ego selbst ist immer da. Die Wut hat ihren Ursprung im Ego. Ein Egoist ist noch wütender, er ist noch gieriger nach Ansehen, noch machthungriger. Diese Dinge entstehen in dir, weil du ein Ego hast.

Das Ego ist ein Zustand deines Bewusstseins. Solange es Unwissenheit gibt, gibt es Ego. Aber wenn Bewusstheit entsteht, verschwindet das Ego und an seiner Stelle erfährst du dein Sein. Das Ego umschließt dein Sein wie eine unsichtbare Hülle. Es ist keine Energie, sondern Unwissenheit. Viele Energien entstehen aus dieser Unwissenheit, und wenn du destruktiv mit der Energie umgehst, wird das Ego immer stärker. Aber wenn du die Energien kreativ nutzt, lässt das Egos nach, es wird schwächer. Wenn alle deine Energien kreativ genutzt werden, verschwindet das Ego eines Tages. Und wenn der Qualm des Egos verschwindet, entdeckst du dahinter die Flamme deines Seins.

Der Rauch des Egos umgibt die Flamme deiner Seele. Wenn das Bewusstsein klar wird, wenn der Rauch des Egos verschwindet, wenn alle Schichten des Ichs sich auflösen und wenn selbst die Vorstellung „Ich bin" verschwindet, dann erfährst du die Tiefe.

Ramakrishna hat oft eine Geschichte erzählt: Eine Statue aus Salz ging eines Tages zu einer Ausstellung ans Meer. Dort angekommen, sah sie zum ersten Mal die Unendlichkeit des Meeres. Jemand fragte sie: „Wie tief ist das Meer?"

Die Statue antwortete: „Ich will hineingehen und es herausfinden." Und sie sprang ins Wasser. Viele Tage und viele Jahre vergingen, aber die Statue kam nie zurück. Sie hatte gesagt: „Ich will es herausfinden" – aber sie bestand ja aus Salz. In dem Moment, wo sie ins Wasser sprang, löste sich das Salz auf und verschwand. So hat sie nie den Grund des Ozeans gefunden.

Das Ich, das nach dem Göttlichen sucht, nach der Tiefe des Ozeans, löst sich während der Suche auf. Es ist keine Energie, es ist nur wie eine Statue aus Salz. Als du dich auf die Suche nach dem Göttlichen gemacht hast, hattest du die Vorstellung:

„Ich will das Göttliche finden." Aber während du auf der Suche bist, merkst du, dass das Göttliche nirgends zu finden ist und auch der Sucher selbst verschwindet. Es kommt ein Augenblick, wo das Ich vollkommen leer wird, und dir aufgeht, dass du das Göttliche gefunden hast.

Nur wenn das Ich verschwindet, ist das Göttliche da. Solange es das Ich gibt, kannst du das Göttliche nicht finden. Deshalb hat Kabir gesagt: „Der Pfad der Liebe ist sehr schmal, er ist zu schmal für zwei."

Es kann entweder nur dich oder das Göttliche geben.

Das Ego ist die einzige Unwissenheit. Und durch diese Unwissenheit werden viele deiner Lebensenergien falsch genutzt. Wenn du sie richtig nutzt, bekommt dein Ego keine Nahrung mehr und verschwindet nach und nach. Wenn du also ausprobierst, was ich die drei Experimente zur Reinigung des Lebens genannt habe, – die Reinigung des Körpers, der Gedanken und der Gefühle – wenn du diese Experimente durchführst, wirst du eines Tages merken, dass das Ego verschwunden ist. Die Energie der Wut ist nicht verschwunden, aber das Ego ist verschwunden. Jetzt hat die Energie eine neue Form angenommen. Wut und Sex verschwinden nicht, sie werden transformiert. Sie sind in einer anderer Form vorhanden.

Aus Wut kann Mitgefühl werden – aber die Energie ist die gleiche. Und Menschen, die ein sehr starkes Temperament haben, entwickeln dann ein ebenso starkes Mitgefühl, denn die gleiche Energie nimmt eine neue Form an. Die Leute, die sehr sexuell sind, sind diejenigen, die später echte Enthaltsamkeit erfahren.

Wenn das Ego verschwindet, verwandelt es sich nicht in etwas anderes, denn es ist von Anfang an nur Unwissenheit, nur eine Illusion. Es ist, wie wenn jemand im Dunkeln ein Seil für eine Schlange hält, aber beim Näherkommen merkt, dass es in Wirklichkeit ein Seil ist. Wenn du ihn dann fragst: „Was ist aus der Schlange geworden?", wird er sagen: „Nichts ist aus der Schlange geworden. Es hat nie eine Schlange gegeben."

Genauso ist das Ego dein missverstandenes Sein. Es ist eine falsche Wahrnehmung deines Seins. Zu glauben das Ego sei dein Sein, ist das Gleiche wie zu meinen, ein Seil sei eine Schlange. Wenn du deinem Sein näher kommst, entdeckst du, dass das Ego nicht existiert. Es verwandelt sich also nicht in etwas anderes, sondern existiert ganz einfach nicht. Es war nur eine Illusion.

Das Ego ist Unwissenheit, nicht Energie. Doch diese Unwissenheit führt dazu, dass du deine Energie missbrauchst.

Und die letzte Frage: *Warum sollte die Seele mit der Existenz verschmelzen?*

Es wäre besser, wenn du gefragt hättest: „Warum sollte die Seele in Glückseligkeit zerfließen?" oder: „Warum sollte die Seele gesund werden?" oder: „Warum sollte die Seele von der Dunkelheit zum Licht streben?"

Der einzige Grund mit der Existenz zu verschmelzen ist, dass Leid und Schmerz nicht die Erfüllung des Lebens sein können. Mit andern Worten: Das Leben gibt sich nicht mit Leid zufrieden, es strebt immer nach Glück. Zu leiden bedeutet, von der Existenz getrennt zu sein. Wenn du mit dem Göttlichen eins wirst, wird das Leben reine Seligkeit. Es geht also nicht um Gott oder um das Göttliche, sondern um dein Bedürfnis, vom Leid zur Seligkeit zu gelangen, von der inneren Dunkelheit zum Licht. Aber wenn du meinst, das sei nicht nötig, dann sei mit deinem Leid zufrieden.

Aber niemand ist damit zufrieden im Unglück zu leben. Unglücklichsein trennt dich von dir selbst, Glücklichsein bringt dich zu dir selbst zurück. Die Welt ist Unglück, das Göttliche ist Glückseligkeit. Die Notwendigkeit mit der Existenz zu verschmelzen ist keine religiöse Notwendigkeit, sondern eine fundamentale Notwendigkeit.

Es kann also sein, dass jemand zu Gott nein sagt, aber niemand wird zur Glückseligkeit nein sagen. Deshalb behaupte ich, es gibt keinen Atheist, denn nur jemand, der Glückseligkeit zurückweist, kann ein Atheist sein. Jeder Mensch auf dieser Welt ist ein Theist, in dem Sinne, dass er durstig ist nach Glück.

Es gibt zwei Arten von Theisten: den weltlichen Theisten und den spirituellen Theisten. Der eine glaubt an die Welt und will das Glück in der Welt finden. Der andere glaubt, dass er nur im Bereich des Spirituellen Glückseligkeit findet. Die Leute, die ihr Atheisten nennt, sind Theisten in bezug auf die Welt; sie suchen ihre Seligkeit dort. Und heute oder morgen, wenn sie herausfinden, dass es keine Seligkeit in der materiellen Welt gibt, bleibt ihnen keine andere Alternative, als neugierig auf die spirituelle Welt zu werden.

Eure Suche ist die Suche nach Glückseligkeit. Niemand sucht nach dem Göttlichen, jeder sucht nach Seligkeit. Seligkeit ist das Göttliche.

Ich nenne diesen Zustand vollkommener Seligkeit das Göttliche. Wenn du in einem Zustand vollkommener Seligkeit bist, bist du göttlich. Das bedeutet: in dem Augenblick, wo du nach nichts mehr strebst, wirst du göttlich. Solange es noch Verlangen in dir gibt, gibt es auch noch Unglück. Wenn kein Verlangen mehr da ist, dann lebst du in vollkommener Seligkeit und nur dann bist du eins mit der Existenz.

Du hast gefragt: „Warum sollte man mit dem Göttlichen eins werden?" Ich will es so ausdrücken: Es gibt ein Streben, mit dem Göttlichen eins zu sein, weil du noch nach etwas strebst. An dem Tag, wo du nach nichts mehr strebst, gibt es auch kein Verlangen mehr, mit dem Göttlichen eins zu sein – du bist zum Göttlichen geworden.

Jeder Mensch möchte frei sein von seinem Verlangen. Er möchte frei sein von seinem Mangelgefühl und einfach nur grenzenlos und unendlich sein – nichts mehr, was er erreichen müsste. Nichts kann ihm genommen werden und nichts kann zurückgelassen werden. Diese Freiheit und Grenzenlosigkeit ist Gott. Gott bedeutet nicht, dass da oben irgendwo ein Mann sitzt, den du sehen kannst und der dich segnet, und du sitzt zu seinen Füßen und freust dich, dass du im Himmel bist. So einen Gott gibt es nirgends. Und wenn du so einen Gott suchst, lebst du in einer Illusion. Du findest ihn nie. Bis zum heutigen Tag hat ihn niemand gefunden.

Gott ist die höchste Seligkeit deines Bewusstseins. Gott ist keine Person, sondern eine Erfahrung. Deshalb kannst du Gott nie in dem Sinne gegenüberstehen, dass du ihn triffst oder zu ihm gehst und er vor dir steht und du ihn anschaust. Alles, was du anschauen kannst, ist eine Einbildung. Wenn alle Einbildung und alle Gedanken aus deinem Bewusstsein verschwunden sind, wird dir plötzlich bewusst, dass du einfach ein lebendiger Teil dieser unendlichen Welt bist, dieser Existenz, dieses Universums. Der Pulsschlag deines Herzens wird eins mit dem der ganzen Existenz. Dein Atem wird eins mit der Existenz, deine Lebenskraft schlägt im selben Rhythmus. Es gibt keine Grenzen, keine Unterschiede mehr zwischen dir und der Existenz. Dann weißt du: *„Aham brahmasmi,* ich bin Gott".

Dann erkennst du, dass das, was du für dein Ich gehalten hast, ein Bestandteil der ganzen Existenz ist. „Ich bin die Existenz" – das nenne ich die Erfahrung des Göttlichen.

Es gibt keine weiteren Fragen. Diejenigen, die mich ein paar Minuten alleine sehen möchten, können jetzt kommen. Wenn mich jemand unter vier Augen sprechen möchte, kann er das tun.

Ein Schritt nach dem andern

In diesen drei Tagen ist euer Herz mit viel Liebe, Frieden und Seligkeit überflutet worden. Ich bin einer dieser Vögel, die kein Nest haben, ihr aber habt mir einen Platz in eurem Herzen gegeben, ihr habt meine Gedanken und die Botschaft meines Herzens liebevoll in euch aufgenommen. Ihr habt ruhig zugehört und versucht zu verstehen und eurer Liebe Ausdruck gegeben. Dafür bin ich euch dankbar. Ich bin dankbar für das, was ich in euren Augen gesehen habe – eure Freude und die Freudentränen, die ihr geweint habt.

Ich bin sehr glücklich. Ich bin glücklich darüber, dass es mir gelungen ist, einen Durst nach Seligkeit in euch zu wecken, euch unzufrieden zu machen. Das scheint meine Bestimmung im Leben zu sein, dass ich die Menschen, die ruhig und zufrieden sind, unzufrieden mache und die Leute, die in aller Ruhe ihres Weges gehen, aufwecke und ihnen sage, dass das, was sie für ihr Leben halten, in Wirklichkeit nicht Leben ist, sondern nur Tauschung und Tod. Denn ein Leben, das im Tod endet, kann man nicht Leben nennen. Nur ein Leben, das unsterblich ist, ist wirklich Leben.

In diesen drei Tagen habt ihr versucht, dieses wahre Leben zu leben und euch ganz darauf konzentriert. Wenn eure Entschlossenheit stark genug ist und eure Sehnsucht rief, dann ist es wohl möglich, diesen Durst, den ihr in den letzten Tagen nur ein wenig löschen konntet, vollständig zu löschen.

Da wir heute Abend Abschied nehmen, möchte ich euch noch ein paar Dinge sagen. Zunächst: Wenn die Sehnsucht nach dem Göttlichen einmal in euch entbrannt ist, dann setzt sie schnell in die Tat um. Wer gute Taten auf die lange Bank schiebt, verpasst etwas, genauso wie jemand, der es eilig hat mit einer schlechten Tat.

Das ist einer der Schlüssel im Leben: Wenn du im Begriff bist, etwas Schlechtes zu tun, lasse es sein und schiebe es auf, aber wenn du etwas Gutes vorhast, dann fange damit an und zögere es nicht hinaus.

Wenn dir ein guter Gedanke in den Sinn kommt, solltest du ihn sofort ausführen, denn das Morgen ist ungewiss. Schon der nächste Augenblick ist ungewiss; niemand weiß, ob wir dann noch hier sind. Ehe wir sterben, müssen wir ganz sicher sein, dass der Tod nicht unser Schicksal ist. Ehe der Tod kommt, müssen wir lernen etwas zu erfahren, was jenseits von Tod ist. Und der Tod kann jederzeit kommen – sogar jetzt in diesem Augenblick, wo ich spreche. Deshalb muss ich jeden Augenblick bereit sein. Verschiebt also nichts auf morgen. Wenn ihr spürt, dass etwas richtig ist, dann handelt sofort.

Als wir gestern Abend am See saßen, habe ich euch von dem tibetischen Lama erzählt. Jemand war zu ihm gekommen, um ihn über die Wahrheit zu befragen. In Tibet war es Sitte, dass man erst dreimal um einen Lama herumgeht und sich vor ihm verneigt, ehe man eine Frage stellt. Dieser junge Mann ging also zu ihm hin, ohne jedoch die drei Runden zu machen und sich zu verneigen. Er ging einfach auf ihn zu und sagte: „Ich habe eine Frage! Beantworte sie mir!"

Der Lama sagte: „Erst vollziehe den vorgeschriebenen Ritus."

Der junge Mann erwiderte: „Du forderst die rituellen drei Runden? Ich kann dreitausendmal um dich herumgehen, aber wenn ich währenddessen sterbe, ohne die Wahrheit erkannt zu haben, wer ist dann dafür verantwortlich, du oder ich? Beantworte also erst meine Frage, dann will ich die drei Runden machen."

Der Lama sagte: „Wer weiß, womöglich sterbe ich mittendrin."

Die wichtigste Erkenntnis für einen Meditierenden ist, sich der Realität des Todes bewusst zu sein. Er muss sich ständig bewusst sein, dass es jeden Moment so weit sein kann: „Wer weiß, wenn ich heute Nacht schlafen gehe … vielleicht ist es meine letzte Nacht, vielleicht stehe ich morgen nicht mehr auf. Deshalb darf ich heute Abend nichts unerledigt lassen, damit ich in Frieden einschlafen kann. Wenn der Tod kommt, ist er willkommen."

Verschiebe also etwas Schönes nie auf morgen. Und zögere alles Schlechte, so lange du kannst, hinaus – vielleicht kommt ja vorher der Tod und befreit dich davon, es zu tun. Der Tod ist nicht weit weg – wenn du einige deiner schlechten Handlungen zehn oder zwanzig Jahre hinausschieben kannst, könnte dein Leben göttlich werden.

Der Tod ist nicht weit weg – wenn es jemand schafft, seine schlechten Handlungen ein paar Jahre hinauszuschieben, kann sein Leben rein werden. Aber wenn er das Gute zu lange aufschiebt, wird er sein Leben lang keine Seligkeit erfahren.

Das Gute eilt. Und wenn du ein gutes Gefühl zu etwas hast, dann fange damit an. Jemand, der etwas auf morgen verschiebt, will es eigentlich gar nicht tun. „Ich tue es morgen" – so schiebt man Dinge auf. Wenn du etwas gar nicht tun willst, dann sei dir darüber im Klaren. Das ist eine andere Sache. Aber es auf morgen zu verschieben ist gefährlich. Damit hat man es gewissermaßen für immer verschoben. Wenn man etwas bis morgen liegen lässt, hat man es sozusagen schon aufgegeben.

Sobald sich etwas richtig anfühlt im Leben, ist das der beste Augenblick, danach zu handeln. Genau dann musst du handeln. Und denkt daran, dass die Schlüssel, die ich euch gegeben habe, um mit dem Guten und der Wahrheit zu experimentieren, keine intellektuellen Lehren sind. Mit andern Worten: Ich bin nicht daran interessiert, euch eine Lehre zu vermitteln. Ich habe kein Interesse an akademischen Fragen. Ich will euch überreden sie anzuwenden. Wenn ihr sie anwendet, können sie etwas in euch bewirken, dann können sie euch helfen. Wenn ihr sie anwendet, verwandeln sie euch. Diese Schlüssel sind sehr lebendig. Sie sind wie Feuer: Wenn ihr es nur ein wenig entflammt, könnt ihr die Geburt des neuen Menschen in euch erleben.

Die erste Geburt wird uns durch die Eltern zuteil. Es ist keine wirkliche Geburt, nur der Beginn eines neuen Todes. Es ist ein weiterer Zyklus, der mit dem Tod endet. Man wird nicht geboren, sondern nimmt nur einen neuen Körper an.

Doch es gibt noch eine andere Geburt, die euch nicht durch eure Eltern gegeben wird, sondern durch Meditation. Und das ist die wahre Geburt. Nur nach dieser Geburt wird man ein *Dwija*, ein zweimal Geborener. Diese Geburt muss man sich selbst geben. Seid deshalb nicht zufrieden und kommt nicht eher zur Ruhe, bis ihr diese zweite Geburt in euch erfahren habt. Solange sollte keine Energie in euch ungenutzt bleiben.

Nehmt alle eure Energie zusammen und fangt an! Wenn ihr gründlich und unbeirrbar mit diesen Schlüsseln arbeitet, merkt ihr sehr bald, wie etwas Neues in euch entsteht. Ein völlig neuer Mensch wird geboren. Und die äußere Welt wird im gleichen Maße neu werden, wie der neue Mensch in euch geboren wird.

Die Welt ist voller Licht, voller Glanz und ungeheurer Schönheit, wenn wir nur Augen haben, um sie zu sehen und ein Herz, um sie in uns aufzunehmen. Und diese Augen und dieses Herz können in euch geboren werden. Das allein ist der Grund, warum ich in den letzten Tagen all dies mit euch geteilt habe. Tatsächlich geht es nur um wenige Punkte eigentlich sind es nur zwei: Euer Leben soll rein sein und euer Bewusstsein leer. Im Grunde habe ich nur eins gesagt: dass euer Bewusstsein leer sein sollte. Die Reinigung des Lebens ist nur die Voraussetzung dafür.

Wenn das Bewusstsein leer ist, gibt dir diese Leere die Fähigkeit zu sehen und die verborgenen Geheimnisse der Existenz zu entdecken. Dann siehst du die Blätter nicht nur als Blätter … das Leben in den Blättern wird sichtbar für dich. Und in den Meeres wellen siehst du nicht die Wellen, du kannst die Kraft sehen, die sie entstehen lässt. Dann siehst du nicht die Körper der Menschen, sondern fühlst das Leben, das in ihren Körpern pulsiert. Und das Staunen, das Geheimnisvolle, das du dabei empfindest, ist unbeschreiblich.

Ich habe euch hierher eingeladen, damit ihr diesem Geheimnis näher kommt, und ich habe euch Schlüssel gegeben, um dieses Geheimnis zu erfahren. Es sind zeitlose Schlüssel. Sie gehören weder mir noch irgendjemand anderem, sie sind ewig. Seit es Menschen gibt und seit der Mensch eine Sehnsucht nach dem Göttlichen hat, sind diese Schlüssel vorhanden. Sie haben nichts mit einer bestimmten Religion oder heiligen Schrift zu tun – sie sind zeitlos. Diese Schlüssel haben schon existiert ehe es Religionen oder heilige Schriften gegeben hat, und sie werden auch weiterhin existieren, selbst wenn morgen alle Religionen und Schriften zerstört würden und alle Tempel und Moscheen zusammenstürzten.

Religion ist zeitlos. Konfessionen bilden sich und verschwinden wieder. Heilige Schriften werden geschrieben und wieder zerstört. *Tirthankaras* und *Paigambaras* werden geboren und vergehen. Religion ist ewig.

Vielleicht wird eine Zeit kommen, wo wir vergessen haben, dass es einen Krishna, einen Christus oder einen Buddha gegeben hat – doch die Religiosität wird nicht vergehen. Es wird sie solange geben, wie der Mensch einen Durst und ein Verlangen nach Seligkeit in sich hat, solange wie er sich über sein Unglück erheben will.

Wenn du unglücklich bist und dir dessen bewusst bist, dann toleriere dieses Leid nicht länger, lebe nicht so weiter. Lehne dich dagegen auf und unternimm etwas, um es los zu werden. Der Unterschied, wie ein gewöhnlicher Mensch und wie ein Meditierender mit Leid umgeht, ist gering. Der normale Mensch sucht nach einer Möglichkeit sein Leid zu vergessen. Der Meditierende versucht den Schmerz aufzulösen. Es gibt nur zwei Arten von Menschen auf der Welt: Die einen suchen nach Möglichkeiten, um Schmerz und Leid zu vergessen, und die andern suchen nach Wegen, um Schmerz und Leid zu vernichten. Ich bitte euch inständig: Gehört zur zweiten Kategorie, nicht zur ersten.

Der Versuch Schmerz zu vergessen ist eine Art Unbewusstheit. Vierundzwanzig Stunden lang suchst du nach Möglichkeiten, um deinen Schmerz zu vergessen: Du redest mit Leuten, du hörst Musik, du trinkst Alkohol, du sitzt vor dem Fernseher, du spielst Spiele oder machst irgendwelchen anderen Unsinn, bei dem du dich vergessen kannst.

Vierundzwanzig Stunden am Tag suchst du einen Weg, um dich zu vergessen. Du willst den Schmerz nicht sehen, weil er dir Angst macht. Also unternimmst du alles Mögliche, um ihn zu vergessen und vor dir zu verstecken. Aber davon geht er nicht weg. Davon verschwindet er genauso wenig wie Wunden heilen, indem man sie zudeckt. Es hilft nichts, wenn man ein schönes Tuch darauf legt. Im Gegenteil, indem man sie verdeckt, vergiften sie sich und werden tödlich.

Deckt also eure Wunden nicht zu, deckt sie auf und schaut euren Schmerz an. Versucht nicht ihn zu vergessen, deckt ihn auf und versucht ihn zu beseitigen. Nur Menschen die aktiv versuchen, den Schmerz zu beseitigen, anstatt ihn zu vergessen, können das Geheimnis des Lebens erfahren. Wer nach Wegen sucht, um seinen Schmerz zu beseitigen, den nenne ich religiös; und wer ihn vergessen will, den nenne ich unreligiös. Schaue dir an, was du tust: Willst du deinen Schmerz einfach nur vergessen? Und wenn dir alle Möglichkeiten dazu genommen würden, wärst du dann noch unglücklicher?

Ein Minister sagte einmal zu seinem König: „Wenn man einen Mann allein in eine Zelle sperrte, würde er innerhalb von drei Monaten verrückt werden."

Der König fragte: „Warum sollte er verrückt werden, wenn man ihn mit gutem Essen und guter Kleidung versorgt?"

Der Minister antwortete: „Er wird dennoch verrückt werden, weil er in der Einsamkeit seinen Schmerz nicht vergessen kann."

Da meinte der König: „Wir wollen sehen. Geh und suche den kräftigsten, den jüngsten und glücklichsten Mann im Dorf aus, der für seine Schönheit und Gesundheit bekannt ist, und nimm ihn gefangen."

Als ein solcher Mann gefunden war, nahm man ihn gefangen und schloss ihn in eine Zelle ein. Man versorgte ihn mit allem möglichen Komfort, mit gutem Essen und schöner Kleidung, aber er bekam nichts, womit er sich die Zeit hätte vertreiben können. Alles, was er hatte, waren die Wände und die leere Zelle. Die Wächter, die ihn bewachten, sprachen weder seine Sprache, noch konnten sie ihn verstehen. Ein oder zwei Tage lang schrie der junge Mann wild herum, er regte sich mächtig auf und wollte wissen, warum man ihn eingesperrt hatte. Ein paar Tage lang aß er nichts. Aber nach und nach hörte er auf zu schreien und fing wieder an zu essen. Nach fünf bis sieben Tagen konnte man beobachten, dass er in seiner Einsamkeit anfing, mit sich selbst zu sprechen. Der Minister zeigte ihn dem König durch das Fenster „Siehst du, jetzt probiert er das letzte Mittel aus, um sich zu vergessen. Er spricht mit sich selbst."

Wenn niemand bei dir ist, fängst du an, mit dir selbst zu sprechen. Ältere Leute sprechen oft mit sich selbst. Solange sie jung sind, sind ihre Lippen geschlossen, aber im Alter scheinen ihre Lippen beseelt zu sein, sie sprechen mit sich selbst. Was machen sie da? Sie versuchen sich zu vergessen.

Dieser junge Mann blieb drei Monate lang eingesperrt. Als

man ihn danach frei ließ, war er verrückt geworden. Warum? Weil er eine imaginäre Welt um sich herum geschaffen hatte. Er hatte Freunde und Feinde erfunden, mit denen er sich streiten und unterhalten konnte.

Wodurch war dieser Wahnsinn entstanden? Er war dadurch entstanden, dass ihm die wirkliche Welt verschlossen war, dass er niemand hatte, mit dem er streiten konnte, niemand, mit dem er sprechen konnte. Deshalb hatte er eine imaginäre Welt um sich herum geschaffen und dann den Kontakt mit der wirklichen Welt verloren. Er hatte sich eine eigene Welt geschaffen, in der er sich selbst vergessen konnte. Dieser junge Mann wurde wahnsinnig. Und auch ihr würdet wahnsinnig werden, wenn ihr nicht einkaufen oder zur Arbeit gehen könntet, wenn ihr nicht morgens mit Leuten streiten oder euch gleich nach dem Aufstehen in Dummheiten flüchten und mit sinnlosen Dingen beschäftigen könntet. Wenn ihr nicht den ganzen Tag über abgelenkt wärt und ganz alleine wärt, würdet ihr verrückt werden. Nur weil es tausenderlei Ablenkungen gibt, kannst du den Schmerz in deinem Innern nicht sehen. Wenn du ihn sehen könntest, würdest du entweder Selbstmord begehen oder dich mit Hilfe deiner Phantasie in eine Geisteskrankheit flüchten, um dich darin zu vergessen.

Ein wirklich religiöser Mensch wird, wenn er allein, vollkommen allein gelassen wird, weder Schmerz empfinden noch versuchen, davor zu flüchten.

In Deutschland gab es einen Mönch namens Eckhart.

Einmal ging er in den Wald und setzte sich dort allein unter einen Baum. Auch ein paar seiner Freunde waren in den Wald gegangen. Als sie sahen, dass er alleine war, gingen sie zu ihm hin und sagten: „Freund, du sitzt hier so ganz alleine, da haben wir gedacht, wir leisten dir Gesellschaft."

Eckhart sah sie an und sagte: „Freunde, bis jetzt war ich mit Gott. Nun, wo ihr hier seid, fühle ich mich einsam."

Was er da sagt, ist wirklich verblüffend! Bei euch ist es genau umgekehrt: Ihr seid vierundzwanzig Stunden lang mit dem einen oder anderen Menschen zusammen, nur um nicht alleine zu sein, um euch bloß nicht selbst begegnen zu müssen. Ihr habt Angst vor euch selbst; jeder in dieser Welt hat vor sich selbst Angst. Aber diese Angst ist gefährlich.

Die Schlüssel, über die ich gesprochen habe, werden dich dir selbst näher bringen und dir diese Angst nehmen. Dann wirst du, selbst wenn du der einzige Mensch auf diesem Planeten wärst, genauso glücklich sein, wie wenn die ganze Welt voller Menschen wäre. Du wärst allein genauso glücklich wie in der Umgebung von Menschen. Nur wer die Seligkeit des Alleinseins kennt, hat keine Angst vor dem Tod, denn im Tod bist du vollkommen allein. Du hast nur deshalb solche Angst vor dem Tod, weil es dich nie gegeben hat, es hat immer nur die Menge gegeben. Aber der Tod nimmt dir die Menge fort, er nimmt dir alle deine Beziehungen, du wirst ganz allein sein – und Einsamkeit erzeugt Angst.

Alles, was wir in diesen drei Tagen über Meditation gesagt haben, ist im Grunde ein Experiment mit dem Alleinsein. Wir experimentieren damit, vollkommen in unser Alleinsein hineinzugehen. Du musst in dein Zentrum hineingehen, wo es niemanden gibt außer dir selbst.

Und dieses Zentrum ist unglaublich. Wer dieses Zentrum erfährt, erfährt die Tiefen, die unter dem Ozean hegen. Du schwimmst nur auf den Wellen des Ozeans und bist dir nicht bewusst, dass darunter unendliche Tiefen verborgen sind, wo noch nie eine Welle hingekommen ist. Es gibt viele Tiefen in dir, in deinem Alleinsein. Je mehr du dich von Menschen entfernst, je mehr du dich von ihnen löst und in dich selbst hineingehst, umso tiefer kannst du nach innen gehen. Und das großes Mysterium ist: Je tiefer du in dich selbst hineingehst, desto größere Höhen erreichst du im äußeren Leben. Das ist eine mathematische Regel, eine Regel der Mathematik des Lebens: Je tiefer du in dich selbst hineingehst, umso größere Höhen erfährst du in deinem äußeren Leben. Und je weniger du in dich hineingehst, desto flacher ist dein äußeres Leben. Wer nicht tief in sich selbst gegangen ist, der hat auch keine äußere Größe. Wir nennen Leute groß, wenn sie innere Tiefe besitzen und aufgrund dessen auch äußere Größe haben.

Wenn dein Leben also Größe haben soll, musst du tief in dich hineingehen. Der Ursprung dieser Tiefe ist *Samadhi*. *Samadhi* ist die größte Tiefe.

Ich habe euch einige Schritte erklärt, die zu *Samadhi* führen: wie ihr euch disziplinieren, wie ihr für euch sorgen könnt, wie ihr die Samen sähen könnt, aus denen göttliche Blumen wachsen. Wenn ihr auch nur einiges davon behaltet und nur ein einziger Same in euer Herz gefallen ist, warum sollte er dann nicht sprießen und euch ein neues Leben erfahren lassen?

Gebt den Wunsch auf, genauso weiterzuleben wie bisher. Es hat keinen Sinn. Macht Platz für etwas Neues in eurem Leben. Wenn ihr genauso weiterlebt, kommt am Ende nur der Tod.

Diese Sehnsucht, diese Unzufriedenheit muss in euch geweckt werden. Das ist das Einzige, was ich euch wünsche. Normalerweise sagt man, Religion sei Zufriedenheit. Aber ich sage: Nur religiöse Menschen können unzufrieden werden. Das Leben erzeugt nichts als Unzufriedenheit in ihnen und dann fangen sie an, sich für Religion zu interessieren.

Ich möchte nicht, dass ihr zufrieden seid. Ich möchte, dass ihr unzufrieden seid, absolut unzufrieden. Lasst jede Zelle eures Herzens, eurer Seele unzufrieden sein, hungrig nach dem Göttlichen, hungrig nach Wahrheit. Im Feuer dieser Unzufriedenheit werdet ihr eine neue Geburt erfahren. Vergeudet keinen Augenblick mehr. Lasst die Zeit nicht zum Hinderungsgrund für diese neue Geburt werden.

Gestern hat mich jemand gefragt: *Müssen wir uns von der Welt zurückziehen, um diese Meditationen zu machen? Müssen wir Sannyasins werden? Was wird aus unseren Familien, aus unserer Welt, wenn wir diese Leere praktizieren?*

Es ist wichtig, dass ich am letzten Tag etwas darüber sage. Religion ist nicht gegen die Familie und gegen die Welt. Diese Vorstellung, die seit Jahrzehnten und Jahrhunderten in euren Köpfen spukt, hat sowohl euch als auch der Religion sehr geschadet.

Religion richtet sich nicht gegen die Welt und auch nicht gegen die Familie. Es geht hier nicht darum wegzulaufen und alles hinter sich zurückzulassen. Religion ist eine Transformation deines Bewusstseins. Sie hat nichts mit den äußeren Umständen zu tun, sie hat etwas mit dem Zustand deines Geistes zu tun.

Es geht darum, deinen Verstand zu verändern, nicht deine Umgebung. Du veränderst dich! Niemand verändert sich, indem er vor der äußeren Welt davonläuft. Wenn ich voller Hass bin, was soll ich dann im Wald? Ich werde dort genauso voller Hass sein. Wenn ich voller Ego bin, was mache ich dann in den Bergen? Ich bin dort genauso voller Ego und es kommt sogar noch eine andere Gefahr hinzu. Solange ich in der Gesellschaft gelebt habe, in der Menge, bin ich meinem Ego begegnet. Doch in der Kühle des Himalaja, dort oben auf den Bergen, gibt es niemand, bei dem ich mein Ego zu spüren bekomme. Und es ist ein Unterschied, ob ich das Ego nicht mehr spüre oder ob es verschwunden ist.

Ich habe von einem *Sadhu* gehört, der seit dreißig Jahren im Himalaja lebte und überzeugt war, er sei in diesen Jahren vollkommen still geworden und sein Ego sei verschwunden. Eines Tages sagten seine Schüler zu ihm: „Im Tal gibt es einen religiösen Jahrmarkt, zu dem wir dich gerne mitnehmen würden."

Also gingen sie zum Jahrmarkt hinunter. Aber als sie die Menschenmenge erreichten, trat jemand dem sadhu auf den Fuß. Er merkte sofort, wie sein Ego und seine Wut wach wurden und war überrascht: „Ein Fremder, der mir auf den Fuß getreten ist, hat mir etwas gezeigt, was mir der Himalaja in dreißig Jahren nicht zeigen konnte."

Es hat keinen Sinn wegzulaufen. Du sollst nicht weglaufen, du sollst dich transformieren. Verstehe also Flucht nicht als einen Schlüssel zum Leben; Transformation ist der Schlüssel. Ab dem Moment, da die Religion Weltflucht zu ihrer Grundlage machte, wurde sie leblos. Wenn sie Transformation zu ihrer Grundlage macht, wird sie ihre Lebensenergie wiedergewinnen. Denke immer daran: Du musst dich ändern, nicht deine Umgebung. Es ist sinnlos, deine Umgebung zu wechseln, es ist trügerisch, weil dir dann gewisse Dinge nicht auffallen. In einer neuen Umgebung, in einer neuen stillen Atmosphäre denkst du vielleicht, du seist still geworden.

Eine Stille, die nicht ungünstige Umstände überdauern kann, ist keine Stille. Deshalb wählen intelligente Menschen zum Meditieren eine ungünstige Umgebung, denn wenn es ihnen dort gelingt, still zu sein, dann ist die Stille echt.

Laufe nicht vor dem Leben davon. Nimm das Leben als einen Test. Und denke daran, dass alle Menschen um dich herum dir eine Hilfe sind. Auch der Mann, der dich frühmorgens beschimpft, hilft dir, er hat dir eine Gelegenheit geboten.

Wenn du willst, kannst du Liebe in dir finden. Auch wenn jemand auf dich wütend ist und dich kritisiert, hilft er dir. Auch wer dich mit Dreck bewirft, wer dir Knüppel zwischen die Beine wirft, hilft dir, weil dies eine Gelegenheit und ein Test für dich ist. Wenn du über die Situation hinausgehen kannst, wirst du ihm dankbar sein. Was die Heiligen dich nicht lehren können, das können dich deine Feinde lehren. Wenn du wachsam und intelligent bist, kannst du jeden Stein in deinem Leben in eine Stufe verwandeln. Aber die dummen Leute machen aus Stufen Hindernisse und bleiben davor stehen. Wenn du intelligent bist, kann jeder Stein für dich zu einem Trittstein werden. Denke ein wenig darüber nach. Mache dein Haus, deine Familie und alles, was dir wie ein Hindernis vorkommt, weil du meinst, es würde dich davon abhalten still zu werden, zum Zentrum deiner Meditation und du wirst sehen, dass gerade sie dir helfen können, still zu sein. Was ist denn das, was dich daran hindert, still zu sein? Was für ein Hindernis stellt die Familie dar?

Denke darüber nach, ob es eine Möglichkeit gibt, diese Hindernisse in Stufen zu verwandeln. Es gibt ganz sicher Möglichkeiten. Und wenn du darüber nachdenkst und es verstehst, wirst du einen Weg finden.

Versuche dein Leben und deinen Verstand richtig zu verstehen und mache richtigen Gebrauch von den Umständen um dich herum. Aber was machst du stattdessen? Anstatt die Umstände zu benutzen, benutzen die Umstände dich. Du bist dein Leben lang verloren, weil du keinen Gebrauch von den Umständen machst, sondern ihnen erlaubst, von dir Gebrauch zu machen. Du bist verloren, weil du immer nur reagierst, statt selbst zu handeln. Wenn du mich beleidigst, dann beleidige ich dich um so mehr. Wenn du mich beschimpfst, dann sage ich noch schlimmere Schimpfworte zu dir. Und ich merke gar nicht, dass ich bloß reagiert habe. Man ruft mir ein Schimpfwort zu und ich rufe zwei zurück. Das ist nicht Handeln, das ist Reaktion.

Wenn du darüber nachdenkst, wirst du merken, dass du vierundzwanzig Stunden am Tag reagierst. Hast du jemals etwas getan, was nur du tust, was seinen Ursprung in dir hatte und ganz aus dir entstanden ist? Schau es dir an und meditiere darüber, damit du mitten in deiner Familie, in deinem Haus und in der Welt zu Sannyas gelangst.

Sannyas steht nicht im Widerspruch zur Welt; Sannyas ist eine Reinigung der Welt. Wenn du mitten in der Welt rein wirst, merkst du eines Tages, dass du ein Sannyasin geworden bist. Sannyasin zu werden ist nicht nur ein Kleiderwechsel – du ziehst andere Kleider an und schon bist du ein Sannyasin. Sannyas ist die Transformation, die Weiterentwicklung deines ganzen Seins. Es ist ein Wachstumsvorgang, eine langsame, sehr langsame Entwicklung.

Wenn jemand sein Leben richtig nutzt, alle entstehenden Situationen nutzt, merkt er, dass ganz allmählich ein Sannyasin in ihm geboren wird. Es hat etwas damit zu tun, dass du deine Einstellungen überprüfst und sie rein und leer werden lässt.

Schau in dich hinein und prüfe, welches die Haltungen sind, die dich weltlich machen. Denke daran: Es sind nicht die andern Menschen, die dich weltlich machen. Du bist bei deiner Familie ... wie können dein Vater oder deine Frau dich weltlich machen? Es ist das Gefühl des Verhaftetseins mit deinem Vater oder deiner Frau, das dich weltlich macht.

Was geschieht, wenn du von deiner Frau weggehst? Dann geht dieses Verhaftetsein mit dir. Niemand kann vor seinem Verhaftetsein weglaufen. Wenn wir vor ihm weglaufen könnten, wäre das Leben sehr einfach. Aber wenn du wegläufst, kommen alle deine Bindungen mit dir und folgen dir wie ein Schatten – du wirst sie anderen überstülpen und dir irgendwo einen neuen Haushalt schaffen.

Selbst eure so genannten großen Sannyasins haben am Ende einen stattlichen Haushalt. Sie haben ihren Haushalt wieder und neues Verhaftetsein, neue Vernarrtheit entstehen. Sie führen wieder genau das gleiche Leben zwischen Glück und Sorgen. Sie bringen dieses Verhaftetsein mit, deshalb taucht es am neuen Ort genauso wieder auf. Es hat sich nichts geändert. Die Gesichter mögen gewechselt haben, aber diese Dinge sind gleich geblieben.

Ich fordere euch also nicht auf, alles hinzuwerfen und wegzulaufen. Ich fordere euch auf, eure Einstellungen fallen zu lassen. Die Dinge bleiben so, wie sie sind, aber eure Einstellung zu ihnen ändert sich. Und dann seid ihr frei.

In Japan gab es einmal einen König. Vor den Toren seiner Stadt lebte seit einiger Zeit ein Sannyasin unter einem Baum. Er war ein außergewöhnlicher Sannyasin von großer Anmut und Ausstrahlung, sein Leben war von einem ganz besonderen Duft erfüllt. Mit der Zeit fühlte sich der König von ihm angezogen und besuchte ihn öfters. Er beobachtete ihn, wie er unter seinem Baum lag, und saß oft zu seinen Füßen.

Seine Gegenwart übte zunehmend Einfluss auf den König aus und eines Tages fragte er ihn: „Wäre es nicht besser, du würdest diesen Platz aufgeben und zu mir in den Palast kommen?"

Der Sannyasin sagte: „Wie du willst. Ich kann überall hingehen."

Der König wunderte sich ein wenig. Der Respekt, den er die ganze Zeit verspürt harte, kam ins Wanken. Er hatte erwartet, dass er antworten würde: „Wieso in den Palast? Ich bin doch ein Sannyasin. Was soll ich in einem Palast?"

Denn so antworten Sannyasins normalerweise, wenn ihr Sannyas nur anerzogen ist. Dann lautet ihre Antwort: „Wir Sannyasins haben mit Palästen nichts mehr zu schaffen, die haben wir hinter uns gelassen." Aber dieser Sannyasin sagte: „Wie du willst. Ich kann überall hingehen."

Der König erschrak und dachte: „Das kann doch nicht wahr sein!"

Aber da er selbst die Einladung ausgesprochen hatte, konnte er sie nicht zurücknehmen; er musste ihn mit sich nehmen. Der Sannyasin zog also in den Palast, wo der König alles so einrichten ließ, als wäre es für ihn selbst.

Der Sannyasin begann dort zu leben und es zu genießen. Ein großes Bett wurde für ihn angefertigt und er schlief darin. Große Teppiche wurden ausgelegt und er ging auf ihnen. Köstliches Essen wurde für ihn zubereitet und er aß es. Jetzt hatten sich die Zweifel des Königs bestätigt, er hatte sich nicht getäuscht. Was war das bloß für ein Sannyasin? Er hatte nicht ein einziges Mal gesagt, er könne nicht auf Matratzen schlafen, sondern nur auf Brettern. Nicht einmal hatte er gesagt, er könne dieses köstliche Essen nicht essen, sondern nur ganz bescheidene Kost.

Es fiel dem König immer schwerer, ihn bei sich im Palast zu haben. Es dauerte nur eine Woche oder zehn Tage, da sagte der König zu ihm: „Verzeih mir, aber ich bin voller Zweifel!"

Und der Sannyasin sagte: „Sie sind dir nicht erst jetzt gekommen, sondern schon damals, als du mich aufgefordert hast, mit dir zu gehen. An dem Tag haben die Zweifel angefangen. Aber sage mir, was sind das für Zweifel?"

Und der König sagte: „Ich verstehe nicht, was du für ein Sannyasin bist. Wo ist da der Unterschied zwischen dir und mir, zwischen einem Sannyasin und einem weltlichen Mann?"

Der Sannyasin antwortete: „Wenn du den Unterschied sehen willst, dann gehe mit mir aus der Stadt hinaus."

Der König sagte: „Ich will es wissen. Ich werde von großen Zweifeln geplagt. Sie verfolgen mich bis in den Schlaf. Als du noch unter deinem Baum lebtest, war es einfacher, da hatte ich Respekt vor dir. Seit du hier im Palast bist, habe ich den Respekt verloren."

Der Sannyasin ging mit dem König aus der Stadt hinaus. Als sie den Fluss jenseits der Stadt überquert hatten, meinte der König: „Bitte sag es mir jetzt."

Aber der Sannyasin antwortete: „Lass uns noch ein wenig weitergehen."

Es wurde sehr heiß. Es war Mittag und die Sonne stand genau über ihnen. Der König meinte: „Jetzt kannst du es mir doch sagen. Wir sind sehr weit gegangen."

Der Sannyasin erwiderte: „Ich will dir nur eins sagen: dass ich nicht mehr zurückgehe. Ich werde weitergehen. Kommst du mit?"

Da sagte der König: „Wie kann ich denn mitkommen? Ich kann doch meine Familie, meine Frau, meine Kinder und mein Königreich nicht zurücklassen."

Aber der Sannyasin sagte zu ihm: „Siehst du jetzt den Unterschied? Ich kann weitergehen, ich habe nichts zurückgelassen. Als ich im Palast wohnte, war ich im Palast, doch der Palast war nicht in mir. Deshalb kann ich jetzt gehen."

Der König fiel vor ihm nieder. Seine Zweifel waren wie weggefegt. Er sagte: „Vergib mir! Ich werde es mein Leben lang bereuen. Bitte komm zurück."

Der Sannyasin meinte: „Ich kann zurückkommen, aber deine Zweifel werden auch zurückkommen. Für mich macht es keinen Unterschied, ob ich zurückkomme oder weitergehe. Ich kann mitkommen – aber deine Zweifel werden wieder auftauchen. Aus Mitgefühl mit dir werde ich weitergehen."

Diesen Satz sollte man in Erinnerung behalten. „Aus Mitgefühl mit dir werde ich weitergehen. Mein Mitgefühl sagt mir, dass es besser ist, weiterzugehen."

Denkt an Mahavira. Seine Nacktheit war mehr eine Sache seines Mitgefühls für euch als irgendein Drang, nackt zu sein. Und ein Sannyasin, der im Wald lebt? Es geschieht weniger aus Anhänglichkeit an den Wald als vielmehr aus Mitgefühl für euch. Und wenn er von Tür zu Tür geht und um Almosen bittet, folgt er weniger dem Bedürfnis zu betteln als dem Mitgefühl für euch. Sonst könnte er statt zu betteln einfach in eurem Haus leben und anstatt im Freien in einem Palast schlafen.

Für einen Sannyasin macht es keinen Unterschied. Nur für einen Pseudo-Sannyasin macht es einen Unterschied, nicht für einen wirklichen Sannyasin, weil diese Dinge nicht in sein

Bewusstsein eindringen. Alles bleibt an seinem Platz. Die Mauern des Palastes sind da, wo sie hingehören; die Kissen, auf denen wir sitzen, sind an ihrem Platz. Wenn sie nicht in mein Bewusstsein eindringen, dann berühren sie mich nicht; ich bin weit von ihnen weg.

Ich fordere euch nicht auf, von da fortzugehen, wo ihr seid. Ich fordere euch nur auf, das zu verändern, was ihr seid. Ich möchte nicht, dass ihr von da flüchtet, wo ihr seid; nur schwache Menschen flüchten. Ich möchte, dass ihr euch ändert. Nur darum geht es hier.

Werde dir bewusst, in welchem Zustand sich dein Verstand befindet und versuche ihn zu verändern. Nimm irgendeinen Aspekt und fange von da aus an zu arbeiten. Tropfen für Tropfen kann der Ozean sich füllen. Zentimeter für Zentimeter kann man auf das Göttliche zu gehen. Tue einfach einen Schritt nach dem andern und zweifle nicht daran, dass du die Fähigkeit dazu hast.

Jemand hat zu mir gesagt: *Ich bin schwach, ich habe nicht viel Kraft. Wie kann ich da das Ziel erreichen?*

Jeder hat die Fähigkeit, einen Schritt zu tun, wie schwach er auch sein mag. Haben die fähigsten Leute jemals mehr als einen Schritt auf einmal genommen? Einen Schritt kann jeder gehen.

Mach also zuerst einen Schritt und dann noch einen Schritt. Jemand, der immer nur einen Schritt tut, legt unendliche Entfernungen zurück. Aber wer keinen einzigen Schritt tut, weil er denkt, dass bei einem Schritt nicht viel herauskommt, wird nie irgendwo ankommen. Ich lade euch ein, diesen einen Schritt zu tun.

Ihr habt mir mit so viel Liebe und Geduld zugehört. Ich empfinde große Freude und Dankbarkeit darüber. Ich bin euch sehr dankbar. Ich bin dankbar, dass ihr mir diesen Platz in eurem Herzen eingeräumt habt. Nehmt dafür all meinen Dank und meine Liebe entgegen.

Nun kommen wir zur letzten Meditation für heute und danach verabschieden wir uns und gehen auseinander. Ich verabschiede mich von euch in der Hoffnung, dass eure Stille tiefer geworden ist und eure Seligkeit gewachsen ist, wenn wir uns wiedertreffen, und dass ihr die Schritte, die ich euch gezeigt habe, getan habt, dass ein paar Tropfen des Nektars in euch geflossen sind und ihr der Unsterblichkeit näher gekommen seid. Möge das Göttliche euch die Kraft geben, wenigstens einen Schritt zu tun. Danach werden die andern Schritte von selbst folgen.

Nach der Abendmeditation gehen wir still auseinander. Ich werde euch morgen früh wahrscheinlich nicht mehr sehen, weil ich sehr früh abreise. Nehmt dies als mein letztes Lebewohl. Jeder Einzelne von euch nehme meine Grüße an das Göttliche an, das in euch wohnt.

ÜBER DEN AUTOR

Oshos Lehren widerstehen jeglicher Kategorisierung, sie gehen von der persönlichen Sinnsuche bis hin zu den dringendsten sozialen und politischen Fragen, mit der die Welt heute konfrontiert ist. Seine Bücher sind nicht geschrieben, sondern aus zahllosen Tonband- und Videoaufnahmen transkribiert. Er hat über einen Zeitraum von 35 Jahren vor einer internationalen Zuhörerschaft stets aus dem Stegreif gesprochen. Der Londoner Sunday Times zufolge zählt Osho zu den „1000 Machern des 20. Jahrhunderts"; der amerikanische Romanautor Tom Robbins hat ihn einmal „den gefährlichsten Mann seit Jesus Christus" genannt.

Osho selbst beschreibt sein Werk als „Beitrag, die Voraussetzungen für die Entstehung einer neuen menschlichen Lebensweise zu schaffen". Diesen neuen Menschentypus hat er immer wieder als „Sorbas der Buddha" umschrieben – also ein Menschen, der nicht nur wie Sorbas der Grieche die irdischen Freuden zu schätzen weiß, sondern ebenso sehr die stille Heiterkeit eines Gautam Buddha. Wie ein roter Faden zieht sich durch alle Aspekte von Oshos Arbeit die Vision einer Verschmelzung der zeitlosen Weisheit des Ostens mit den höchsten Potenzialen westlicher Wissenschaft und Technik.

Vor allem seine revolutionären Neuansätze zur Wissenschaft der inneren Transformation haben Osho berühmt gemacht. Denn seine Auffassung von Meditation wird dem rasanten Tempo einer modernen Lebensweise gerecht. Seine innovativen „aktiven Meditationen" basieren auf dem Gedanken, dass erst der in Körper und Geist angesammelte Stress abgebaut werden muss, um frei von Gedanken und entspannt einen meditativen Zustand zu erfahren.

OSHO INTERNATIONAL MEDITATION RESORT

Das Osho International Meditation Resort ist ein großartiger Platz um Urlaub zu machen und auszuspannen. Ein Platz an dem Menschen aber auch eine ganz neue Lebensweise direkt erfahren können – geprägt von mehr Bewusstheit, Entspannung und Lebensfreude. Etwa 100 km südöstlich von Mumbai im indischen Pune gelegen, hat dieser Platz ein reichhaltiges Programm zu bieten; Tausende von Menschen aus mehr als hundert Ländern weltweit besuchen den Platz Jahr für Jahr. Die Stadt Pune, ursprünglich eine Sommerresidenz für Maharadschas und reiche Briten der Kolonialzeit, hat sich zu einer blühenden modernen Großstadt entwickelt, die heute eine ganze Reihe von Universitäten und high-tech Industrien beherbergt. Das Meditation Resort erstreckt sich über ca. 15 Hektar inmitten eines von prächtigen alten Baumalleen gesäumten Villenviertels namens Koregaon Park. Das Resort bietet Unterkunftsmöglichkeiten auf dem Campus im neuerbauten Guesthouse; daneben gibt es aber noch ein breites Angebot an nahegelegenen Hotels und Privatappartments.

Das Programm des Resorts gründet auf Oshos Vision einer qualitativ neuen Art von Mensch, der nicht nur sein Alltagsleben schöpferisch zu gestalten vermag, sondern auch Zugang zu entspannter Stille und Meditation findet. Praktisch alle Veranstaltungen finden in modernen, klimatisierten Räumlichkeiten statt. Angeboten werden u.a. Einzelsitzungen, Kurse und Workshops zu allen möglichen Themen – von den bildenden Künsten bis hin zu ganzheitlichen Heilmethoden, von persönlicher Transformation bis hin zu Therapie, esoterischer Wissenschaft, Sport- und Fitnessprogrammen mit ‚Zen'-Akzent, Beziehungsthemen und Angebote für Menschen, die in grundlegenden Veränderungsphasen ihres Lebens sind. Und natürlich gibt es ganzjährlich die täglich stattfindenden Meditationen im Resort. In den Cafés und Restaurants unter freiem Himmel stehen sowohl Menus der indischen Küche als auch eine breite Palette internationaler Gerichte zur Wahl. Verarbeitet werden nur Gemüse aus organisch-kontrolliertem Anbau von der Farm des Resorts. Der Campus verfügt über sicheres, gefiltertes Wasser aus der eigenenen Trinkwasseranlage.

www.osho.com/resort

www.osho.com ist eine umfangreiche Website in mehreren Sprachen. Hier können sie eine Online Tour durch das Meditation Resort machen. Sie finden hier eine Übersicht über die angebotenen Kurse und Seminare, Informationen über Bücher und CDs, Adressen von Osho Informationszentren und Auszüge aus Oshos Vorträgen.

Osho International, New York
oshointernational@oshointernational.com
www.osho.com/oshointernational

Osho
DAS ZEN-PRINZIP
Der Weg des Paradoxes
ISBN 978-3-936360-96-7

„Zen ist paradox. Zen ist ein Spiegel, ist eine Reflexion dessen, was ist. Zen mischt sich nicht ein. Es bevorzugt nichts. Es fügt nichts hinzu, es lässt nichts weg."

Osho
TAO - Das Herz der Freiheit
ISBN 978-3-936360-46-2

In seinen Kommentaren zu fünf Gleichnissen aus „Das Buch Lieh-tse" stellt Osho die uralte Weisheit des Tao in das Licht seiner zeitgemäßen Deutung.

Osho
DER SUFI-WEG
ISBN 978-3-936360-48-6

Osho spricht in diesem Buch über das sprichwörtliche „Stirb und werde" der mystischen Erfahrung, das gerade bei den Sufis eine zentrale Rolle spielt. Was es damit auf sich hat, erläutert er anhand von Sufi-Geschichten.

www.innenwelt-verlag.de

Osho
Die tantrische Vision
Weisheit, Liebe, Spontaneität & Sex
ISBN 978-3-936360-97-4
Der Begründer des buddhistischen Tantra, Saraha, der vor über 2000 Jahren in Indien lebte und von dessen „Lied an den König" dieser Text handelt, trifft eine Pfeilmacherin, die ihn die Kunst der Verschmelzung lehrt. Unter der Anleitung dieser Pfeilmacherin wird Saraha zum Tantriker.

Osho
Tantra – Die höchste Einsicht
Kommentare zum Tantra des tibetischen Buddhismus
ISBN 978-3-936360-73-8
Kommentare zu einem großen Text Tibets. Vor tausend Jahren entstand aus der tiefen Kommunion zwischen dem erleuchteten Meister Tilopa und seinem Schüler Naropa der „Gesang vom Mahamudra". Das ungewöhnliche Dokument führt zum innersten Kern des tibetischen Tantra, das Osho kommentiert.

www.innenwelt-verlag.de

DAS BESONDERE VERLAGSPROJEKT

DEUTER

Kirschblütenwolken

Haiku - Japanische Gedichte in Text und Musik
ISBN 978-3-936360-38-7

DEUTER, der schon das Tao Te King vertont hat,
begegnet nun mit seinen Kompositionen den japa-
nischen Haiku, gelesen von Dorothea Gädeke.
Diese gelungene Verbindung der Musik Deuters mit den
Haiku, die die Essenz eines Augenblicks einfangen,
verweben sich in wunderbare Klangräume.

„Ob mit sanfter Leichtigkeit oder erhaben oder voller
Lebensfreude - wieder einmal beweist Deuter, dass er
nicht seinesgleichen hat in der Kunst meisterhafte
Musik zu schaffen, die die Seele des Menschen zutiefst
berührt."

www.innenwelt-verlag.de